高等院校"十二五"物流管理专业规划教材

企业物流管理

黄由衡⊙主　编

潘双利⊙副主编

电子工业出版社

Publishing House of Electronics Industry

北京·BEIJING

图书在版编目（CIP）数据

企业物流管理 / 黄由衡主编. —北京：电子工业出版社，2012.9

高等院校"十二五"物流管理专业规划教材

ISBN 978-7-121-17624-1

Ⅰ.①企… Ⅱ.①黄… Ⅲ.①企业管理－物流－物资管理－高等学校－教材 Ⅳ.①F273.4

中国版本图书馆 CIP 数据核字(2012)第 158645 号

责任编辑：马晓云

印　　刷：北京七彩京通数码快印有限公司

装　　订：北京七彩京通数码快印有限公司

出版发行：电子工业出版社

　　　　　北京市海淀区万寿路 173 信箱　邮编 100036

开　　本：787×980　1/16　印张：17.5　字数：372 千字

版　　次：2012 年 9 月第 1 版

印　　次：2023 年 8 月第 15 次印刷

定　　价：32.00 元

前　言

进入 21 世纪以来，随着电子商务的发展和国内外市场竞争的加剧，客观上要求企业对市场的变化能做出快速响应，而物流的高效运作是其得以实现的关键条件。同时，在原材料价格不断上涨和人力资源成本不断上升的情况下，如何进一步增强企业核心竞争力和提高企业经济效益，通过强化物流管理向"物流"领域要市场和要效益便成为众多企业的必由之路。事实上，越来越多的企业高度重视物流管理，它们在不断引入物流新理念、新技术、新方法并应用于企业物流实践的过程中，也极大地推动和促进了物流管理理论的发展。与此同时，随着物流科技和物流教学成果的不断涌现，物流学科基础理论内涵已大为充实丰富和拓展深化。

国内物流学科遵循一般新兴学科发展的周期规律，目前已由初期迅速崛起阶段开始步入稳步发展的新时期，其重要表征之一便是物流专业课程结构所呈现的多元化和系列化特征成效十分显著。而"企业物流管理"课程内容具有包容性强、涵盖面广的特点，几乎触及"物流"的各个角落，其中的一些热点领域近年来更是异军突起，已扩充为其他课程的核心板块乃至独立课程（如企业物流战略规划、企业仓储与库存管理、企业物流信息管理等）。如此分化又在某种程度上导致了物流主干课程与分支课程、既有课程与新增课程之间内容重叠或脱节的现象。从进一步提高物流专业教学质量和教学效果的角度出发，全面审视和合理调整现有课程内容之间的有效贯通和无缝衔接，就成为现阶段普通高校物流专业教学改革普遍面临和需要深度研讨与妥善处理的一个共性问题。

本书紧紧围绕企业物流活动基本过程与管理要求这一主线，从基本框架设计上立足强化基础内容与突出课程特色并举，在相关内容选编上尽量避免重复物流专业其他主干课程的内容。编写过程中，编者参考借鉴了多部同类典型教材和相关著述，广泛收集和消化了国内外企业物流管理领域的研究成果及典型企业物流实践，在整理归纳和提炼升华后，将其精髓分别融入各章节中。本书内容编排着力体现该门课程应有的基础性、逻辑性、实践性和新颖性的有机结合，并试图在理论与实践上反映该领域的发展趋势与前沿动态。

本教材由黄由衡主编，潘双利为副主编，具体编写分工如下：第1章、第2章、第3章和第9章由黄由衡编写，第4章、第5章和第7章由潘双利编写，第6章由王娟编写，第 8 章由张畅编写。全书由黄由衡拟定框架和统稿。

本书的编写从准备到完稿历经了较长的过程。书稿之前的讲义已经过多届物流管理本科专业课堂教学的实践检验与调整充实，在正式编写过程中，编者又对各章主体结构及重点内容进行了多轮商榷和反复完善。除编者外，还有其他物流专业教师参加了与本书编写起源与成熟过程紧密相关的《企业物流管理》精品课程建设系列工作，因而其中也凝聚了他们的智慧和经验。他们是符瑛副教授、柳荣副教授、黄向宇讲师。此外，研究生韦启红、段丽丽参与了书稿的资料收集和整理校对工作，在此向上述人士一并致以诚挚的谢意。

需要指出的是，虽然编者为本书的编写做了大量工作，可谓力求完美，但由于能力水平所限，最终成稿与理想目标仍存一定偏差，书中错误与不足之处敬请读者批评指正。

编者

2012 年 8 月

目　录

第1章　企业物流导论 ·· 1

　　1.1　物流概述 ··· 1

　　1.2　企业物流系统概述 ···································· 12

　　1.3　企业物流管理概述 ···································· 21

　　练习与思考 ·· 26

第2章　企业物流管理模式 ···································· 28

　　2.1　企业物流管理模式概述 ································ 28

　　2.2　企业物流管理模式选择 ································ 33

　　2.3　企业物流外包管理 ···································· 38

　　练习与思考 ·· 58

第3章　企业物流组织 ·· 59

　　3.1　企业物流组织概述 ···································· 59

　　3.2　企业物流组织结构 ···································· 70

　　3.3　企业物流组织设计 ···································· 75

　　练习与思考 ·· 88

第4章　企业供应物流管理 ···································· 89

　　4.1　企业供应物流管理概述 ································ 89

　　4.2　企业供应物流管理的核心环节 ·························· 92

　　4.3　企业供应物流的先进管理方式 ························· 109

　　练习与思考 ··· 127

第5章　企业生产物流管理 ··································· 128

　　5.1　企业生产物流管理概述 ······························· 128

　　5.2　企业生产物流组织 ··································· 134

5.3 不同生产类型的生产物流管理 ……………………………………… 150
练习与思考 ……………………………………………………………… 159

第6章 企业销售物流管理 …………………………………………… 160
6.1 企业销售物流概述 …………………………………………………… 160
6.2 企业销售物流管理的主要内容 ……………………………………… 167
6.3 企业销售物流的服务管理 …………………………………………… 177
练习与思考 ……………………………………………………………… 186

第7章 企业逆向物流管理 …………………………………………… 187
7.1 企业逆向物流管理概述 ……………………………………………… 187
7.2 企业逆向物流的分类管理 …………………………………………… 194
7.3 不同企业的逆向物流管理 …………………………………………… 204
练习与思考 ……………………………………………………………… 212

第8章 企业物流绩效管理 …………………………………………… 213
8.1 企业物流绩效管理概述 ……………………………………………… 213
8.2 企业物流绩效评价 …………………………………………………… 217
8.3 企业物流绩效管理方法 ……………………………………………… 229
练习与思考 ……………………………………………………………… 241

第9章 企业物流现代化与管理创新 ………………………………… 242
9.1 企业物流现代化 ……………………………………………………… 242
9.2 企业物流发展趋势 …………………………………………………… 247
9.3 企业物流管理创新 …………………………………………………… 258
练习与思考 ……………………………………………………………… 268

参考文献 ……………………………………………………………… 270

企业物流导论

了解物流概念的形成过程，掌握运输、仓储、装卸、包装等物流分项功能的基本概念和物流的主要类别，理解现代物流的主要理念。掌握企业物流的概念和分类构成，了解企业物流系统的基本结构及运作模式，理解企业物流管理的基本内容和目标任务。

现代物流概念与传统意义上物流概念的区别和联系，企业物流系统的构成要素，企业物流管理的主要内容和范围。

1.1 物流概述

现代物流业的发展程度是衡量一个国家产业化水平和综合竞争力的重要指标。从世界经济发展过程来看，物流的高度发展与工业化发展过程一致。英国工业革命后"世界工厂"的形成，日本经济奇迹及其工业化进程都得益于先进物流系统的支撑。

1.1.1 物流的概念

了解物流概念的形成及其发展过程有助于理解物流管理学科系统理论框架、追踪相关前沿发展的动态。

物流概念的形成有着深刻的社会和历史背景，从 20 世纪初物流概念出现至今，对"物流"的认识经历了漫长的道路。从物流发展的动因来看，社会对各种物品的需求是产生物流的根本原因，这种需求使得物品按照人们的意志和愿望进行有目的的流动，形成所谓的"物流"，人们对物流的认识也是随着社会经济的发展而不断深入的。在市场经济时代，物流作为一种人为组织的经济活动，它的产生有着主观和客观两方面的动因，其主观动因是从事物流活动的人员或组织希望能从中受益或获利，其客观动因则是物品的供求存在时空方面的分离，作为社会商品的各种物品必须经过有关运输保管、搬运装卸等过程和环节才可能被最终消费。人们用不同的眼光，站在不同的角度来认识物流、解释物流，使物流的概念出现了不断发展的多元化现象。

从 20 世纪初期至 50 年代，物流概念处于孕育与产生阶段。对物流这一经济活动的认识，理论性概念最初产生于 1901 年 John F. Crowell 在美国政府报告《农产品流通产业业委员会报告》，该报告首次论述了物流对农产品流通产生影响的各种因素和费用，从而揭开了人们对物流活动认识的序幕。随后在 1905 年美国陆军少校琼西·贝克（Chauncey B. Baker）所著的《军队和军输品运输》一书中，又针对军队物资供应调度方面的物流问题提出了"Logistics"的物流概念，称 Logistics 是"与军备的移动与供应有关的战争科学之一"。1915 年，美国市场学者阿奇·萧（Arch W. Shaw）在其由哈佛大学出版社出版的《市场流通中的若干问题》一书中提出了"Physical Distribution"物流的概念，指出在市场分销中存在两类活动：一类叫做创造需求，即通过广告、促销、市场分析、销售网络等手段，让更多的人来购买企业的产品；一类叫做物资实体分配，即怎样更经济及时地将被订购的产品送交客户，并提到"物资经过时间或空间的转移，会产生附加价值"。在军事后勤领域，第二次世界大战期间，美、英等国在战争中对军需物资的调运实践大大充实和发展了军事后勤学的理论、方法和技术，有力地支持了"Logistics"理论的发展。第二次世界大战时采用的后勤管理（Logistics Management）方式后来被引入商业部门，在美国称为商业后勤（Business Logistics），定义为"包括原材料的流通、产品分配、运输、购买、库存控制、储存、用户服务等业务活动"，其领域统括原材料物流、生产物流和销售物流。在市场营销领域，在阿奇·萧之后，1915 年威尔德（Weld）指出市场营销产生 3 种效用，即所有权效用、空间效用和时间效用，同时还提出了流通渠道的概念；1929 年著名营销专家弗莱德·E·克拉克（Fred E. Clark）在他所著的《市场营销的原则》一书中，将市场营销定义为商品所有权转移所发生的包含物流在内的各种活动，从而将物流进一步纳入市场营销的研究范围之中，将流通机能划分为"交换机能""物流机能"和"辅助机能"3 部分，将物流活动上升到理论高度加以研究和分析。1933 年美国市场营销协会最早给"物流"（Physical Distribution，PD）所下的定义是"物流是销售活动中所伴随的物质资料从产地到消费地的种种企业活动，包括服务过程"。

从 20 世纪 50 年代中期开始到 80 年代中期，"Physical Distribution"概念继续在美国得到发展和完善，并从美国走向世界其他国家和地区，形成了相对统一的物流概念。1961 年，Edward W. Smykay、Donald J. Bowersox 和 Frank H. Mossman 撰写了《物流管理》，这是世界上第一本介绍物流管理的教科书，它详细论述了物流系统和整体成本的概念。1963 年成立了美国物流管理协会，该协会将各方面的物流专家集中起来，提供教育、培训活动，这一组织成为世界第一个物流专业人员组织，扩大了"物流"的理论影响。在 1964 年，日本也开始采用"物流"这一概念。此前，日本把与商品实体有关的各项业务，统称为"流通技术"。1956 年日本派出"流通技术专门考察团"去美国进行考察，首次接触了"物流"这一新概念，将日本称为"流通技术"的内容理解为美国的"Physical Distribution"，此后便将"流通技术"简称为"PD"。1965 年，日本在政府有关文件中正式采用"物的流通"这一术语，并简称为"物流"。在 1981 年日本综合研究所编著的《物流手册》中，对物流的表述是："物质资料从供给者向需要者的物理性移动，是创造时间性、场所性价值的经济活动。从物流的范畴来看，包括包装、装卸、保管、库存管理、流通加工、运输、配送等活动。"同样，类似的物流概念逐步推广到了西欧、北美及其他许多国家和地区。

随着 MRP（Material Requirement Planning）、MRPⅡ、MRPⅢ、DRP（Distribution Resources Planning）、DRPⅡ、DRPⅢ、看板制及 JIT 等先进管理方法的开发和运用，业界逐步认识到物流仅限于分销领域的"Physical Distribution"的原有含义已不能囊括其实际内容，需要从流通生产的全过程来把握并重新诠释，物流也因此被提高到一个战略的高度而得到许多企业高层管理人员的充分重视。特别是到了 20 世纪 80 年代中期，随着物流活动集成化、一体化、信息化和网络化，物流的内涵已经发生了很大的变化。

从 20 世纪 80 年代中期以来，世界各国的物流概念都相应做了改变，转而使用"Logistics"表述。但此时"Logistics"的含义已远非 1905 年美军少校琼西·贝克所提出的军事后勤意义上的"Logistics"可比，这一阶段"Logistics"概念是在各个专业物流全面高度发展的基础上基于企业供、产、销全范围、全方位的物流问题，因此也将"Logistics"译为"现代物流"。"Logistics"与"Physical Distribution"的不同，"Logistics"不仅包括从产品出厂开始的物流过程，还包括从原材料采购、加工生产到产品销售、售后服务，直到废旧物品回收的整个流通过程，这与把物流仅看做"后勤保障系统"和"销售活动中起桥梁作用"的概念相比，在深度和广度上又有了更深刻和更丰富的内涵。

在 1985 年，美国物流管理协会对"Logistics"所做的定义是："物流是对原材料、在制品、产成品及相关信息从供应地到消费地的有效率、有效益的流动和储存而进行的计划、实施和控制，以满足客户需求为目的过程。"1992 年又将 1985 年定义中的"原材料、在制品、产成品"修改为"产品、服务"。这实际上把物流从以支持生产制造为核心的管理过程提升到企业市场营销管理的一般层面上，将物流运作的价值取向从面向企业内部调整到面向外部市场，更加强调了物流运作的客户服务导向性。1998 年美国物流管理协会又对"物流"定义重新修正:"物流是供应链流程的一部分,是为了满足客户需求而对商品、服务及相关信息从原产地到消费地的有效率、有效益的正向和反向流动及储存进行的计划、实施与控制过程。"该定义反映了随着供应链管理思想的出现,强调"物流是供应链的一部分",进一步拓展了物流的内涵与外延。与此同时,日本、加拿大、欧盟国家也纷纷采用新的物流概念。

物流概念作为舶来品,主要通过两条途径从国外传入中国:其一是20世纪80年代初随着市场营销理论及有关教科书的引入,"Physical Distribution"概念从欧美地区传入;其二是"Physical Distribution"传入日本形成"物流"概念后,1979年中国派代表团赴日考察物流后从日本直接引入。之后国内各方对其含义的表述或理解虽有不同,但一直沿用"物流"两字作为其概念称谓。虽然物流理论引入中国时间不长,但物流运作的历史却一直存在于中国经济发展的各阶段和领域。2001年中华人民共和国国家标准《物流术语》(GB/T18354—2001)正式颁布,该标准在充分吸收国内外物流研究成果的基础上将"物流"定义为:"物品从供应地向接收地的实体流动过程。根据实际需要,将运输、储存、装卸、搬运、包装、流通加工、配送、信息处理等基本功能实现有机结合。"并在2006年修订版国家标准《物流术语》(GB/T18354—2006)中继续维持这一定义。

现代社会经济和科技的进步,为物流的发展插上了腾飞的翅膀,促进物流不断向新的高度升华。电子数据交换系统(EDI)可以把远程通信、计算机和数据库有机地融合在同一系统中,进行数据交换和信息资源共享,从而可实现大范围远程物流管理;全球卫星定位系统(GPS)由于能够通过多个通信卫星对地面车辆、船舶等进行精确的测定和跟踪,随时查询货物的所在位置,可大大地提高物流服务水平;此外,物流管理中逐渐普及起来的事务处理系统(TPS)、管理信息系统(MIS)、决策支持系统(DSS),以及条码、射频、电子标签等新技术,使得物流技术与管理水平的提升如虎添翼。与此同时,因特网的应用和电子商务的发展给市场流通格局带来了一场暴风骤雨般的冲击,使传统批发商、零售商的作用被不断地稀释和分流,传统商流漫长的完成过程浓缩为几乎瞬间可就,但若缺乏"物流"的跟进和支持,电子商务就在很大程度上失去现实意义,人们对现代物流的深入理解与认识因此也迈上了新的台阶。

在当今信息和知识经济时代,物流供应商正在演变为客户服务中心、加工和维修中心、信息处理中心和金融中心等多种相关功能中心的集成者,基于客户需求而不断创造、附加和组合物流相关服务内容已经成为现代物流发展的重要趋势,未来物流的发展或许突破现今的物流概念而得到进一步的革新或丰富。

1.1.2 物流的基本功能

早在物流概念出现之前,物流的许多功能和业态就一直客观存在,如运输、仓储、装卸、包装等。现代物流思想诞生以来，人们从研究运输开始，逐步延伸物流概念的外延，将仓储、装卸、包装等与运输密切相关的其他经济行为纳入物流的研究范围，使它们从整体上更加规范化、标准化和总成本更低，能为目标对象提供更为满意的服务。

1. 运输功能

运输是指用运输设备将物品从一个地点向另一地点运送，其中包括集货、分配、搬运、中转、装入、卸下、分散等一系列操作。

空间距离是经济发展的阻力，运输则是克服这种经济阻力并使产品产生价值增量的过程，是物流的核心功能要素。运输包括从生产地到消费地的运输，也包含消费地向消费者配送时的运输，运输过程是生产过程的前导和后续，是沟通产销部门的主要桥梁。可以说，没有运输，就不可能有"物的流动"。运输这一功能要素解决了生产地与需求地之间的空间衔接，创造了商品的空间效用。运输有铁路运输、公路运输、水路运输、航空运输、管道运输、传送带运输和多式联运等主要形式。不同的运输方式有不同的技术经济特征和不同的成本效益。对运输活动的管理要求选择技术经济效果最好的运输方式，合理确定输送路线，以实现运输的安全、迅速、准时、价廉的要求。在决定具体运输手段时，必须权衡运输系统要求的运输服务和运输成本，即从运费、运输时间、运输频度、运输能力，以及货物的安全性、准时性、适用性、伸缩性、网络性和信息传输等方面进行综合考察。

2. 储存功能

储存是指保护、管理、贮藏物品的活动。任何物品只要不是从生产领域直接进入消费领域，就必然要经过储存这一环节。储存的目的是为了克服生产与消费在时间上的差异，以衔接产需，缓冲供求。在生产和消费之间，在供需之间，时间方面的衔接就是储存的主要功能。另外，提高物品的时间效用也是储存的功能。储存在调整时间性差异的同时，与价格的调整功能也是相关的，可以起到以供需调整为目的的时间调整和价格调整两种功能。储存是物流的主要功能之一，是物品流转不可缺少的重要环节，是社会化大生产的必要条件，包括堆存、保管、保养、维护等活动。企业的仓储储存一般分为原材料和辅助材料储存、成品储存、在制品储存等。物品的储存是借助各种场库设施（堆场、仓库、雨棚）完成物品的堆放、保管或保养、维护等工作，以使物品不受损坏或将其使用价值的下降控制在规定的水平内。物品的储存通常根据其不同特性采取不同的保护措施和储存保养技术。有效、合理地利用仓储空间和维护适当的在库量，是储存的原则。对于企业物品的储存管理，要求正确确定库存数量，明确储存的目的是以流通为主还是以储备为主，合理确定保管制度和流程，对库存物品采取不同管理方式，力求提高保管效率，降低损耗，加速物资和资金的周转，减少企业经营的风险，降低物流成本。

3．装卸搬运功能

装卸是指物品在指定地点以人力或机械装入运输设备或卸下，搬运是指在同一场所内对物品进行水平移动为主的物流作业。在物流活动中，装卸与搬运往往是一对"孪生兄弟"，有"装卸"就有"搬运"，因此把装卸搬运合并作为其中的一个要素。

装卸搬运包括物品的装上卸下、移送、拣选、堆放、取货、理货分类等，对运输、保管、包装、流通加工等物流活动进行衔接活动，以及在保管等活动中进行检验、维护、保养所进行的装卸搬运活动，是物品随运输与储存而产生的必要物流活动，是对运输、储存、包装、流通加工等物流活动进行衔接的中间环节。装卸搬运与运输和储存活动有密切的关系：在运输的两端必然有装上、卸下等作业发生；在储存活动中必然有在同一场所内物品入库和出库水平移动作业的发生；在企业内部车间与车间之间，工位与工位之间，场库和供应、生产和销售部门之间，到处都可以见到各种物品频繁地、一刻不停地运进运出，装上卸下。因此，装卸搬运是发生最频繁的物流作业。对装卸搬运活动的管理，主要是确定最恰当的装卸搬运方式，力求减少装卸搬运次数，合理配置及使用装卸搬运机具，以做到节能、省力、减少损失和加快速度，获得较好的经济效果。

4．包装功能

包装是指为在流通过程中保护产品、方便储运、促进销售，按一定技术方法而采用的容器、材料及辅助物等的总体名称。也指为了达到上述目的而采用容器、材料和辅助物的过程中施加一定技术方法的操作活动。

包装按用途可分为工业包装和商业包装两类：工业包装也叫运输包装、大包装，是以满足运输储存要求为主要目的的包装，它具有保障物品运输安全，方便装卸、加速交接、点验等作用，其包装的材质和方式方法既决定于货主对物流的要求，也决定于物品本身的物理特性和化学特性，不仅要从运输角度满足保护物品、单元化和彼此区别等功能要求，也要能够反映物流过程中所要求的如重量、规格尺寸等信息，在产品设计阶段还考虑包装的合理性、搬运装卸和运输效率等；商业包装又叫销售包装、小包装，是直接接触商品并随商品进入零售网点与消费者或用户直接见面的包装，包装精细、考究，目的主要是促销宣传和吸引消费者购买。包装包括产品的出厂包装，生产过程中在制品、半成品的包装及在流通过程中的换装、分装、再包装，对包装活动的管理，要根据物流和销售要求来确定，全面考虑包装对产品的保护作用、促进销售作用、提高装运率的作用、包拆装的便利性和废旧包装的回收及处理等因素。

5．流通加工功能

流通加工是指物品在从生产地到使用地的过程中，根据需要施加包装、分割、计量、分拣、涂刷标志、拴挂标签、组装等简单作业的总称。流通加工的对象是进入流通领域的商品，因此，流通加工发生于销售物流阶段。

流通加工功能是在物品从生产领域向消费领域流动的过程中，为了促进产品销售、维护产品质量和实现物流效率化，对物品进行加工处理，使物品发生物理或化学性变化的功能。这种在流通过程中对商品进一步的辅助性加工，可以弥补生产企业在生产过程中加工程度的不足和物品消费个性化的要求，更好地衔接生产和需求环节，使流通过程更加合理化，是物流活动中的一项重要增值服务，也是现代物流发展的一个重要趋势。流通加工活动不仅存在于社会流通过程，也存在于企业内部的流通过程中。流通加工的内容一般包括袋装、定量化小包装、配货、拣选、分类、混装、拴牌子、贴标签、刷标记等。生产外延型流通加工作业包括剪断、打孔、折弯、拉拔、挑扣、组装、改装、配套及混凝土搅拌等。流通加工通常以市场的需要、顾客的偏好及流通的便利性为原则。流通加工功能主要表现在：进行初级加工，方便用户；提高原材料利用率；提高加工效率及设备利用率；充分发挥各种运输手段的最高效率；改变品质，提高收益。

流通加工的形式一般有 3 种：① 为运输方便，作为加工活动的组装环节在流通过程中完成。一般都以零部件运输，到达销售地点或使用地点以后，再分别组装成成品，既方便运输又经济。② 由于市场需要的多样化，必须在流通部门按照顾客的要求进行加工。③ 为了综合利用，在流通中将物品分解和分类处理。

6. 配送功能

配送是指在经济合理区域范围内，根据客户要求，对物品进行拣选、加工、包装、分割、组配等作业，并按时送达指定地点的物流活动。

配送是物流中一种特殊的、综合的物流活动形式，几乎包括了所有的物流功能要素，是物流的一个缩影或在某小范围中物流全部活动的体现。从物流的过程来看，配送是物流的末端，以"配货"与"送货"形式最终完成物流并实现资源配置的活动。配送的功能要素包括以下方面。

① 备货。备货是配送的准备工作或基础工作，备货工作包括筹集货源、订货或购货、集货、进货，以及有关质量检查、结算、交接等。配送的优势之一，就是可以集中用户的需求进行一定规模的备货。备货是决定物流配送成败的初期工作，如果备货成本太高，会大大降低配送的效益。

② 储存。物流配送中的储存有储备及暂存两种形态。物流配送储备是按一定时期的配送经营要求，形成的对配送的资源保证。暂存是具体执行物流配送时，按分拣配货要求，在理货场地所做的少量储存准备。还有另一种形式的暂存，即分拣、配货之后的发送暂存，这个暂存可以调节配货与送货的节奏。

③ 分拣及配货。分拣及配货是完善送货、支持送货准备性工作，是不同配送企业

在送货时进行竞争和提高自身经济效益的必然延伸,所以,也可以说是送货向高级形式发展的必然要求。有了分拣及配货就会大大提高送货服务水平,所以,分拣及配货是决定整个配送系统水平的关键要素。

④ 配装。在单个用户配送数量不能达到车辆的有效载运负荷时,就存在如何集中不同用户的物流配送货物,进行搭配装载以充分利用运能、运力的问题,这就需要配装。和一般送货不同之处在于,通过配装送货可以大大提高送货水平及降低送货成本,这也是现代配送不同于以往送货的重要区别之处。

⑤ 配送运输。配送运输属于运输中的末端运输、支线运输,和一般运输形态主要区别在于:配送运输是较短距离、较小规模、频度较高的运输方式,一般使用汽车做运输工具。配送运输由于配送对象多,一般城市交通路线又较复杂,如何使配装和路线有效搭配是配送运输的特点,也是难度较大的工作。

⑥ 送达服务。配好的物品运输到用户还不算配送工作的完结,这是因为送达物品和用户接货往往还会出现不协调,使配送前功尽弃。因此,要圆满地实现运到之货的移交,并有效、方便地处理相关手续并完成结算,还应讲究卸货地点、卸货方式。

7. 信息处理

信息在一定程度上可定义为"对数据的解释",即数据经过某种处理并经过人的进一步解释而形成信息。物流信息处理是指通过企业物流信息系统对有关物流信息进行收集、存储、传输、加工整理、维护和输出,为企业提供战略、战术及运作决策所需的信息支持,以提高企业物流运作的效率与效益。

物流过程是一个多环节的复杂组合,把众多的环节及其功能整合形成一个单一的功能主体,以追求整体功能的最优化,信息是其中的关键。物流信息贯穿物流的各个环节,对物流活动的各个环节起着连接、协调的作用,是物流活动的神经中枢,物流活动中大量信息的产生、传递、处理活动为合理地组织物流活动提供了可能性。企业物流是需要依靠信息技术来保证物流体系正常运作的,利用信息来达到主动控制企业物流作业的目的,以便对物流活动的各个环节所出现的问题做出准确而又及时的反应。物流信息包括物流活动的计划、预测、动态及相关费用信息,如生产信息、市场信息等,物流信息的收集、传送、处理及使用构成了物流信息管理。

从信息的载体及服务对象来看,可分为物流信息服务功能和商流信息服务功能。商流信息主要包括进行交易的有关信息,如货源信息、物价信息、市场信息、资金信息、合同信息和付款结算信息。商流中的交易、合同等信息不但提供了交易的结果,也提供了物流的依据,是两种信息流主要的交汇处。物流信息主要是物流数量、物流地区和物流费用等信息。物流信息中的库存量信息不但是物流的结果,也是商流的依据。物流信息服务功能的主要作用表现为：缩短从接受订货到发货的时间，库存适量化，提高装卸搬运作业效率，提高运输效率，使接受订货和发出订货更为省力，提高订单处理的精度，防止发货、配送出现差错，调整需求和供给，提供信息咨询。

1.1.3　物流的分类

社会经济领域中的物流活动无处不在，对于各个领域的物流，虽然其基本要素都存在且相同，但由于物流对象不同，物流目的不同，物流内容和范畴不同，因此形成了不同的物流类型。

① 社会物流。社会物流是指超越一家一户的以一个社会为范畴的物流。这种社会性很强的物流往往是由专门的物流承担人承担的，社会物流的范畴是社会经济大领域，属于宏观物流范畴。社会物流研究再生产过程中随之发生的物流活动，研究国民经济中的物流活动，研究如何形成服务于社会、面向社会又在社会环境中运行的物流，研究社会中物流体系结构和运行。社会物流涉及在商品的流通领域所发生的所有物流活动，因此带有综合性、宏观性和广泛性。社会流通网络是国民经济的命脉，流通网络分布是否合理，流通的渠道是否畅通，如何进行科学管理和有效控制，以及如何采用先进的技术来保证物流运行的高效率低成本，都是社会物流研究的重点。

② 区域物流。区域物流是指全面支撑区域可持续发展总体目标而建立的适应区域环境特征，提供区域物流功能，满足区域经济、政治、自然和军事发展需要，具有合理空间结构和服务规模，实现有效组织与管理的物流活动体系。区域物流主要由区域物流网络体系、区域物流信息支撑体系和区域物流组织运作体系组成。区域经济的发展有赖于区域物流系统的建立和运行。例如，一个城市区域的发展规划，不但要直接规划物流设施及物流项目，而且需要以物流为约束条件，来规划和支撑区域产业布局结构。

③ 企业物流。见本章 1.2 节。

④ 国际物流。国际物流是跨越不同国家（地区）之间的物流活动。国际物流的实质是按照国际分工协作的原则，依照国际惯例，利用国际物流网络、物流设施和物流技术，实现实物在不同国家（地区）之间的流动与交换，以促进区域经济的发展和世界资源优化配置。国际物流的总目标是为国际贸易和跨国经营服务，即选择最佳的方式与路径，以最低的费用和最小的风险，保质、保量、适时地将货物从某国的供方运到另一国的需方。

⑤ 一般物流。一般物流是指物流活动的共同点和一般性，物流活动的一个重要特点是涉及全社会、各企业，因此，物流系统的建立、物流活动的开展必须有普遍的适用性。

⑥ 特殊物流。专门范围、专门领域、特殊行业，在遵循一般物流规律基础上，带

有特殊制约因素、特殊应用领域、特殊管理方式、特殊劳动对象和特殊机械装备特点的物流，皆属于特殊物流范围。

1.1.4 现代物流的理念及其与传统储运的区别

1．现代物流的理念

（1）物流是市场的延伸理念

在 20 世纪 20 年代，物流最早被作为流通的附属机能，后来人们主要从有利于商品销售的愿望出发，探讨如何进行"物资的配给"和怎样加强对"物资分布过程"的合理化管理，其核心部分正如日本学者羽田升史所说："物流被看做市场的延伸。"

"物流被看做市场的延伸"的理念，今天又被赋予新的内涵：其一是通过为用户提供物流服务来开拓市场；其二是将物流功能和物流设施的建设作为开发潜在的市场机会；其三是物流被作为市场竞争的手段和策略；其四是物流被视为企业的核心竞争力之一。

（2）物流价值与利润理念

1962 年美国著名管理学家彼得·德鲁克在《财富》杂志上发表了题为"经济的黑色大陆"一文，他将物流比做"一块未开垦的处女地"。根据发达国家的经验，随着市场竞争的加剧，在原材料、设备和劳动力成本压缩的空间趋于饱和后，企业对成本的控制将转向物流领域的开发。

美国管理学家彼·特拉卡指出，物流是"降低成本的最后边界"。日本早稻田大学教授西泽修在《主要社会的物流战》一书阐述："现在的物流费用犹如冰山，大部分潜在海底，可见费用只是露在海面的小部分。"

（3）物流系统化理念

物流系统是指在特定的社会经济大环境里由所需位移的物品和包装设备、搬运装卸设备、运输工具、仓储设施、人员和通信联系等若干相互制约的动态要素所构成的具有特定功能的有机整体。

在物流运行中存在着"二律背反"特性，也称"效益背反"。整个物流合理化，需要用总成本评价，这反映物流运行全局和整体把握的重要性。

（4）精益物流理念

精益物流是起源于日本丰田汽车公司的一种物流管理思想，其核心是追求消灭包括库存在内的一切浪费，并围绕此目标发展的一系列具体管理方法。

精益物流的内涵是运用精益思想对企业物流活动进行管理，其基本原则是：

● 从顾客的角度而不是从企业或职能部门的角度来研究什么可以产生价值。

- 按整个价值流确定供应、生产和配送产品中所有必需的步骤和活动。
- 创造无中断、无绕道、无等待和无回流的增值活动流。
- 及时创造仅由顾客拉动的价值。
- 不断消除浪费，追求完善。

精益物流的目标可概括为：企业在提供满意的顾客服务水平的同时，把浪费降到最低程度。

（5）物流一体化理念

企业物流一体化管理是根据商品的市场营销动向决定产品的生产和原材料采购，从而保证生产、采购和销售的一致性。

虽然内部物流一体化是企业取得成功的必要条件，但它并不足以保证企业实现其经营目标。要在今天的竞争中达到充分有效，企业必须将其物流活动扩大到顾客和供应商相结合的方面，这种通过外部物流一体化的延伸被称做供应链一体化。而要获得供应链理论所要求的这种企业内外的广泛合作，需要一种与传统组织观念不一样的创新的组织定位，从而形成一套科学的、相对独立的科学体系——物流、商流、信息流的统一体系。

（6）联盟与合作理念

发展物流联盟和广泛开展合作关系的思想已成为社会物流实践的基础。合作最基本的形式是发展有效的组织间的联合作业，形成多种形式的、长期的业务伙伴关系：一方面促使企业从外部资源寻求物流服务以提高效率、降低成本；另一方面促使两个或两个以上的物流供应商与物流需求商组织联合起来。

（7）绿色物流观念

绿色物流是指在物流过程中抑制物流对环境造成危害的同时，实现对物流环境的净化，使物流资源得到最充分的利用。环境共生型的物流管理就是要改变原来经济发展与物流、消费生活与物流的单向作用关系，在抑制物流对环境造成危害的同时，形成一种能促进经济发展和人类健康发展的物流系统，即向绿色物流、循环型物流转变。物流业虽然能促进经济的发展，但是物流业的发展同时也会给城市环境带来负面的影响，如运输工具的噪声、污染气体排放、交通阻塞，以及物流过程中的废弃物的不当处理所造成的对环境的影响。绿色物流主要包括两方面的内容：一是商品的物流过程要绿色化，一是废弃物的物流过程要绿色化。

随着现代物流全球化、信息化和一体化的发展，诸如低碳物流、电子商务物流、应急物流、循环物流、协同物流和数字物流等新的理念也在不断涌现。而企业重视物流理念的创新，就会坚持整体竞争战略和重视人才队伍建设，营造一个和谐的物流环境，进而创造市场并引领消费者的需求变化。

2．现代物流与传统储运的区别

现代物流是相对于传统储运而言的，具体而言，现代物流与传统储运有以下本质上的区别：

① 理念不同。现代物流的理念是主动走向市场，参与竞争，以市场为导向、以客户为本、一切为客户。而传统储运是封闭的自我服务理念和守株待兔的陈旧、被动做法。

② 目的不同。现代物流的最终目的是消费者需求的满足。传统储运的目的是向社会供应商品。

③ 原动力不同。现代物流的源动力来源于消费者需求的拉动，即由消费者需求开始，通过物流大系统各个环节的信息传递，最终决定商品生产企业应如何进行生产，因而现代物流也称为反应式物流。而传统储运的原动力是生产，是由生产的需要导致传统储运的需求。

④ 主要功能不同。现代物流的主要功能包括包装功能、装卸功能、运输功能、保管功能、流通加工功能、配送功能、物流信息处理功能等。而传统储运的功能则包括商品的收货入库、储存保管、搬运装卸和发货运输等。

⑤ 连续性不同。传统储运是孤立、不连续的，它对各部分物流活动的分割管理造成企业在进行成本-效益分析时，往往追求单一环节成本最低。现代物流不再孤立地看待参与物流的各个环节，而是从系统的角度综合考虑物流管理中的各项功能，是与企业和社会全面有机联系的。

1.2 企业物流系统概述

企业是从事生产、流通、服务等经济活动，以生产或服务满足社会需要，实行自主经营、独立核算、依法设立的一种营利性组织。国内外成功企业的发展证明建立或运用先进的物流体系能更快地提高企业的竞争力，如美国通用汽车公司和中国的海尔集团，无不借助先进的物流系统保证其核心竞争力的不断提升。同时，企业物流也是物流业发展的源动力，企业总是处于社会供应链的重心位置，由此形成企业物流系统在社会物流系统中的重要地位。

1.2.1 企业物流的概念、特点及发展

（1）概念

企业物流是生产和流通企业围绕其经营活动所发生的物流活动。

企业物流是从企业角度研究与之有关的物流活动，是具体的、微观的物流活动的典

型领域，属于微观物流的范畴。一个生产企业从采购原材料开始，按照工艺流程经过若干工序生产出产品后再销售出去的过程，包括生产物流、供应物流、销售物流、逆向物流和废弃物物流；而一个流通企业，其物流的运作过程包括商品的进、销、调、存、退各个环节。

企业物流活动几乎贯穿于企业的整个运营过程，其主要内容包括以下方面。

① 采购。把企业采购活动归入企业物流是因为企业运输成本与生产所需要的原材料、零部件等的地理位置有直接关系，采购的数量与物流中的运输、存储成本也有直接关系。把采购归入企业物流领域，企业就可以通过协调原材料的采购地、采购数量、采购周期及存储方式等有效地降低物流成本，进而为企业创造更大的价值。

② 运输。运输是企业物流系统中非常重要的一部分。事实上，运输也是企业物流最为直接的表现形式，因为物流中最重要的是物品的实体移动及移动货物的网络。通常情况下，企业的物流经理负责选择运输方式来运输原材料及产成品，或建立企业自有的运输能力。

③ 存储。存储包括两个既独立又有联系的活动：存货管理与仓储。事实上，运输与存货水平及所需仓库数之间也有着直接的关系。企业许多重要的决策与存储活动有关，包括仓库数目、存货量大小、仓库的选址和仓库的大小等。

④ 物料搬运。物料搬运对仓库作业效率的提高是很重要的，物料搬运也直接影响生产效率。在生产型企业中，物流经理通常要对货物搬运入库、货物在仓库中的存放、货物从存放地点到订单分拣区域的移动，以及最终到达出货区准备运出仓库等环节负责。

⑤ 生产经营计划。在当前竞争激烈的市场上，生产经营计划与物流的关系越来越密切。事实上，生产经营计划往往依赖于物流的能力及效率进行调整。另外，企业的生产经营计划还与存货能力、存货预测有关。

⑥ 订单处理。订单处理过程包括完成客户订单的所有活动。物流领域之所以要直接涉及订单的完成过程，是因为产品物流的一个重要方面是前置期，即备货周期，它是指从客户下达订单开始，至货物完好交给客户为止的时间。从时间或前置期的角度来看，订单处理是非常重要的物流功能。订单处理的效率直接影响备货周期，进而影响企业的客户服务质量与承诺。

⑦ 工业包装。与物流紧密相关的还有工业包装，即外包装。企业物流中的储运方式的选择将直接影响包装要求。

⑧ 客户服务。客户服务也是一项重要的物流功能。客户服务水平与物流领域的各项活动有关，存货、运输、仓储的决策取决于客户服务要求。

⑨ 存货预测。准确的存货和物料、零部件的预测是有效存货控制的基础，尤其是

使用零库存和物料需求计划方法控制存货的企业。因此，存货预测也是企业物流的一项重要功能。

除上述外，企业物流还包含诸如工厂和仓库选址、维修与服务支持、回收物品处理、废品处理等内容。不同类型企业或同一企业处于不同发展阶段，其企业物流不一定会涉及上述各个方面。

（2）特点

企业物流除了具有社会化大生产和大流通中所具有的连续性、流畅性、平行性、协调性、节奏性和柔性等活动的共同特点外，其显著特点主要体现在以下 3 方面：①企业物流隐含着专业性极强的"定制化"概念，必须适应企业生产经营的专业化要求，提供对于企业具有专门适应性和实用性的定制物流服务；②企业物流在企业经济活动中既是对资源的占有和消耗，在生产和流通成本中占有很大的比例，是企业成本构成的重要组成部分，同时又能够产生效益并成为企业的"第三利润源"；③具体的企业物流在一定时空范围内集约化程度相对较高，这就为实现企业物流一体化和精益物流运作提供了条件。

（3）发展

企业物流的发展主要分为 3 个阶段，具体如下。

第一个阶段：产品物流阶段，又称为产品配送阶段。这个阶段的时间起止为 20 世纪 60 年代初期至 70 年代后期，属于企业物流的早期发展阶段，在该阶段中，物流的主要功能大多围绕对产品从企业工厂生产出来到如何到达消费者手中这一过程的运作上。在当时，企业重视产品物流的目的是希望能以最低的成本把产品有效地送达顾客。企业重视产品物流的主要原因有 2 方面：一是为了扩大市场份额，满足不同层次的需要，扩张其生产线；二是为了应对企业内部与外部市场的压力，倾向于生产非劳动密集型的高附加值产品。产品物流阶段物流管理的特征是注重产品到消费者的物流环节。

第二个阶段：综合物流阶段，这个阶段的时间起止为 20 世纪 70 年代中后期至 80 年代后期，在这个阶段，企业物流集中表现为原材料物流和产品物流的融合。实践证明，综合物流管理可以为企业带来更大的效益，因此，在这个期间综合物流得到了迅速的发展。在当时，运输自由化及全球性竞争的日渐加剧，使企业认识到把原材料管理与产品配送综合起来可以大大地提高企业运行效率与效益，因此，在上述因素的推动下，企业物流迅速地从产品物流阶段向综合物流阶段发生转移。

第三个阶段：供应链管理阶段，这个阶段始于 20 世纪 90 年代初期，在这个阶段中，企业对传统的物流管理有了更为深刻的认识，企业已经将单纯的个体企业之间的竞争上升到企业群、产品群或产业链条上不同企业所形成的供应链。

1.2.2　企业物流的分类

1. 按企业内部活动分类

按企业内部活动分类，企业物流可区分以下不同典型的具体物流活动：生产物流、供应物流、销售物流、逆向物流、废弃物物流等，具体内容见后面相关章节。

2. 按企业性质不同分类

按企业性质不同有以下不同种类的企业物流，即生产（制造）企业物流、流通企业物流。

（1）生产企业物流

生产企业物流是以购进生产所需要的原材料、设备为始点，经过加工形成新的产品，然后供应给社会需要部门为止的全过程。要经过原材料及设备采购供应阶段、生产阶段和销售阶段，这 3 个阶段便产生了生产企业纵向上的 3 段物流形式。具体包括工业生产企业物流、农业生产企业物流。

工业生产企业种类非常多，物流活动也有差异，按主体物流活动区别，可大体分为4 种。

① 供应物流突出的类型。这种企业物流系统，供应物流突出而其他物流较为简单，在组织各种类型工业企业物流时，供应物流组织和操作难度较大。例如，采取外协方式生产的机械、汽车制造等工业企业便属于这种物流系统。一个机械设备的几个甚至几万个零部件，有时来自全国各地，甚至外国，这一供应物流范围和难度都较大，成本也高，但生产成一个大件产品（如汽车）以后，其销售物流便很简单了。

② 生产物流突出的类型。这种企业物流系统，生产物流突出而供应、销售物流较为简单。典型的例子是生产冶金产品的工业企业，供应是大宗矿石，销售是大宗冶金产品，而从原料转化为产品的生产过程及伴随的物流过程都很复杂，有些化工企业（如化肥企业）也具有这样的特点。

③ 销售物流突出的类型。很多小商品、小五金等，大宗原材料进货，加工也不复杂，销售却遍及全国或很大的地域范围，是属于销售物流突出的工业企业物流类型。此外，水泥、玻璃和化工危险品等，虽然生产物流也较为复杂，但其销售时物流难度更大，需要专业物流人员使用专用储运设施设备加以特别防护，处理不当就可能出现大事故或使得货物遭受大的损失，因而也包含在销售物流突出的类型中。

④ 废弃物物流突出的类型。有一些工业企业几乎不产生废弃物，但也有废弃物物流十分突出的企业，如制糖、选煤、造纸和印染等工业企业，其废弃物处理得如何几乎决定企业能否生存。

将上述 4 种类型归纳为表 1-1。

表 1-1　工业生产企业物流类型

类　型	举　例
供应物流突出型	采取外协方式生产的工程机械、汽车制造等工业企业
生产物流突出型	生产冶金产品的工业企业，供应是大宗矿石，销售为大宗冶金产品，而从原材料转化为产品的生产过程及伴随的物流过程都很复杂
销售物流突出型	小商品、小五金等，大宗原材料进货，加工相对简单，销售范围却遍及各地
废弃物物流突出型	制糖、选煤、造纸、印染等易造成污染的工业企业

农业生产企业中农产品加工企业的性质及对应的物流与工业企业是相同的。

农业种植企业的物流是农业生产企业物流的代表，这种类型企业的供应、生产、销售和废弃物物流的特殊性是：

① 供应物流。以组织农业生产资料（化肥、种子、农药、农业机具）的物流为主要内容；除了物流对象不同外，这种物流和工业企业供应物流类似，没有大的特殊性。

② 生产物流。种植业的生产物流与工业企业生产物流区别极大，主要区别是：第一，种植业生产对象在种植时是不发生生产过程位移的，而工业企业生产对象要不断位移，因此，农业种植业生产物流的对象不需要反复搬运、装放、暂存；第二，种植业一个周期的生产物流活动，停滞时间长而运动时间短，最大的区别点在于工业企业的生产物流几乎是不停滞的；第三，生产物流周期长短不同，一般工业企业生产物流周期较短，而种植业生产物流周期长且有季节性。

③ 销售物流。以组织农业产品（如粮食、棉花等）的物流为主要内容。其销售物流的一个很大特点是：储存保管条件要求较高，储存量较大且时间长，"蓄水池"功能要求较高。

④ 废弃物物流。种植业生产的废弃物物流也是具有不同于一般工业企业废弃物物流的特殊性，主要表现在种植业产生的废弃物的重量往往高于其产品重量，即废弃物物流量相应要高于甚至远高于其销售物流量。

（2）流通企业物流

流通企业物流是指以从事商品流通的企业和专门从事实物流通的企业的物流。

① 批发企业的物流。批发企业的物流是指以批发据点为核心，由批发经营活动所派生的物流活动。这一物流活动对于批发的投入是组织大量物流活动的运进，产出是组织总量相同物流对象的运出，但是批量变小，批次变多。在批发据点中的转换是包装形态及包装批量的转换，以及经过其他流通加工作业产生的附加值增加。

② 零售企业的物流。零售企业物流是以零售商店据点为核心，以实现零售销售为主体的物流活动。零售企业的类型有多品种零售企业、专用品零售企业、连锁型零售企业、直销企业和网络销售企业等。

- 多品种零售企业。这种类型企业物流重点在于多品种、小批量、多批次的供应物流。这种物流一方面可保证零售企业的销售，保证不脱销、不断档、不缺货；另一方面则是保证不以库存支持销售。所以，供应物流是零售企业突出的物流。

- 专用品零售企业。这种企业销售的商品主要集中为某一专业领域的少数品种商品的销售，大部分零售企业是在销售后由用户自己完成物流，但对部分大件商品或有特殊储运要求的商品提供送货和售后服务。

- 连锁店型零售企业。这种企业的物流特点集中于供应物流，和一般零售企业供应物流不同，连锁店的销售品种是相同的、有特色的，其供应物流是由本企业的共同配送中心完成的。

- 直销企业。这种企业物流特点是重点集中于销售物流，销售物流在很大程度上决定了销售业绩。由于直销企业通过直销手段的品种不可能太多，因而供应物流及企业内部物流一般较销售物流简单。

- 网络销售企业。随着因特网深入千家万户和电子商务的广泛应用，网络销售、电视购物等网络销售企业异军突起，在市场零售额中所占份额不断攀升。网络销售与传统零售方式的显著区别在于消费者对所购商品的易得性及其真实感知的滞后性，这使得退货逆向物流占据较大比例，这种企业物流特点是集中于销售物流与逆向物流处理。

3. 按照物流活动的主体分类

按照物流活动的主体进行分类，物流可分为企业自营物流、专业子公司物流和第三方物流。

（1）企业自营物流

企业自营物流是指企业自备运力、场库和人员，以自给自足的方式经营企业的物流业务。

（2）专业子公司物流

专业子公司物流一般是指从企业传统物流运作功能中剥离出来，成为一个独立运作的专业化实体（子公司）。它与母公司（或集团）之间的关系是服务与被服务的关系。它以专业化的工具、人员、管理流程和服务手段为母公司提供专业化的物流服务。

（3）第三方物流

第三方物流（3PL）是独立于供需双方，为客户提供专项或全面的物流系统设计或系统运营的物流服务模式，是企业为了更好地提高物流运作效率和降低物流成本而将物流业务外包给第三方物流企业的做法。"第三方物流"通常也称为契约物流，是从生产到销售的整个物流过程中进行服务的"第三方"，它本身不拥有商品，而是通过签订合作协定或结成合作联盟，在特定的时间段内按照特定的价格向客户提供个性化的物流服务，具体包括商品运输、储存、配送及附加的增值服务等。

1.2.3 企业物流系统

1. 企业物流系统的构成要素

企业物流系统的构成要素即企业物流的组成单元，是企业物流的基础和实际载体。企业物流系统的构成要素包括一般性构成要素、物质基础要素和支撑性构成要素。

（1）企业物流系统的一般性构成要素

与企业的其他所有系统一样，企业物流系统的一般性要素由以下 3 方面构成：

① 劳动者要素。它是所有系统的核心要素、第一要素。提高劳动者的素质，是建立一个合理化的物流系统并使它有效运转的根本。

② 资金要素。企业实现物流服务本身需要以资金为媒介，同时企业物流系统建设是企业的基础投入领域，离开资金这一要素，企业物流系统不可能运转。

③ 物的要素。物的要素包括物流系统的劳动对象，即各种实物。缺少此项物流系统便成了无本之木。物的要素还包括劳动工具、劳动手段，如各种物流设施、工具和各种耗材（原料和辅助性材料）等。

（2）企业物流系统的支撑性构成要素

企业物流系统的建立和运行，需要有一定的技术装备和手段作为物质基础，以及相应的体制制度、法律法规、行政命令、标准化等作为支撑性要素。这些物流要素对实现物流和某一方面的功能也是必不可少的，它们主要包括以下"硬要素"和"软要素"。

① 物流设施。物流设施是企业物流系统运行的基础物质条件，包括场库、物流配送中心等。

② 物流装备。物流装备是保证物流系统开动的条件，包括仓库货架、进出库设备、加工设备、输送设备、装卸机械等。

③ 物流工具。物流工具是物流系统运行的物质条件，包括运输工具、包装工具、物流维护保养工具等。

④ 信息技术网络。信息技术网络是掌握和传递企业物流信息的手段和物质基础，包括通信设备及线路、传真设备、计算机信息网络技术设备和系统，如卫星定位系统（GPS）、地理信息系统（GIS）等。

⑤ 物流体制与制度。企业物流系统的体制和制度决定物流系统的结构、组织和管理方式，如企业物流中各环节自营物流业务与外包物流业务的划分、企业规范日常物流活动的制度等。

⑥ 物流标准化作业体系。物流标准化作业体系是企业保证各项物流环节和作业协调运行及物流系统与其他系统在技术上实现顺畅联结的技术条件。

⑦ 物流组织及管理体系。物流组织及管理体系是企业物流系统正常运营的"软件"，起着连接、调运、运筹、协调、指挥其他各要素以保障实现物流系统目的的作用，是维持物流系统正常运转不可或缺的重要要素。

上述前 4 项"硬要素"为物质基础要素，后 3 项"软要素"为支撑性构成要素。

2．企业物流系统的基本运作模式

物流的目的是"追求以最低的物流成本向客户提供优质的物流服务"。因此物流系统也就是"为了有效达到物流目的的一种机制"。简而言之，企业物流系统是在一定的时间和空间内，由所需位移的物料、装卸搬运设备、输送工具、仓储设施、相关人员及通信联系等若干相关制约的动态要素构成的具有特定功能的有机整体。

按照物流范围的不同，物流系统可以构成一个完整的层次秩序，即国际物流系统→国内物流系统→国内区域性物流系统→企业物流系统。企业物流系统作为整个社会物流系统"躯体"的"细胞"，是社会物流系统的构成及其正常运转的微观基础，企业物流系统在一定的时空范围内由所需运转的物流产品、包装设备、装卸搬运机械、运输工具、仓储设施、运输道路、流通加工和废弃物回收处理设施等物质、能量、人员和网络信息相互作用、相互依赖和相互制约的要素所构成并存在有机的联系，这些要素一同处于整个社会经济系统之中。

企业物流系统是由许多不同层次的子系统组成的，各个层次的子系统在地位与作用、结构与功能上表现出等级秩序。

企业物流系统中最为典型的就是生产企业物流系统，在该系统中投入原材料、设备、劳动力、能源、资金、信息等，经过企业物流系统的物流设施设备、物流过程各环节的各种作业活动，以及加工处理、信息处理、物流管理等活动的转换处理，输出的就是物品转移、时间和空间效益、信息情报、优质服务、环境污染，这些结果反馈回去就会影响企业进一步的物流投入。企业物流系统的基本运作模式就是从环境中不断输入有关要素，经过处理转换不断输出产品和服务的循环过程，即输入、处理（转化）、输出、限制或制约、反馈，如图 1-1 所示。

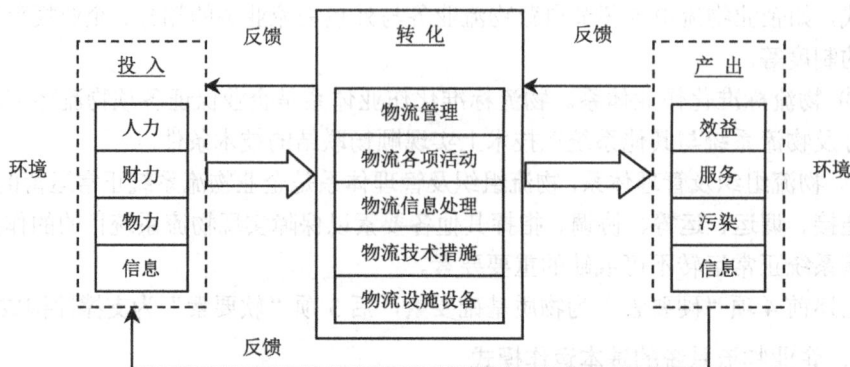

图 1-1　企业物流系统的基本运作模式

　　按照物品在生产经营的流程来划分，企业物流可以分为供应物流、生产物流、销售物流、逆向物流和废弃物物流五大组成部分。从流程观着手将企业物流划分为供应物流、生产物流、销售物流、逆向物流和废弃物物流五个子系统或组成部分，有助于分析企业物流的微观结构，并按照具体目的和企业物流的不同阶段，在企业的总体物流框架下聚焦透析物流成本在各物流环节的构成情况，以便有针对性地制定企业物流管理对策和措施。生产企业一般包含五大组成部分，而流通企业通常包含除生产物流以外的其他 4 部分，物流企业则可以为生产或者流通企业提供社会化、专业化物流服务，在一定条件下可以介入这五大组成部分的任何一部分。企业物流系统的总体流程结构如图 1-2 所示。

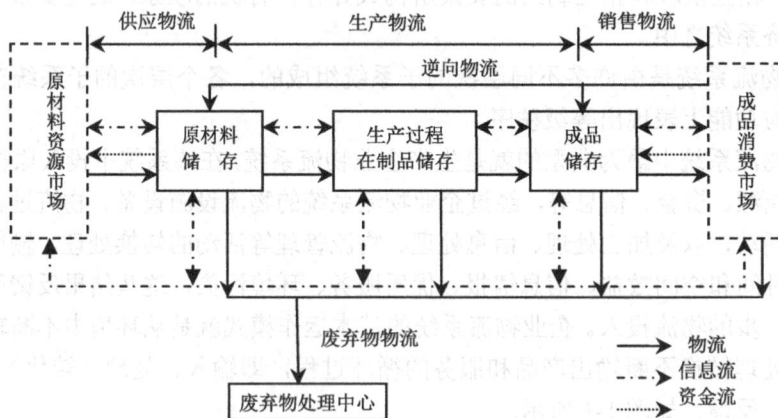

图 1-2　企业物流系统的总体流程结构

1.3　企业物流管理概述

1.3.1　企业物流管理的内涵

1. 企业物流管理的概念

企业物流管理是对企业所用的原材料、半成品和成品在企业内外流动的全过程所进行的计划、组织、协调、控制的管理活动。它的基本任务是协调企业物品流动过程中不同领域内的各部门、各环节之间的关系，对企业物流系统进行综合管理，在保证物流服务水平的前提下，实现物流成本的最低化，这是现代企业物流管理的根本任务所在。从系统的角度来看，企业物流系统由若干子系统组成，这些子系统各有其特殊性，并有着内在的、有机的联系，同时相互间之间也存在"效益背反"的问题，而企业物流管理的日常任务就是在现有条件下如何平衡和解决这些问题，使之获得总体优化。

2. 企业物流管理的目标

近年来，企业对物流管理日益重视，逐渐把物流管理从战略视角来看待，制定企业物流战略以期增强企业的竞争能力。把企业物流管理上升到战略的地位，经历了一个过程。从纯粹为了降低企业内部的物流成本，到为提高企业收益而加强内部物流管理，通过向顾客提供满意的物流服务来带动销售收入的增长，发展到现在从长远和战略的观点去思考物流在企业经营中的定位，甚至超越本企业从供应链的视角管理企业。

企业物流管理的目标主要表现在 4 方面。

① 降低成本。在企业产品生产或提供服务的总成本中，物流成本占有较大比例。因此，物流管理的目标之一就是通过优化企业供应链的物流管理，将物流成本降到最低。具体来说，就是要将与包装、搬运、运输、储存、配送相关成本降到最低。

② 减少资金占用。不管是企业自行进行物流管理还是外包物流业务，企业在物流运作管理上都需要一笔不小的投入。减少资金占用这一目标的提出，一方面是为了实现总成本最低的目标，另一方面也可以将节省出来的资金用于增强企业的核心业务竞争力。

③ 提高服务水平。在产品性能、成本、质量都相差无几的情况下，一般认为企业的竞争力取决于向客户提供服务的水准。在客户服务体系中，物流服务是其中最重要的一环，例如，在订单履行过程中，很多时候因为物流管理不到位而导致订单延误，这样一来，不仅客户满意度下降，还减缓了企业资金的周转速度。通过对物流的有效管理，实现客户服务中的"7R"，即在恰当的时间（Right Time），将恰当的产品（Right Product），

按恰当的数量（Right Quantity）和恰当的条件（Right Condition），以恰当的成本（Right Cost）送到恰当的地点（Right Place）及恰当的顾客（Right Customer）手中。

④ 提高企业竞争力。在物流管理的目标中，最根本的目标是提高企业竞争力，加强企业在市场竞争中的地位。有了这一目标，就可以综合考虑降低成本、减少资金占用和改进服务几方面的决策问题。

显然，要实现这一目标，需要企业在物流管理上有一个完善、全面的规划，诸如物流网络布局、配送计划、物流作业标准化、运输方式优化等，特别是在确定物流管理体系时，企业不能仅仅考虑自身的物流效率，还必须与其他合作企业协同起来。

3. 企业物流管理的内容

企业物流管理的内容在物流领域几乎包罗万象，包括订单处理、需求预测、生产计划、采购、包装、存货控制、装卸搬运、运输、储存、企业和仓库选址、物品回收、零部件及服务保障、废品处理、流通加工、配送、客户服务、物流信息服务等内容。企业类型不同，其物流管理所包含的活动和侧重点会有所不同，但随着对物流的重视，物流管理所包含的范围在不断增加。

（1）对物流活动诸要素的管理内容

从物流活动要素的角度出发，企业物流管理内容可分为：运输管理、储存管理、装卸搬运管理、包装管理、流通加工管理、配送管理、物流信息管理和客户服务管理等。

（2）对物流系统诸要素的管理

根据物流系统诸要素的组成，企业物流管理又可分为：人员管理、物品管理、财务管理、设备管理、方法管理和信息管理等。

（3）对物流活动中的具体职能管理

从物流活动职能上划分，主要包括物流计划管理、物流质量管理、物流技术管理、物流成本管理、物流统计管理等。

在企业物流管理职能中首要的是计划。计划，其实质就是规划、策划。要对整个物流活动进行全面的规划和策划，确定物流活动搞些什么，怎么搞。物流活动，特别是规模较大的物流活动，一般要动用较多的资源，涉及较多的人、车、库和较多的部门单位，一定要做好事前的规划和策划，选取最好的方案实施，这就是计划的过程。计划过程较多地要用到物流管理的一些知识、理论、技术与方法。制定出计划以后，就要组织实施。这就需要进行组织、指挥、协调和控制。企业物流部门或物流企业是物流活动的策划者，也是物流活动的具体承担者和操作者，要面对客户企业具体承担各种物流活动，要对各种物流活动实行专业化的管理和综合管理。

4．企业物流管理的特点

企业物流管理的特点包括：

- 以实现企业经营总体目标为目的。
- 以降低企业物流成本和实现客户满意为目标。
- 以信息和网络技术为主要支撑实现快速反应。
- 重物流运作效率，更重物流运作效益。

1.3.2 企业物流管理的水平层次

根据物流管理的不同阶段，可以将企业物流管理水平分为 4 个层次，分别是：被动处理型物流管理、系统化物流管理、一体化物流管理、供应链管理。企业应深刻理解企业物流管理的 4 个不同的水平层次，针对自己的实际情况，制定具体的物流战略。

1．第一个层次——被动处理型物流管理

这一层次是物流管理最初级的管理阶段，其主要特征是物流活动的成本高，企业自身无法从根本上改善物流成本。在这一阶段，物流活动主要是被动处理生产、采购和销售部门的物流活动，以提高保管效率、运送效率和作业效率为主要管理目标。生产、采购和销售部门被称为"物流发生部门"。采购部门为了片面地追求降低采购成本，往往采用大批量集中订货的方式，出现不必要的原材料库存；生产部门为了追求生产效率，采用集中、成批生产的方式，造成中间成品（半成品）、成品大量库存；由于订单处理的高频化和订单的少额化，销售部门担心产品短缺，也往往采用存货的方式来保障销售活动不受影响。这些部门认为物流不是自己的事情，在利益的驱使下几乎不考虑物流效益问题。正是由于物流部门在不停地被动处理采购部门、生产部门和销售部门所发生的物流，物流部门没有控制库存的主动权，由于库存的大量存在，势必会发生一些没有必要的保管费用和无意义的物品位移，这些无意义的物品位移往往与销售没有关系，相反，它会增加物流成本，从而影响企业的整体利益。在这一层次上，企业内的各个部门的物流活动是相互独立的。尽管人们对物流的认识已经远远超出这个范围，但是物流管理水平停留在这个层次上的企业依然很多。

2．第二个层次——系统化物流管理

这一管理层次主要针对第一个层次的致命弱点无意义的物品位移和物流部门不能控制物流成本这两大问题所进行的改善。针对这种状况，物流部门根据企业的出货情况，补充成品或原材料的库存。从某种意义上来讲，这种做法可以在一定程度上消灭无意义的物品位移，降低物流成本。但是对于大多数企业来讲，其经营目标是以销售额来制定的，作为负责完成这一具体目标的销售部门，往往只重视这一表面目标，而忽略实现这一目标背后所牺牲的其他方面的成本，如只追求销售额的绝对数值，并不关心由此而造成的库存积压。生产部门和采购部门被动地围绕着销售部门的行为组织生产和采购，由于物流部门缺乏对其他职能部门的制约，无法从根本上消除库存。这就是物流管理的第二个层次。消除这种现象的办法是建立一种物流部门和营业销售部门相互依存、相互制约的管理机制。在这种机制下，物流部门在满足销售、生产和采购部门的要求的前提下，对销售、生产和采购部门的"随意"行为进行必要的约束。实现这一管理目标，就需要进入物流管理的第三个层次。

3. 第三个层次——一体化物流管理

在这一层次，企业将市场的需求作为生产经营信息流的源头和依据，整个企业的生产和采购活动是围绕着这个源头的信息来进行的，企业物流形成一体化管理。在这种环境下，企业只生产销售的物品，只采购生产所需数量的原材料，物流部门只管理与销售相关的物品，企业内的物流管理处于一种比较理想的状态。但是，由于这种现代物流理念对过去传统的企业生产管理理念产生了巨大的冲击，在具体执行过程中会遇到来自各个部门的阻力。企业的目标是获取最大的利润，在此目标前提下，各个部门必须舍弃传统的局部优化思想，必要时牺牲部门的利益，以保证企业整体利益的实现。例如，当注重库存成本时，要适当摒弃集中采购的做法，在强调交货期并注重成品库存时，生产部门必须摒弃传统的为了提高生产效率而采取的集中生产的方式。但是，在现有的绩效考核制度条件下，企业各个部门从本位主义观点出发，可能会对这种先进管理方式产生一种抵触情绪。所以能够达到这个层次管理水平的企业并不多。

4. 第四个层次——供应链管理

当企业内的物流管理理念和实际物流管理水平已经达到第三个层次时，企业内部物流系统所要求的原材料供应商的"JIT配送"和销售商对市场需求信息的准确把握，都会制约和影响企业内物流系统的正常运作。所以企业内物流系统的畅通离不开供应商和销售商的配合与支持，相反，销售商为了实现"零库存"和生产企业的"JIT配送"这一目的，也要求生产企业必须按照市场的需求来组织生产活动，供应链管理也就应运而生。供应链管理突破了传统意义上的企业物流的概念，将供应链的上下游企业作为一个信息共享、资源共享、利润共享的共同利益下的集合体，上下游企业间不再是过去的那种简单的贸易关系，而是战略合作伙伴关系，在整个供应链的运作过程中实现多赢的目标。

1.3.3　企业物流管理的合理化

物流合理化是企业物流管理的基本原则。在企业物流管理过程中，对不同业务和范围可有多项具体管理原则，但最根本的指导原则是保证企业物流合理化的实现。所谓物流合理化，就是对物流设备配置和物流活动组织进行调整改进，实现物流系统整体优化的过程。它具体表现在兼顾物流成本与物流服务水平。合理化是企业物流资源投入与产出比的合理化，即以尽可能低的物流成本获得可以接受的物流服务，或以可以接受的物流成本达到尽可能高的服务水平。因此，企业物流合理化包括物流结构合理化、物流过程的优质化和物流体制的科学化。

物流合理化的一个基本标准就是"均衡"。物流活动中各种成本之间经常存在此消彼长的关系，物流合理化是不求极限但求均衡，均衡造就合理。例如，对物流费用的分析，均衡的观点是从总物流费用入手，即使某一物流环节要求高成本的支出，但如果其他环节能够同时降低成本或获得利益到一定程度，就认为是均衡的，即为合理可取的。在企业物流管理实践中，牢记物流合理化的原则和均衡的思想，有利于处理问题过程中防止"只见树木、不见森林"，做到不仅注意局部的优化，更注重整体的均衡。

企业物流管理的合理化对于企业的可持续发展意义重大。合理的物流系统可以有效降低物流费用，达到降低生产成本的目的。不仅可以使物流均衡化，减少物流中间环节，缩短生产周期，加快资金周转和提高资金的使用效率，还能够合理控制库存，减少流动资金的占用，进而提高整个企业的管理水平。

案例分析 >> 布鲁克林酿酒厂物流支持营销

1. 基本背景

布鲁克林酿酒厂在美国经营布鲁克林拉格和布郎淡色啤酒已有多年，虽然在美国还没有成为国家名牌，在日本却已创建了一个每年 200 亿美元销售额的市场。它除了产品独特的品味外，很大程度上得益于其卓有成效的物流策划与运作。1988 年，即其进入日本市场的第一年，布鲁克林酿酒厂取得了 50 万美元的销售额；1989 年销售额增加到 100 万美元，而 1990 年则为 130 万美元，其出口总量占布鲁克林酿酒厂总销售额的 10%。之前，布鲁克林酿酒厂还没有立即将其啤酒出口到日本的计划，但 Taiyo 资源有限公司的 Miyanmoto 访问布鲁克林酿酒厂时认为，日本消费者会喜欢这种啤酒，并劝说布鲁克林酿酒厂与 Hiroyo 贸易公司全面合作，讨论在日本的营销业务。Hiroyo 贸易公司建议布鲁克林酿酒厂将啤酒航空运输到日本，并通过广告宣传其进口啤酒具有独一无二的新鲜度。

2. 物流运作的特点

（1）控制运输成本

布鲁克林酿酒厂于 1987 年 11 月装运了它的第一箱布鲁克林拉格到达日本，并在最初的几个月里使用了多个航空公司。最后，日本金刚砂航空公司被选为布鲁克林酿酒厂唯一的航空承运人。金刚砂航空公司之所以被选中，是因为它向布鲁克林酿酒厂提供了增值服务。金刚砂航空公司在其 J.F.K.国际机场的终点站交付啤酒，并在飞往东京商航上安排运输，金刚砂航空公司通过其日本报关行办理清关手续。这些服务有助于保证所售啤酒在到达日本市场时完全符合对新鲜度的要求。

（2）控制物流时间

啤酒之所以能达到新鲜度要求，是因为采用这一物流方式布鲁克林酿酒厂可在啤酒酿造后 1 周内从酿酒厂交售顾客，而海运发运啤酒的平均订货周期为 40 天。虽然布鲁克林拉格在美国是一种平均价位的啤酒，但在日本市场却是一种溢价产品，采用航空运输的新鲜啤酒能够超过一般价值定价并高于海运装运啤酒价格的 5 倍。布鲁克林酿酒厂因此获得了极高的利润。

（3）改进产品包装

布鲁克林酿酒厂通过装运小桶装啤酒而不是瓶装啤酒来降低储运成本。小桶装运减少了因玻璃破碎而使啤酒受损的机会，同时小桶装啤酒比瓶装啤酒对保护性包装的要求也比较低，这又进一步降低了其储运成本。

3．成功经验

（1）物流管理目标明确

即在保证啤酒新鲜度的前提下，实现企业物流总成本的优化，把物流成本管理与企业营销和市场拓展战略有机地结合起来，从而提升企业产品在日本市场的竞争力。

（2）对物流成本分类控制

企业物流成本由多个方面的成本构成，要有效地降低物流成本，就需要深入分析物流成本的构成状况，并针对不同情况采取不同的方法。

4．案例延伸思考

（1）布鲁克林酿酒厂物流管理的成功之处体现在哪些方面？

（2）这一案例对提高企业的市场竞争力有哪些启示？

练习与思考

1. 简述物流的概念、分类和基本功能。
2. 如何理解"物流是供应链的一部分"？
3. 通过查阅有关资料说明物流成为"第三利润源"的历史背景和现实意义。

4. 企业物流系统的构成要素有哪些？
5. 按企业性质不同企业物流有哪几类？
6. 现代农业生产企业物流有哪些特征？举例说明。
7. 通过上网找出一个工业生产企业的物流案例，并说明该企业物流的特点。
8. 简述企业物流管理在企业经营管理中的作用。

第 2 章

企业物流管理模式

本章围绕企业物流管理模式展开讨论，重点介绍企业物流管理中 3 种常见的模式及其选择条件。应理解管理模式的概念和不同的企业物流管理模式的特点，了解企业在选择物流管理模式时应该注意的问题，掌握企业选择自营或外包物流的决策流程，以及在物流业务外包的决策中需要分析的各种因素，掌握企业物流外包定价的基本依据和分析思路。

企业不同物流管理模式的特点，企业物流管理模式选择的依据和过程，企业物流外包委外成本的确定方法。

2.1 企业物流管理模式概述

2.1.1 管理模式的概念

在社会学中，模式是指研究自然现象或社会现象的理论图式和解释方案，同时也是思想体系和思维方式，如进化模式、结构功能模式、均衡模式、冲突模式等。模式一词的指代范围甚广，它标志了事物之间隐藏的规律关系，但强调的是形式上的规律，而非实质上的规律。只要是一再重复出现的事物，就可能存在某种模式。因此，模式其实就是解决某类问题的方法论，是从不断重复出现的事件中发现和抽象出的理论经验，即把解决某类问题的方法或方式总结归纳到一定理论高度的经验抽象和升华。在许多情况下，模式又是一种参照性指导方略，在这一方略指导下有助于按照既定思路快速确定一个优良的设计方案，达到事半功倍完成任务或达到目标的效果。

管理模式是在管理人性假设的基础上设计出的一整套具体的管理理念、管理内容、管理工具、管理程序、管理制度和管理方法论体系并将其反复运用于组织，使组织在运行过程中自觉加以遵守的管理规则。管理模式是从特定的管理理念出发，在管理过程中固化下来的一套操作系统。

管理模式可以用公式表述为：

$$管理模式=管理理念+系统结构+操作方法$$

企业管理的模式决定了管理的内容，从管理先驱罗伯特·欧文创立企业管理制度开始，到泰勒科学管理理论的产生，再到管理理论的林立，管理的模式经历了多次变化。

影响企业管理模式的主要因素有：企业管理的内容和范畴、文化基础、国情基础、先进性和前瞻性。管理涉及生产力、生产关系、上层建筑 3 个层面的内容，一个国家的企业管理模式是与该国传统文化和国情紧密相连的。确立企业管理模式一方面要以现阶段生产力条件为基础，另一方面又要充分利用管理科学理论的现有发展成果，特别是较前沿的一些理论和思想观念，如创新管理理念，知识是最为重要的资源理念，企业再造理论，学习型企业组织理论，快速响应理念，组织结构倒置理论，跨文化管理理念，管理终极目标理念，战略弹性管理理念等。

一般来说，不同国家的企业有不同的管理模式，同一企业在不同时期也有不同的管理模式，而不同管理模式决定其管理特征的差异性，在理论上比较公认的企业管理模式有日本管理模式和美国管理模式。美国管理模式的特点是鼓励个人英雄主义及以能力为主要考核特征的模式，它在管理上的主要表现就是规范管理、制度管理和条例管理，以法制为主体的科学化管理；而日本各大企业普遍实行终身雇用制、年功序列工资制、企业内工会制和禀议决策制，重视人际关系，以集体利益至上和家族主义等情感管理为主要特征，形成了独具特色的日本企业管理模式。

2.1.2　企业物流管理模式类型

企业物流管理作为企业管理的内容之一，其管理模式首先要服从特定环境下整个企业管理的规范和目标，其次要体现出物流管理的特点和要求。作为企业战略管理的重要组成部分的物流管理，物流管理模式的选择是其战略性决策所应考虑的关键问题。

一般来说，企业物流管理有以下 3 种常见的模式。

1. 企业物流自营模式

企业物流自营模式即企业自身承担物流管理任务，是指企业拥有自主经营的物流体系，由企业内部的职能部门对物流活动进行日常管理。传统上，很多生产企业除拥有用于生产产品或提供服务的设备设施以外，还拥有自备仓库、自备车队等物流运作资源，即拥有一个自我服务的物流运作体系。

企业物流自营的组织形式有两种不同的架构：一是企业内部各职能部门彼此独立地完成各自的物流使命；二是企业内部设有物流运作的综合管理部门，通过资源和功能的整合，专设企业物流部或物流公司来统一管理企业的物流运作。目前，有不少企业特别是大企业设立物流部，或者将有关物流运作的职能部门通过整合成立具有统一功能的部门，或者成为其直属的物流公司，如沃尔玛集团、海尔集团等。

企业物流自营模式的优点：可以根据企业自身的需要灵活运用物流资源保证其他职能部门对物流服务的需求，对企业物流资源和物流活动的控制力较强，可避免商业秘密泄露，提高企业品牌价值，有利于推进客户关系管理，适应性、针对性强。

企业物流自营模式的缺点：第一，首先，需要企业投入一定的资金用于物流装备的建设，如仓库、搬运设备、储藏设施、仓储管理信息系统等；第二，需要企业拥有必要的物流管理人才，能够为企业其他部门提供专业化的物流支持服务。由于企业自营物流系统的投入很大，因而要求企业生产的产品必须具有一定的批量，否则将使物流运营成本上升，不能达到降低物流总成本的目的。此外，企业自营物流的不确定因素会增加整个企业管理的难度，一旦企业运营出现问题，不太容易区分责任，容易增加部门之间互相推诿的现象。这种情况导致的管理成本往往无法估计。

2. 企业物流外包模式

企业物流外包模式是指物流需求企业将其部分或全部物流业务以合同方式交给外部组织承担的物流运作模式。

企业物流外包模式根据实际情况可以区别为多种形式，总体来说主要有 6 种基本类型：① 物流业务分项外包，即企业按不同物流业务项目进行逐项分别外包；② 物流业务组合外包，即企业将部分不同物流业务项目组合后按一个物流项目进行外包；③ 物流业务全部外包，即企业关闭自营的物流系统或根本就不建设自营的物流系统，将所有的物流业务外包给第三方物流供应商；④ 物流业务管理外包，即企业拥有物流设施的产权，而将物流管理职能外包出去；⑤ 物流系统接管，即企业将物流系统全部卖给或承包给第三方物流供应商，也叫物流社会化，而第三方物流供应商接管企业的物流系统并雇用原企业的员工；⑥ 物流系统剥离，即企业将物流部分分离出去，使其成为一个独立的子公司，允许其承担其他企业的物流业务。

企业各种物流外包类型比较如表 2-1 所示。

表 2-1　企业各种物流外包类型比较

比较项目 \ 比较对象	物流业务分项外包	物流业务组合外包	物流业务全部外包	物流业务管理外包	物流系统接管	物流系统剥离
参与性	较高	一般	低	低	一般	低
控制性	较强	一般	弱	弱	一般	弱
管理复杂性	较高	一般	低	低	一般	低
资源投入	较多	中	少	少	中	少
交易成本	中	较高	高	高	较高	高
稳定性	低	中	高	高	较高	高
可靠性	低	一般	高	高	较高	高
服务能力	较高	较高	高	高	较高	高

　　物流外包由低级阶段向高级阶段发展的过程也是企业供应链管理成熟的过程。据有关资料，欧洲目前使用第三方物流服务的比例约为 76%，且 70% 以上的企业不只使用一家。例如，1953 年创立的罗兰爱思公司是英国一家著名的服饰和家居用品企业，它在全球 28 个国家有 500 多个专卖店。在 20 世纪 90 年代初，罗兰爱思公司面临着一个日益突出的物流问题，陈旧和集中的存货系统使公司在现有基础上很难向市场提供充足数量的产品，罗兰爱思公司的仓储和供应网络会延迟送货时间，尤其在英国以外的国家。为了提升竞争地位和增加核心竞争力，罗兰爱思公司决定向联邦快递（FedEx）整体外包关键性的物流业务，如存货控制和全球物流配送。此举使得罗兰爱思公司减少了近一半的库存量，比原来减少了 10%～12% 物流费用，有效地提高了产品的供货数量和质量。

　　在我国，近年来国家有关部门出台《关于促进制造业与物流业联动发展的意见》等多项相关政策，企业物流外包意识不断提高，开展物流外包业务的工商企业比例逐年上升。根据中国国家发改委和南开大学联合于 2011 年 1～4 月对国内工商企业物流业务外包的总体情况的调查结果：近年来国内开展物流外包业务的工商企业比例逐年上升，2010 年达到 63.3%，比 2009 年增加 2.1 个百分点，比 2006 年增加了 20.7 个百分点。其中，企业外包物流业务量占企业总物流量的比例在 50% 以上的企业，由 2006 年的 61.2%上升到 2010 年的 69.4%，如图 2-3 所示。

　　从图 2-1 可看出，我国工商企业选择第三方物流服务的情况越来越普遍，同时也说明国内物流外包市场仍有较大的发展空间。

　　企业物流外包模式的优点：企业不必投入巨资建设自己的物流硬件系统，将物流业务外包出去之后，不但节省了资金投入，而且可以节省管理成本。此外，专业化的物流服务提供商的服务可以帮助企业进一步降低物流成本、提高服务水平，使企业能够专注发展自己的核心能力。

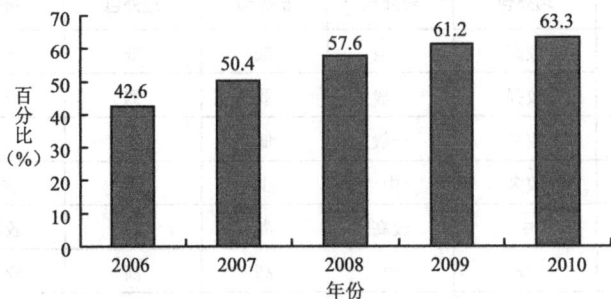

图 2-1　工商企业采用物流业务外包的比例

企业物流外包模式的缺点：企业物流业务外包之后难以对其进行实时控制，如果提供物流服务的企业服务能力不足或者服务水平不高，反而容易导致更大的物流风险。另外，选择物流外包模式要处理好企业内部矛盾，安排好员工的出路和处理有关物流资产，否则也会出现人心不稳，影响企业凝聚力。

因此，选择合适的物流供应商、降低物流成本和提高物流外包后的管理水平，是采取物流外包管理模式的核心问题。

3．企业物流联盟模式

企业物流联盟模式是指两个或两个以上的经济组织为实现特定的物流目标而采取的长期联合与合作的模式。物流联盟可以是制造加工企业、流通销售企业、专业物流企业之间基于正式的相互协议而建立的一种合作关系，是企业之间一种战略联盟，究其实质也是企业一种特殊的物流外包形式。物流联盟的建立有助于企业之间在交易过程中减少相关交易费用，如信息搜索成本、讨价还价成本、监督执行成本、机会主义成本和交易风险成本。一般来说，组成物流联盟的企业之间相互具有较强的依赖性，物流联盟的各个组成企业明确自身在整个物流联盟中的优势及担当的角色，分工明晰，能够通过结盟互相满足企业跨地区、全方位物流服务的要求，最终提高企业的竞争能力和物流效率。例如，在美国有许多地区的卡车零担货运承运人结成了横向联盟，使之能够与全国范围的大型承运人进行竞争。实践表明，在企业之间形成物流联盟，能普遍提高企业自身的竞争能力和竞争效率。根据有关调查资料，国内的大多数企业没有物流联盟的相关经历，但有意愿建立物流联盟的企业的比例与企业发展期有强烈关系：企业发展初期，宁愿谨慎也不愿冒风险；而在发展高峰期，企业为了更进一步的发展，尝试物流联盟的意愿越来越强烈。

常见的企业物流联盟模式有 3 种：一是水平一体化物流联盟，即通过同一行业中多个企业在物流方面的合作而获得规模经济效益和物流效率，如不同的企业可以用同样的装运方式进行不同类型商品的共同运输或共同配送；二是垂直一体化物流联盟，即要求企业将提供产品或运输服务的供货商和客户纳入管理范围，实现从原材料到用户的每个过程的物流管理，要求企业利用自身条件建立和发展与供货商、用户的合作关系，形成联合力量，赢得竞争优势；三是混合一体化物流联盟，是水平一体化物流联盟和垂直一体化物流联盟的有机组合。

企业物流联盟模式的优点：可降低成本，减少投资，降低风险和不确定性，获得一定的物流技术及相应的管理技术；有利于发挥渠道优势，提高利润水平；有利于拓展经营领域，提高顾客服务水平，提升企业形象。

企业物流联盟模式的缺点：冲击主业发展，降低专业化水平；破坏旧的客户关系；物流联盟模式非常脆弱，这种关系较难形成且容易解体。

由此可见，各种企业物流管理模式都各有其优缺点，在选择什么样的企业物流管理模式时，必须根据企业具体情况做好深入的分析和科学的决策，选择合适的模式。

2.2　企业物流管理模式选择

企业物流管理首先要服从特定环境下整个企业管理的规范和目标，其次要体现出物流管理的目的和要求。合适的企业物流管理模式可为企业合理配置物流资源、有效提供物流服务、不断创造物流价值、谋求良好经济效益和理顺各种内外部物流关系。

2.2.1　影响企业物流管理模式选择的因素

如上节所述，企业物流管理模式从总体上看无外乎自营或外包（物流联盟模式本质上讲也是外包）两大类型，两种不同的管理模式各有优缺点。因此，企业在选择物流管理模式时，应根据自己的管理能力、客户服务需要和物流资源条件，综合考虑以下主要因素。

1. 物流对企业运营的影响和企业对物流的管理能力

物流对企业运营的影响程度和企业对物流的管理能力是影响企业物流采取自营模式还是外包模式的最重要因素，决策状态如图 2-2 所示。

图 2-2　决策分类矩阵

在这一分类决策矩阵中，4 种类型有不同的适用情况。

Ⅰ类：若企业有很高的顾客服务需求标准，物流成本占总成本的比例很高，企业自身的物流管理能力也很强，即属于Ⅰ类型时，一般可以考虑自营物流，企业自行投资建设物流平台，如海尔物流推进本部就是一个典型例子。

Ⅱ类：若物流在企业战略中起关键作用，但企业自身物流管理能力有限，管理水平较低，即属于Ⅱ类型时，应通过与物流供应商建立战略性合作伙伴，有效利用合作伙伴的物流资源来满足对物流服务的需要。

Ⅲ类：若企业感觉物流在其战略中地位并不重要，自身物流管理能力也比较薄弱，即属于Ⅲ类型，可将物流外包给一般的第三方物流企业，寻求成本最低是主要目标。

Ⅳ类：若物流在企业经营战略中不占关键地位，但其物流管理水平却比较高，即属于Ⅳ类型，可考虑利用自身的物流管理优势为其他企业提供物流服务，提高自身物流资源的利用率，为企业创造新的财富。

总体来说，Ⅰ和Ⅳ类型以自营为主，在保证自身物流服务需求的情况下，还可进一步挖掘潜力，让物流资源发挥更大优势，面向其他需求者提供物流服务。Ⅱ和Ⅲ类型则以外包为主，具体又可分为一般性外包和战略性外包或联盟，企业可根据具体情况做出决策。

2. 企业对物流控制力要求

在当今市场竞争中，企业的竞争力不仅与生产的产品有关，还与是否能够按照客户的需求及时、准确地将客户所需要的产品提供给客户有关。物流服务水平提高了，就会提高企业的顾客满意度，企业信誉也会随之提高。客户满意度提高了，企业信誉更好了，就会促进企业的销售，提高企业市场占有率，最终增加企业的利润，形成良性循环。而要达到这一目标，就需要企业对物流有很强的掌控能力。企业不仅要抓好生产，还要抓好分销配送的过程控制，才能保证在客户需要的时候将需要的产品按需要的数量准时送到需要的地方。越是在竞争激烈的产业，企业越是要加强对分销过程的控制，企业对物流的掌控能力要求越高。

3．企业产品自身的物流特点

对于按订单生产的重型产品，如矿山挖掘设备或水力发电设备，由于体积庞大，需要专门的运输车辆，因而选择外包比较好。可以选择那些具有特殊运输装备的物流企业完成特定产品的物流服务，这样可以避免因企业自身业务量少而出现自备车辆闲置的现象。对于各种农产品、生鲜食品等的物流业务，则应利用具有冷链服务能力的专业物流服务商的资源，将物流业务外包出去；对于技术性和专业性较强的物流服务（如口岸物流服务），选择外包代理的方式比较好；对于市场覆盖面很大、产品种类较多、批量较大的产品，企业自营虽也有利可图，但选择外包给更专业的第三方物流服务公司对整个供应链更为有利。

4．企业规模和实力

一般来说，大中型企业由于实力较雄厚，有能力建立自己的物流系统，有专业的物流管理人员保证物流服务的质量。如果此时考虑需要对物流过程进行严格控制，可以考虑选择自营模式。另外，如果企业物流系统在保证自己的服务质量的前提下，仍然有富余的物流能力，则可以利用富余的物流能力拓展外部业务，为其他企业提供外包物流服务。而对小企业来说，由于受人员、资金和管理能力的限制，企业自营物流难以保证服务效率，而且物流成本可能比较高，那么企业应该优先考虑选择外包模式。当然，对于那些有能力自营物流的企业来说，并非一定选择自营模式。很多企业基于进一步降低物流运作成本、将资源集中于核心业务的考虑，仍然选择将物流业务外包给专业的第三方物流企业。目前国内外许多企业都选择了物流外包的策略。

5．物流总成本

企业考虑把物流业务运作外包给专业化物流企业的一大驱动力就是降低成本。事实证明，企业单靠自己的力量降低物流费用存在很大的困难。尽管企业在提高物流效率方面已经取得了巨大的成功，但要取得更大的进展，就要付出更多努力或代价，要想实现新的改善，企业就必须寻求其他途径，最为普遍的就是选择第三方物流企业。在选择自营还是物流外包时，必须弄清两种模式下企业物流总成本的构成及其变化情况。这部分内容重点在本章第三节介绍。

6．社会化物流服务水平

在选择物流模式时，除考虑降低成本和提高服务水平外，还必须研究物流的社会化服务程度，这一问题通常可转化为对面向社会服务的专业化物流企业服务能力的考察。这是企业选择物流外包与否的重要影响因素之一。在有些地区，由于物流企业普遍比较弱小，提供的物流服务的种类和范围很有限，难以满足企业对物流服务的一体化要求，甚至可能对企业物料需求的准时性和可靠性都无法满足，这种情况下选择物流外包就必须十分慎重。例如，在我国企业物流管理的实践中，虽然越来越多的企业将物流业务外包，但是仍然有许多企业选择自营模式，其原因之一就是所在地区的物流服务社会化水平较低，区域市场无法提供企业所需要的物流服务。有些企业虽然将物流业务外包给专业物流企业，但是在物流服务社会化程度较低的地区，往往将自己熟悉的物流企业同步带到投资所在地，这在外资企业的物流管理模式上表现更明显，它们将生产基地移到中国的同时，也把诸如荷兰天地集团、丹麦马士基、美国联邦快递、德国邮政、日本日通等一批物流企业带到了中国，其理由就是在中国找不到能够满足它们要求的物流企业而不得不舍近求远，将自己熟悉的物流企业同时引进中国。例如，为戴尔公司提供物流服务的伯灵顿（Global Bax），就是专门从事 IT 类物流服务的，可以深入地配合戴尔的生产管理要求，这是一般综合物流服务企业做不到的。

外资企业需要的是能提供综合服务的物流集成商，而不是单一的运输或仓储的功能作业者。目前，我国物流企业普遍存在"小、散、差、弱"的特点，它们中的大多数尚不具备这种集成能力。

在市场竞争日益激烈的今天，高水平的顾客服务对于现代企业来说是至关重要的，甚至可能成为企业的竞争优势。帮助企业提高顾客服务水平和质量也就成为物流企业所追求的根本目标。作为物流企业核心要素之一的物流能力，其强弱会制约企业的顾客服务水平。例如，在生产时由于物流问题使采购的材料不能如期到达，也许会迫使工厂停工，企业将因为不能如期交付顾客订单而承担巨额违约金。更重要的是，可能会使企业自身信誉受损，销量减少，甚至失去重要客户。由此可见，物流服务水平的高低实际上已成为企业实力的一种体现。选择物流外包模式，就是要借助物流企业的能力帮助企业提高自身顾客服务水平，因为在这方面专业物流企业有其独特优势。企业可以利用专业物流企业的信息网络和物流网络，提高对顾客订货的反应能力，加快订单处理，缩短从订货到交货的时间，实现订单的快速交付，提高顾客满意度。利用社会化物流企业先进的信息技术可加强对在途货物的监控，及时发现、处理配送过程中的意外事故，保证订货及时、安全送达目的地，从而提高物流的可靠性。

2.2.2　企业物流管理模式决策程序

在企业物流管理模式选择的具体决策时，应从物流在企业中的战略地位出发，在考虑企业物流管理能力的基础上，充分比较各方面的约束条件，对物流管理模式进行全面评价，最终决定采取何种模式或组合模式。企业物流管理模式决策程序如图2-3所示。

```
建立          物流构          否    非战    将物流业          有较强          无    物流
企业流   →    成核心    →         略系  → 务按系统   →      的物流   →          外包
程图          能力?               统      分类             能力?

              ↓是                                          ↓有

         战略目标: 保持领先地位

将物流业务         ←   该功能有战  ←是              成本有    无    物流
按功能分类            略意义?                       无竞争  →      外包
                                                    力?

                      ↓否                           ↓有

                 该功能物流  →否   物流          自营、并可与其他企
                 能力强?           外包          业分享剩余能力

                      ↓是

                 成本有无竞  →无   物流
                 争力?            外包

                      ↓有

                    自营
```

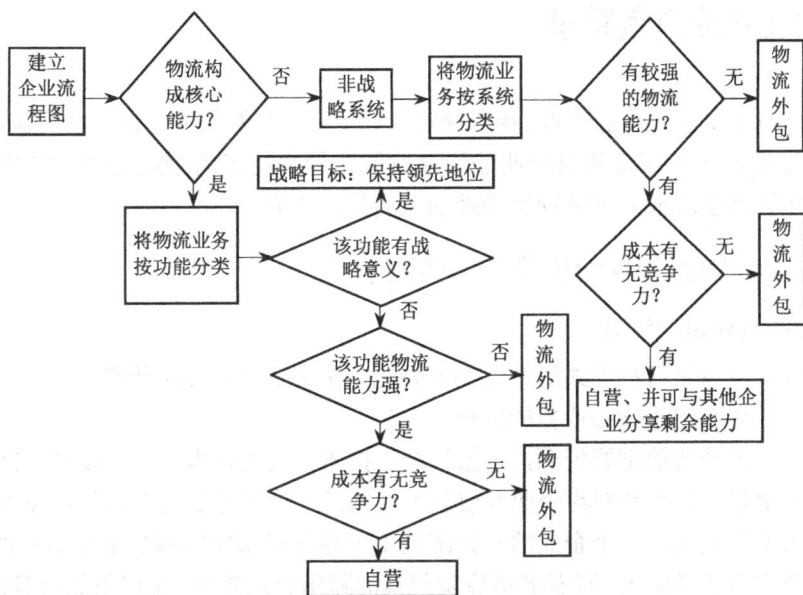

图 2-3　企业物流管理模式决策程序

　　企业选择物流管理模式并不存在唯一的决策标准。选择不同的物流管理模式，除了与企业决策者的思想观念有关以外，还应该系统分析不同管理模式对企业整体竞争力的影响。

　　从企业竞争战略的角度来考虑，最重要的决策变量之一是企业对整个物流业务活动的控制要求，包括供应链上游的供应物流、中间的生产物流及下游的销售物流。一旦失去对供应链上任何一个环节的物流作业活动的控制，都有可能导致整个供应链中断，给企业造成重大损失。企业对物流作业过程的控制要求越高，越倾向于选择自营物流管理模式。事实上，随着物流服务社会化程度越来越高，企业通过寻找优秀的物流供应商承担整个物流业务，也同样可以达到较高的物流运作水平。

　　从满足企业日常生产经营活动对物流需求的角度来考虑，选择物流管理模式的决策需要从 3 个方面来考虑：一是看这种物流管理模式是否能够提高企业运营效率；二是看其是否能够降低企业运营成本；三是看其能否提高企业对客户的整体服务能力，是否能为客户带来新的价值。不管选择何种物流模式，前提之一都是必须能使企业在物流系统支持下获得最佳的竞争优势和经济效益。

2.3 企业物流外包管理

外包是一种长期的、战略性的、相互渗透的、互惠互利的业务委托和合约执行方式。随着社会分工的进一步细化和物流业的快速发展，越来越多的企业选择了物流外包模式，物流外包管理也就成为企业物流管理的重要日常内容。

2.3.1 企业物流外包的优势与影响因素

1. 企业物流外包的优势

具体来说，不论是何种形式的企业物流外包，都能够带来如下优势。

（1）使企业更专注于核心业务的发展

企业用于生产经营的主要资源，包括资金、技术、人力资本、生产设备、销售网络和配套设施等要素，往往是制约企业发展的主要瓶颈，特别是在当今时代，技术发展迅速，市场需求变化复杂，一个企业的资源配置不可能随时都能够满足多变的外部环境。即使对于一个实力非常强大、有着多年经验积累的跨国企业来说，仅仅依靠自身的力量，也很难在各个业务领域永远保持其竞争优势。为此，企业应将主要资源集中于自己擅长的核心业务，而把包括物流在内的辅助功能留给物流公司。利用物流外包策略，企业可以集中资源，建立自己的核心能力，并使其不断提升，从而确保企业能够长期获得较高的利润，并引导行业朝着有利于企业自身的方向发展。

（2）充分运用社会物流企业的新技术降低物流成本

先进的物流技术与装备是提高物流服务水平、降低物流成本的重要条件。但如果企业自营物流业务，就必须投入巨额资金用于提高物流技术装备水平，因而很难平衡物流系统的运作成本。在物流科学技术日益进步的今天，将物流业务外包给社会上的专业物流企业，可以充分利用物流企业不断更新物流技术与装备的优势，提高企业的物流服务水平。例如，随着信息化水平的不断提高，新一代的信息技术逐渐用于物流系统，如RFID、物联网等，已经在很多物流企业开始应用，这些技术的应用有效地提高了物流服务水平，尤其是为高端客户创造出很大的价值。但是，这些技术的采用需要大量的资金投入，如果只是一家企业采用，其成本分摊空间很小，很难消化已形成的成本。而物流企业可以用同一平台服务于不同的企业，因此具有一定的规模效应，可以将成本摊薄，从而产生效益。通常情况下，专业化物流企业能以一种更具成本优势的方式满足生产和流通企业的物流服务需求。

（3）减少固定资产投资，加速资本周转

企业自营物流需要投入大量的资金用于购买物流设备、建设仓库和信息网络等专业物流设备，这就必须占用企业宝贵的资源，使企业不能将有限的资源用于自己的核心业务，削弱了核心业务能力。这些资源对于缺乏资金的企业，特别是中小企业更是一个沉重的负担。因此，如果将物流业务外包，不仅可以减少固定资产投资，还解放了仓库和车队在日常运作中的资金占用，使企业能够将有限的资金投入到更加重要的生产经营过程，加速资金周转，产生更大的效益。

（4）物流服务更加专业化

当企业的核心业务迅猛发展时，企业的物流服务也要跟上核心业务发展的步伐。当今的市场竞争已经从产品竞争发展到服务竞争。一个企业仅凭生产高质量的产品，已经不足以获得绝对的竞争优势，还必须提高服务水平，才能获得长久的竞争优势。因此，对伴随产品销售的物流服务提出了更高的要求。企业原来的自营物流系统由于技术和信息系统的更新速度相对滞后，很难跟上日益苛刻的服务要求。如果将物流外包给专业物流企业，则可以利用它们的技术优势和专业化服务技能，满足客户的服务要求。例如，随着客户要求的变化，现在越来越多的企业选择了小批量、多频率的送货模式，以减少库存占用和积压带来的成本。如果产品生产企业自己满足这种要求，不但需要付出很大的成本，服务效果还不一定能够达到要求。如果由物流企业来承担这样的工作，由于它们具有一定的规模经济效应，而且在组织物流活动方面更有经验、更加专业化，所以可以在满足客户的服务要求的同时降低运作成本。

（5）与合作伙伴分担风险

进入 21 世纪后，全球性的市场竞争越来越激烈，企业的供应链面临的各种风险越来越大，任何一个企业都很难独自承担供应链上的风险，特别是物流风险。从这个意义上讲，物流业务外包的策略除了能够取得上述各种优势外，还可以与合作伙伴共同分担物流风险。首先，在迅速变化的市场和技术环境下，通过物流业务外包，本企业可以与物流合作伙伴建立战略联盟，利用其战略伙伴的优势资源，缩短采购、生产及产品交付周期，提高产品交付的可靠性，降低由于技术和市场需求的变化造成的产品供应、生产及分销各个环节物流的风险。其次，由于战略联盟的各方都发挥了各自的优势，因此物流外包有利于提高新产品和服务的质量，提高新产品开拓市场的成功率。最后，采用物流外包策略的企业在与其战略伙伴共同开发新产品时，坚持风险共担原则，可降低因新产品开发失败给企业造成巨大损失的可能性。

（6）提高企业的运作柔性

企业选择物流外包的重要原因之一是提高运作柔性。通过物流外包，企业可以更好地控制其经营活动，并在经营活动和物流活动中找到一种平衡，保持两者之间的连续性，提高其运作柔性，企业因业务的精简而具有更大的应变空间。由于将非核心的物流业务交由物流合作伙伴来完成，本企业可以精简与物流相关的管理职能部门，减少组织层次，改变原有的金字塔式的组织结构，提高信息反馈速度，形成对信息流有高度应变性的扁平式结构。由于新的组织结构形式对外界的信息反馈更加敏捷，因此可以快速改变原有经营模式，适应市场需要，使企业具有更高的柔性。

当然，与自营物流相比，物流外包在为企业提供上述优势的同时，也会给企业带来诸多不利甚至风险。

2. 企业物流外包的影响因素

物流外包作为一个提高物流速度、节省物流成本、提高服务水平的有效手段，确实能够给物流服务供需双方带来较多的收益。尽管物流外包具有明显的优势，但在实践的过程中，企业物流外包又举步维艰，往往面临很多困难，在实际运营中也常常出现物流中断，甚至导致外包失败。因此，很多企业在选择物流外包策略时犹豫不决，甚至有的企业将已经外包的业务收回。影响企业物流外包的原因很多，既有外部条件的限制也有企业自身障碍因素。

（1）物流企业整体水平较低

我国物流企业服务的整体水平还不高，很多是由传统的仓储、运输企业转型而来，在管理水平、技术力量及经营服务范围上还没有质的提高，真正具有现代物流服务理念的物流企业为数不多。国内目前的物流企业大部分是功能较为单一的运输企业或仓储企业，在物流需求与供应方面存在结构性矛盾。单纯从我国的运输能力和仓储能力来看，大多存在能力过剩、供大于求的现象。但是仔细观察就会发现，这种供给能力的过剩是不平衡的，过剩的能力主要反映在简单的运输或仓储服务上，真正能满足企业对一体化物流服务需求的物流企业相对较少。另外。现有的物流企业大多经营规模小，大多数物流企业尚未建立起较为完善的现代企业制度，技术装备和管理手段仍比较落后，物流网络覆盖范围小，物流信息系统不健全，大大影响了物流服务的准确性与及时性，综合服务水平低下导致在多方面不能满足客户对物流的一体化服务的要求。

（2）物流企业缺乏专业化服务技能

目前，我国的物流市场发展很迅速，各种各样的物流企业充斥市场。然而，对于生产流通企业来说，在物流外包时如何选择一个满足其专业化要求的物流企业却是困扰许多企业的难题。主要原因包括以下几点：

一是物流企业不了解目标客户的需求，不善于根据企业的物流需求设计个性化的服务产品。

二是物流企业不能针对企业的实际需求配置物流资源。为客户提供物流服务需要强大的物流能力做保障，但是有些物流企业缺乏针对企业的需要设置物流设施及服务流程的能力，所提供的物流服务刚性强而柔性差。

三是物流企业缺乏自身优势和核心竞争力。不同行业对物流服务的要求不一样，这就要求物流企业了解和掌握所在行业的专业特征，这样才能为企业提供良好的物流服务，那些专业优势不明显的物流企业很难满足企业外包的要求。

四是物流企业一味地迎合客户降低物流成本的要求，片面地认为只要价格低就可以获得业务合同，至于网络建设、内部管理和服务质量往往被抛之脑后。实际上，过度降低价格绝不是好事，甚至可能会吓跑客户。

五是物流企业对客户的内部管理、作业流程和管理手段不了解，不能主动融入客户企业的文化，使企业产生不信任感。

（3）外包工作范围不明确

物流外包工作范围（对物流服务要求）的明细不明确，它对服务的环节、作业方式、作业时间和服务费用等细节要求做出明确的规定。工作范围的制定是物流外包最重要的一个环节。

物流外包工作范围不明确已经成为导致物流外包失败及外包"黑洞"出现的首要原因。工作范围是物流外包的企业告诉受托的物流企业需要什么服务并愿意支付什么价格，它是合同的一部分。例如，跨国企业在物流外包方面具有丰富的操作经验，如惠普、IBM 等，它们在实施外包时就要求物流供应商与其签署两份文件：一是一般性条款，即一些非操作性的法律问题，如赔偿、保险、不可抗力、保密、解约等内容；二是业务外包的具体工作范围，即对服务的细节进行具体描述。如果某个物流企业曾经与它们合作过且履行过一般性条教，则在以后的合作中就不必再签署一般性条款，而仅仅需要对新项目的工作范围做出明确的规定。

此外，如在物流合同中常出现的"在必要时供应商将采取加班作业以满足客户的需求"，合同双方虽然对此描述并无异议，但问题总出现在"必要"一词的理解上。在实际运作中，双方就如何理解"必要"二字经常产生分歧，物流外包的企业认为"提出需求时即为必要"，而物流企业认为"客户提出需求且理由合理时为必要"。这样就很容易出现合作分歧，原因就在于合作双方没有明确详细地制定工作范围。

（4）企业文化理念的差异及冲突

从某种程度上说，合作者理解对方需求的能力、思维的方式都会影响合作与协同的效果。在一种企业文化中被认同的行为，在另一种企业文化中不一定被认同。除了要为双方的合作做好常规的准备，更为关键的是对合作伙伴的文化进行深入了解。若能了解合作伙伴所处的文化环境，企业就能占据很大的优势。世界一流的企业都有自己的企业愿景和使命，以及内涵丰富的企业文化。企业文化与企业的每个方面都有联系，如企业的主导思想、价值观、信念,对什么事是可做的,什么事是不可做的判断和推理方式等。企业文化还与一个企业为市场提供产品和服务的能力有关,如技能、技巧、机器设备和技术等。企业文化也与一个企业所采用的组织类型有关,其组织形式可以使该组织的成员在各项工作中与他人有效地协作。

（5）企业的内部障碍

企业进行物流外包有优势,但并非灵丹妙药,不可能把企业物流中存在的问题"一包了之",物流外包能够解决一些问题的同时也会引发新的问题。物流业务外包后,企业的几乎整套工作流程都需要重新制定,员工需要再培训、再教育。大多数员工刚开始会不适应、不习惯,而且企业相关职工也会担心自己所从事的业务被外包而失去工作,因此可能会降低对工作的热情和对企业的信心,不愿意主动配合企业实施物流外包,甚至会产生冲突,进而影响企业的其他工作,导致更低的业绩水平和生产率,造成管理上的困难。同时企业也担心因外包产生的企业技术与信息资源外泄和对物流失去控制等风险。这些问题在那些从来没有进行过物流外包业务的企业中表现得更为普遍,但大多数已经进行了物流外包的企业表示,它们通过与专业物流企业的合作,实际上改善了信息流动,增强了控制力,提高了企业管理业务的能力。

此外,物流外包业务本身的复杂性和操作协调难度也是有些企业不愿外包的原因。

企业物流外包与物流自营的动因比较如表 2-2 所示。

表 2-2　企业物流外包与物流自营的动因比较

企业物流外包的动因	企业物流自营的动因
• 为了降低物流成本	• 为充分利用企业内部现有资源,安置富余人员就业
• 为了提升物流服务水平	
• 为了提升核心竞争力,实现企业协作战略定位及意图,提升市场供需地位	• 本企业战略目标的需要
• 为了推广企业知名度、树立企业品牌和提升品牌竞争力	• 更有利于保证物流服务水平的提高
• 为了减少或转嫁物流活动的投资风险	• 为更好地降低物流活动的总成本
• 为了充分利用外部资源	• 更有利于树立本企业的品牌和提升品牌竞争力
• 为了通过物流外包的方式提升协作关系和长远收益水平	• 本企业所拥有的物流基础设施、人才及物流管理水平有优势
• 本地区的相关政策鼓励企业的外包活动	• 便于对物流活动的实时控制
• 企业所处的市场供需状况便于实现物流外包	• 企业内部关系及其利益导向物流自营活动
• 外部物流公司的服务效率、质量、准时性、诚信都较好	• 为了避免企业内部的机密外漏
• 随着外部环境中物流基础设施的发展完善,外包也能够实现物流的跟踪监控	

续表

企业物流外包的动因	企业物流自营的动因
● 企业内部各职能部门都不愿意承担物流任务	● 企业内部各职能部门要求承担物流活动，以进行内部创收
● 企业物流量在不断增大，但企业没有能够承担物流任务的专门管理部门	
● 外部物流企业与本企业有良好关系，外包可在业务上互相照顾	● 外部物流公司的运作效率、质量、准时性等特点满足不了企业的要求
● 企业内部没有足够的物流资源、能力及资金	
● 企业内部的物流基础设施水平陈旧，无法满足新的物流服务要求	

2.3.2 企业选择物流供应商的步骤及须考虑的因素

1. 企业选择物流供应商的步骤

企业选择合适的物流供应商的过程，可归纳为 5 个步骤。

（1）物流外包需求分析与决策

企业在进行物流外包需求分析时，首先，应该对企业本身的物流过程进行分析，以确定企业当前的优势和存在的问题，从而明确物流外包活动的必要性与可行性；其次，要考虑的是外包何种业务及其范围。由于企业物流外包决策对企业目标的实现关系重大，所以通常物流外包的需求分析需要花费较长时间论证。

（2）确立物流外包目标

确立物流外包目标是选择物流供应商的指南，应该先根据企业的物流服务需求的特点确定选择的目标，并能有效地利用几个关键考核评价指标，这也是企业后续对物流供应商绩效考核的主要依据。

（3）制定物流服务供应商的评价准则

在选择物流供应商时，必须制定科学、合理的评估标准。目前企业在选择物流服务供应商时主要从物流服务的质量、成本、效率与可靠性方面考虑。在考核物流供应商时，企业可采用重要评价指标选择合适的业务外包对象。投入指标：物流供应商拥有的固定资产、人力资源、技术资源等生产要素；能力指标：物流供应商的生产能力、技术创新能力、客户服务能力、发展能力，还有经营管理水平指标，兼容指标是指物流供应商在生产、文化等方面的兼容性。

（4）对物流供应商的综合评价与选择

有效的评价方法是正确选择物流供应商的前提，应该采用合理、有效的评价方法进行综合评价，才能保证选择结果的科学性。根据评价准则初步选出符合条件的候选供应商，注意控制在可管理的数量之内，然后采用科学、有效的方法，如层次分析法、模糊综合评判法、仿真法进行综合分析评价，通过这些评价方法可以确定 2～3 家分值靠前的物流供应商。要确定最终的物流供应商，还需要对物流供应商进行实地考察，进一步核实所获数据及资料的正确性和可靠性。最后对各物流供应商提供的方案进行比较权衡，做出选择。

（5）外包合同签订

经过对物流供应商的考核评价并做出选择后，双方就有关物流外包的事项起草并签订合同，努力建立长期的战略合作伙伴关系。

2．企业选择物流供应商须考虑的主要因素

选择合适的物流供应商，是企业与物流供应商进行战略合作的前提。选择物流供应商时会受到政治、经济和其他外界因素的影响，需要考虑的因素很多，但通常须考虑的因素主要有 3 方面。

（1）物流成本费用

在决定选择物流供应商时，企业外包物流成本是要考虑的关键因素。企业必须对外包物流与自营物流的成本做细致分析比较，然后根据结论决定是否需要外包物流，以及需要外包物流的业务范围和采用的外包类型。在考虑服务质量的前提下，按照性能价格比的方法，决定选择哪家物流供应商。

（2）物流服务水平

物流供应商所能提供的物流服务水平是必须考虑的又一关键因素。物流供应商的服务水平的高低体现在：善于理解客户的要求，并能尽量满足客户的特殊要求；当客户的需求发生变化时，它也能适应灵活多变的环境。无论何时，物流供应商都应能密切地与客户合作，并不断地提高服务质量。通常要对物流供应商所能提供的物流服务水平的关键指标进行重点考察和核实。

（3）物流服务资源优势

在选择物流供应商时，还必须了解物流供应商的特长是什么，有哪些优势资源及有多少资源可为企业所用。企业需要外购的物流功能必须与所选择的物流供应商所具备的物流功能相吻合，最好是该物流供应商擅长的业务，这样的选择才是最理想的，才能更好地满足企业对物流管理的要求。

除了上述 3 个主要因素外，还要根据企业物流外包的具体需要，考虑物流供应商的柔性服务能力、物流服务设计能力、项目管理能力，以及物流供应商的地理位置、信息化水平和企业文化等方面因素。

2.3.3　企业物流外包委外成本的确定

在企业选择物流供应商时，物流外包的价格往往成为首要因素。企业与物流供应商之间需要协商外包业务的定价，这一定价于物流外包的企业而言即为委外物流成本。事实上，由于企业物流外包前后企业所承担的物流活动及相关成本存在着此消彼长的背反关系，如果仅仅计算几项显性的物流成本或者以物流自营时的成本作为企业物流外包的定价依据，忽视因外包而产生或新增的有关成本，企业物流外包相对于物流自营而言，其结果很可能是表面数据显示赢利而实际却是亏损的状态。因此，企业要将物流业务进行外包，就必须从外包总成本的角度出发分析外包后企业物流活动的变化给物流成本带来的影响，只有在确保有利的前提下明确企业物流外包委外成本的上限值，才能以此为依据结合市场的供求情况确定企业外包物流的定价，在对外发包谈判中占据主动。

1. 确定企业物流外包委外成本上限值的基本思路

（1）确定企业物流外包委外成本的前提条件

企业之所以要进行物流外包，主要原因有二：一是要降低物流成本；二是要提高物流服务水平。通常情况下，对于企业特定的物流业务，只有在保证其外包后的物流服务水平不低于物流自营时的水平，企业的自营物流成本不低于外包后的物流总成本，企业的物流外包才认为是经济合理的。

为了简化物流成本分析计算所要考虑的因素，使所研究的范围具有针对性和实际意义，故拟定两个前提条件：① 物流供应商所提供的物流服务水平不低于企业物流自营时的水平；② 企业的自营物流成本不低于物流外包总成本。

因此，企业在物流外包决策过程中，一方面要分析企业历史经营资料，掌握将要外包出去的物流业务在自营时的物流成本，即自营物流成本情况，另一方面还必须分析物流业务由自营转为外包后产生的所有物流成本即物流外包总成本的构成情况。

（2）物流委外成本上限值的逻辑推导

从市场经济学的角度看，物流外包是一项交易，它在整个交易过程中有 3 类成本发生：① 企业物流外包的委外成本，即企业为获取物流服务而直接支付给外部物流供应商的成本费用，主要包括物流供应商的成本费用和利润；② 企业物流外包交易成本，即企业一方为与物流供应商达成外包协议，为监督外包合同的执行等所发生的费用；③ 企业物流外包引致成本，即由企业物流外包所带来的各类风险成本和不属于前两项成本的其他成本。这 3 类成本便构成了企业物流外包总成本。

要确定企业物流外包的委外成本，就必须探求企业物流外包总成本、外包交易成本和外包引致成本。对于企业物流外包总成本而言，其上限最高为企业物流自营成本。因此，可以用企业自营物流成本减去企业外包交易成本和企业外包引致成本得到企业物流外包委外成本的上限值，也就是说，只有当物流供应商的报价不超过该上限值时，企业从经济合理性的角度才考虑将物流实行外包。具体推导如下：

因为 $Z \geqslant W$，$W = A+B+C$

所以 $Z-(B+C) \geqslant A$

即 $\max\{A\} = Z-(B+C)$

式中　Z ——企业物流自营成本；

　　　W ——企业物流外包总成本；

　　　A ——企业物流外包委外成本；

　　　B ——企业物流外包交易成本；

　　　C ——企业物流外包引致成本。

根据上述推导，要确定企业外包物流委外成本的上限，就必须确定物流外包交易成本（B）和外包引致成本（C）具体包括哪些成本项。由于物流成本的发生是企业相关活动消耗有关物流资源的结果，因而需要从物流外包对企业活动的影响入手来分析并确定物流外包交易成本（B）和外包引致成本（C）各自的数额。但由于外包决策发生在外包实施之前，有些因素无法在事前确定，只能对这两项成本中能够计算或估算的部分通过选择一定的方法尽可能准确地估算其量化值。这一过程的逻辑推导如下：

$$Z \geqslant A+\{[B_1+\cdots+B_m]+[B_{m+1}+\cdots+B_n]\}+\{[C_1+\cdots+C_k]+[C_{k+1}+\cdots+C_x]\}$$

$$Z-(B_1+\cdots+B_m)-(C_1+\cdots+C_k) \geqslant A+[B_{m+1}+\cdots+B_n]+[C_{k+1}+\cdots+C_x]$$

$$\therefore \max\{A\} \approx Z-(B_1+\cdots+B_m)-(C_1+\cdots+C_k)-G \qquad (2-1)$$

式中　B_1，$\cdots$，B_m ——可以估算的物流外包交易成本；

　　　B_{m+1}，$\cdots$，B_n ——无法估算的物流外包交易成本；

　　　C_1，$\cdots$，C_k——可以估算的物流外包引致成本；

　　　C_{k+1}、$\cdots$、C_x ——无法估算的物流外包引致成本；

　　　G ——无法估算的物流外包交易成本和物流外包引致成本的主观确定额。

（3）企业自营物流成本部分的计算方法选用

对于企业自营物流成本，可以根据不同类别企业物流成本的特点采取不同的计算方法。对于货主企业，物流成本一般都分散于现行成本核算体系的各会计科目中，要想将其分离出来并非易事，况且需要计算的外包部分的自营物流成本仅是企业整个物流成本的一部分，这样就更加大了计算难度。此外，如果企业的物流成本中间接成本所占比例较大，为了保证计算的准确性，可采用作业成本法进行计算。而对于物流企业，目前国内业界会计上普遍采用营运成本法计算企业物流成本，它是以物流各功能模块为成本控制重点，按不同支付形态和物流功能进行计算。

2. 物流外包前后企业物流活动的变化

从物流总成本的角度分析，企业物流外包前与外包后的企业物流成本构成肯定是不同的，而这种差异正是由于外包后物流活动发生变化所引起的。

在企业物流自营模式下，物流管理的对象主要是企业内部的物流资源，如企业物流人员、物流设备等，此时的企业物流运作存在如下风险：根据规模经济原理，企业自营物流只有达到一定的规模才能发挥其系统管理的功效，若企业加大对物流系统的投资建设，则会带来相应的投资风险；为满足市场多样化、个性化需求，企业必须采取多品种、少批量、多批次的物流策略，物流作业的分散度将会进一步扩大，分散的物流作业将会冲减系统管理的效益而带来效益降低的风险；为了防止缺货和快速交货，企业必须提高库存量而存在存货过量的风险。

企业决定将物流外包后，首先需要到市场上寻找合适的物流服务供应商并签订合同，而后在物流外包实施阶段，原来占整个企业物流活动一定比例的那些由企业"亲自"运作的物流活动（如运输、仓储等）随着物流的外包而转变成物流供应商的活动，企业无须再对原来那部分自营物流的物流系统进行建设和直接参与物流活动，自营时的投资风险和管理风险也随之消除，存货风险也有所减小但仍旧存在。原来所占比例不是很大的管理性活动成为外包后企业物流最主要的活动，管理的重点也不再是如何有效地利用企业内部物流资源，而成为如何通过对外包合同的有效实施促使物流供应商为企业创造更大的利润并将外包风险控制在最低限度。

物流外包之后，企业相关物流活动的变化情况如下。

（1）物流供应商代替企业承担外包物流的运作

企业物流外包的基本出发点是希望将本企业的物流业务转交给更专业、能够提供更好的物流服务的物流供应商去完成，并降低物流成本。因此，在物流外包合同正式签订生效后，企业不再亲自参与实际物流运作的部分或全部活动而将其交给物流服务供应商完成，企业物流活动直接运作和承担者发生变化，这一变化是企业物流外包后根本性的变化，也是外包后许多风险发生的根源。

（2）围绕物流外包合同而引发的一系列活动将成为企业主要的物流活动

企业物流自营时，物流管理活动与物流实际运作活动共同构成了企业的物流活动，且物流实际运作活动占的比例较大。物流外包后，企业活动中物流管理的主要任务不再是对具体物流运作活动进行管理，转变成围绕履行外包合同的一系列相关活动，如监督合同的执行情况、建立双方信息共享系统以随时交换物流运作的信息等。

（3）物流外包导致企业运作模式的变化

企业将物流外包给物流供应商后，必然会对企业原有的运作流程产生影响，企业须在一定范围内对业务流程进行重组，在管理上要将原来面向职能的管理改变为面向流程的管理。

（4）物流外包后企业须加强对物流风险防范的投入

物流外包后，企业与物流供应商在物流合作中任何一个环节或者一项工作没能做好都有可能引发风险而给企业造成直接或间接损失。倘若合作失败，企业还必须再次寻找新的合作伙伴并与之磨合而增加这方面的机会成本。因此，外包后企业将较之以前要更加重视对物流风险的控制。一般情况下，对各类物流风险的具体防范措施分别融入围绕外包合同的各项管理工作中。

3．物流外包后的风险分析

企业物流由自营转向外包使得企业相关物流活动发生深刻变化，而这些变化又隐藏着许多风险，这些风险一旦发生就可能给企业造成损失，而这部分损失就属于物流外包的风险成本，即物流外包引致成本。

企业物流外包过程中有许多风险，主要风险来源于外部环境、企业内部、管理过程、信息传递等方面。因此，可根据风险的来源不同，将物流外包风险划分为以下几种。

（1）市场风险

所谓市场风险，就是资金净值或价格会因投资目标的市场价格波动而随之起伏所造成的投资损失。物流外包的市场风险主要包括：

① 物流市场价格波动风险。国际国内经济环境和物流政策的变化必然波及物流市场的价格起伏，由于物流外包的企业与物流供应商签订合同中通常有明确的合作期限，在此期限内按约定的物流服务价格执行，若市场价格低于签约合作价格，则企业将面临物流市场价格下调的风险损失。

② 外包企业失去物流创新能力的风险。企业一旦选择物流外包，那么该企业的物流创新能力有可能减弱。因为物流外包后企业主要关注的是物流供应商所提供的物流服务水平和外包物流费用的问题，而对企业内部的物流创新能力不可能再像过去那样重视。若企业失去物流技术创新与物流经营管理创新的动力，企业的物流运作势必过分依赖外部的物流供应商，在合作中有可能因处"授人以柄"的地位而引发物流失控的风险。

（2）企业内部风险

将一部分物流业务交给外部物流供应商去承担，企业将面临因为内部相关员工失去既得利益而抵制，或者企业与合作方协调困难的问题，这会使企业尤其是国有企业承担很大的风险和压力。

（3）外包管理风险

物流外包管理风险是指企业物流外包的管理决策，以及企业把物流业务外包给物流供应商后，由于企业的管理模式与物流供应商的管理模式之间存在着差异而造成合作和衔接方面的管理风险。外包管理风险主要包括：

　　① 物流失控和客户流失。企业将物流业务外包后，会对物流供应商产生一定的依赖性，一旦物流供应商没有按合同实现物流运作或没有使企业的客户满意，企业的客户则可能因为不满其服务而终止合作，从而使企业遭受损失。随着外包时间的推移，物流供应商介入企业生产经营的程度越来越深入，物流供应商与企业博弈的"本钱"也日益滋长，可能会出现企业不得不接受物流供应商继续依照原合同维持原来较低标准的物流服务水平的情况，在市场需要企业提高其物流服务水平时，这必然给企业带来客户流失的风险。

　　② 企业间的文化存在差异。在企业物流外包合作过程中，合作企业之间的文化冲突是客观存在而且随处可见的。合作企业间管理风格和制度各异，各自的价值取向也不尽相同，企业之间的文化差异在无形中使得物流外包管理难度加大，执行物流外包合同的协调成本增加。如果合作双方合作不够紧密，不能正确对待和处理企业间的文化冲突，就可能导致双方员工互相猜疑，引发双方员工非理性的行为，以致违约事件频频发生，有可能导致物流外包合作彻底失败。

　　③ 物流外包管理不善。当物流外包开始运行后，企业与物流供应商的合作有一个适应过程，若管理不善，将出现物流运作效率低，产品处于物流环节的时间会变长，存货风险会增大，违约事件发生的频率可能上升，企业与物流供应商之间不能进行有效的协调运作，甚至导致双方合作关系难以为继。

　　（4）信息传递风险

　　物流外包合作过程中，外包企业与物流供应商之间沟通不畅、信息反馈滞后、信息失真等在某种程度上会增强物流外包合作的信息不对称性。一旦合作企业不愿信息共享，企业对物流外包管理的难度将被放大，甚至还有可能发生商业机密外泄等风险。

　　企业物流外包中各类外包风险、风险之间的关系，以及相应的物流外包风险成本归纳如图 2-4 所示。

　　从图 2-4 可以看出，不同的物流外包风险带来不同的外包风险成本。但是，并非每种风险的发生都会直接产生成本，有些风险是通过诱发其他风险的产生而间接地促使风险成本的发生，如企业文化冲突先是直接造成沟通、协调困难等管理问题，若外包管理不善则外包合同有可能解除，企业重新寻找合作伙伴成本就可能发生。而有的风险不仅直接产生成本，同时还通过作用于别的风险而间接产生成本，如外包管理不善将直接导致合同解除、重新寻找合作伙伴成本的产生，也可能导致物流服务供应商失控、违约风险而间接产生失控成本和物流客户服务成本。

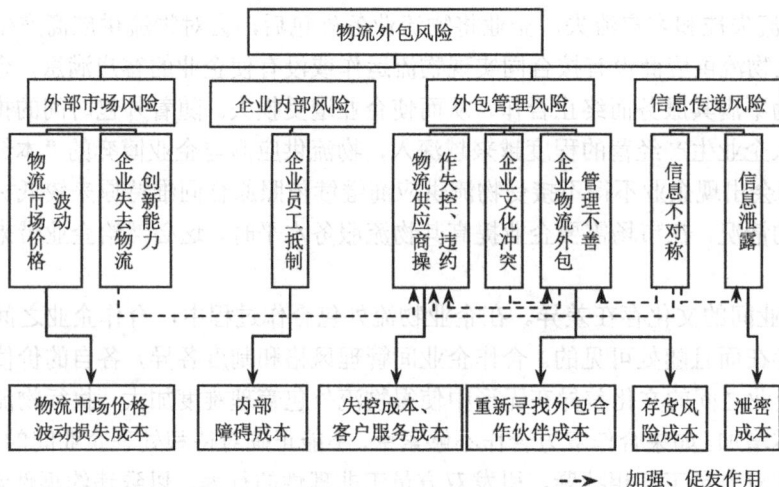

图 2-4　企业物流外包风险发生机理

在图 2-4 的底部为各项外包风险所对应的风险成本。

① 物流市场价格波动损失成本：当物流市场价格低于签约合作价格时，企业按照合同价格支付给物流服务供应商高于市场价格的费用。

② 内部障碍成本：企业员工对物流外包可能产生思想情绪上的抵制，继而体现在行为上，使得物流运作过程中出现不协调的现象，给企业的正常生产运作造成一定的障碍而导致内部障碍成本发生。

③ 失控成本：由于企业过分依赖物流服务供应商而使企业在合作过程中受制于物流供应商，难以朝着有利于自身利益的方向更新合同和改进物流运作，从而给企业带来损失。

④ 物流客户服务成本：企业在支持其核心产品的销售（包括售后服务）过程中，由于企业所提供的配套物流服务不能满足客户需要或者令客户不满意时而给企业造成的销售损失。

⑤ 重新寻找外包合作伙伴成本：原物流外包合同解除后，企业为寻找新的物流服务供应商所花费的成本。

⑥ 存货风险成本：处于外包物流环节的产品，因价格变动或过时、自然损耗等损失引起的价值减少。

⑦ 泄密成本：物流服务供应商将企业的某些商业机密有意或无意地透露给企业的竞争对手而使企业的市场竞争优势受到损害，使得企业失去原本可以获得的利益而给企业造成的损失。泄密成本难以估量，泄密风险一旦发生，对企业而言有可能是致命的打击。

4．外包交易成本与外包引致成本的构成和估算方法

（1）企业物流外包交易成本的构成

1937 年，罗纳德·利斯（R. H. Coase）提出了"交易费用"（Transaction Costs）的概念，认为由于信息的不对称、有限理性、机会主义和交易的不确定性，就出现了交易费用。在利斯看来，交易费用至少包括两项内容：一是运用价格机制的成本，即在交易中发现相对价格的成本，其中包括获取和处理市场信息的费用；二是为完成市场交易而进行的谈判和监督履约的费用。根据这一理论进行具体分析，物流外包中的交易成本包括企业为与物流供应商达成外包协议、为监督外包合同的执行所发生的费用，即物流外包交易成本包括两大部分：洽谈和签订物流外包合同的费用，监督物流外包合同执行的费用。

在洽谈和签订物流外包合同期间，企业耗费的有关成本主要包括：

① 信息搜寻成本。搜寻和发现交易对象，充分掌握市场信息并及时、迅速地加以处理、分类和筛选，以便搜寻到合适的交易对象，这就要耗费一定的信息搜寻费用。同时，还必须了解市场上物流价格费用等相关信息以便为外包定价做准备，也要花费一定的费用。

② 吸引交易对象的成本。为使潜在的交易对象变成现实的交易对象，须采取各种手段在公众面前树立良好的企业形象而花费必要的人力、物力，以吸引对方与之交易。许多企业往往为此不惜通过电视、广播、报刊和新闻发布会等大众媒体加大投入以提高自身的社会知名度。

③ 交易谈判成本。与物流供应商进行交易时，企业要与其就物流外包的有关具体事项和细节谈判洽商，直至最后签订物流外包合同，这一阶段需要双方不断沟通交流，主要耗费的是人力成本。双方对交易的期望差距越大，通过谈判所要解决的问题就越多也越复杂，交易谈判成本也可能越高。

物流外包合同签订并生效后，企业的物流工作重心随之转移到对合同规定的物流运作事项的实际执行。在此期间，企业耗费的有关成本主要包括：

① 监察成本。物流外包前，企业员工与最终客户直接接触，外包后客户信息要通过第三方（物流供应商）传递，这就在企业的供应链中增加了两个新的外部界面（企业—第三方，第三方—最终客户）。如果企业的物流外包不只一家物流供应商作为物流承担者，外部界面就更多。由于外部界面的增加，企业必须重新建立与客户之间的信息反馈机制，增加人员监督和掌握外包物流的客户服务水平并衡量客户满意度等，这势必加大对物流管理的监察成本。

② 协调成本。由于企业与物流供应商之间是一种经济协作关系，企业仍然必须保有物流部门或管理物流的部门，以协调企业、物流供应商和市场客户之间的关系，必然

会产生相应的协调成本。

③ 更新合同成本。随着时间的推移和市场环境的变化,原来的外包合同往往需要更新和重新谈判拟定。

④ 信息共享集成成本。企业为了与物流供应商实现信息共享,须调整原有的信息系统或建立相应的信息共享系统而投入一定的人力物力,包括信息人员人工费、设备折旧费和保险费等,从而产生信息共享集成成本。

（2）企业物流外包引致成本的构成

由于物流外包导致企业内部原有生产经营流程和管理结构的变化,即使在物流外包总体有利于企业的情况下,物流外包对企业的某些方面仍然会产生一定的负面影响,企业为此需要付出必要的代价。而这些成本虽以隐性成本的形式隐含于企业总成本中,但这些成本的产生皆因企业实行物流外包而引发,故这类引致成本也应计入物流外包总成本中,因此也将其称为物流外包引致成本。

物流外包引致成本主要包括外包风险成本和其他引致成本。

① 物流市场价格波动损失成本。在物流外包合同执行过程中,当物流市场价格低于外包合同的签约合作价格时,会给企业一方带来因为物流市场价格波动而造成的跌价损失成本。

② 人员安置成本。物流外包后必然要求对原有物流业务流程进行一定范围的重组,对企业人力资源进行整合,如原来用于物流方面的人力资源开发、技术质量管理、信息管理、财务管理等职能部门将被分离处理,对分离出来的有关人员要进行合适的安置。企业将为原物流人员的安置付出一定的成本:对于下岗的员工,企业要给予一定的下岗补助;对于换岗的员工,企业可能会对其进行培训而支付一定的培训费。这些费用均归为因物流外包而产生的人员安置成本。

③ 失控与泄密成本。企业将物流外包给物流供应商,有可能出现对一些物流活动及其效果难以掌控或者物流供应商将企业的商业机密外泄给企业竞争对手的情况,从而给企业造成失控与泄密成本。

④ 与物流供应商结束合作关系后重新寻找其他物流供应商的成本。

⑤ 存货风险成本。处于物流环节的产品,因价格变动或过时、自然损耗等引起的价值减少的成本。

⑥ 物流客户服务成本。

⑦ 物流设施设备处理成本。物流设施设备的处理会发生谈判费用和折价损失,当其专用性较高时,这方面的成本相对其价值而言有可能很大。

⑧ 占用企业自有资金所发生的机会成本。物流供应商在承担企业产品的物流运作期间,其产品处于物流供应商控制的物流环节中,但该部分产品还没有转化成企业的收

入，企业为此需要支付一定的资金占用机会成本。

物流外包前后企业相应物流活动发生了巨大变化，减少了一些活动同时又增加一些新的工作，如表 2-3 所示。

表 2-3　企业物流外包后有关活动变化和成本类项增减

活动变化	活动项目		可能出现的问题	风险发生情况	新增成本		减少的成本
					运作成本	风险成本	
增加的物流活动	物流外包合同管理	寻找物流服务供应商	对物流供应商了解不够，企业间文化差异大	存在外包管理风险	信息搜寻成本，吸引交易对象的成本	失控成本，客户服务成本，重新寻找外包合作伙伴成本，存货风险成本	无
		签订外包合同	外包合同不规范	存在外包管理风险	交易谈判成本		
		监督合同实施	物流服务跟踪监管不到位或监管不力	存在外包管理风险、信息传递风险	监察成本，协调成本，更新合同成本	失控成本，客户服务成本，重新寻找外包合作伙伴成本，存货风险成本、泄密成本	
		信息共享	信息泄密，失真或滞后，沟通不畅	存在信息传递风险	信息共享集成成本	泄密成本	
	外包物流体制建设	业务流程重组，人员分流，设施设备处理	企业员工抵制，与合作力协调困难，原有物流设施设备处理困难	存在企业内部风险	企业内部人员安置成本，设施处理成本		无
	风险的防范控制工作		风险防范工作没有落实到位	存在外部市场风险，企业内部风险，外包存在管理风险，信息传递风险	物流市场价格波动损失成本，内部障碍成本，失控成本，物流客户服务成本，重新寻找其他合作企业的成本，存货风险成本，外包物流过程占用企业自有资金所发生的机会成本，泄密成本		无
减少的物流活动	运输，装卸搬运，配送等已经外包的物流活动		物流运作受控于物流供应商	物流系统的管理风险消除，存货风险减少	外包物流委外成本		物流运作成本，物流管理风险成本
	对企业物流系统的建设			物流系统的投资风险消除	无		物流系统投资风险成本

（3）企业物流外包交易成本与外包引致成本的计算

对于企业物流外包交易成本与外包引致成本的成本类项，可以通过使用一定的方法进行估算：

① 信息搜寻成本。可以参考市场上信息咨询公司提供此类服务所要收取的平均费用或企业根据自身的经验进行估计。

② 吸引交易对象、交易谈判成本。企业可根据以往与其他企业进行交易谈判时所花费的费用，估计出外包物流谈判时所需的费用，并可在与对方初次会谈后根据对方的有关要求对物流外包谈判的难度进行预测，再对原预计的成本数额进行调整。

③ 监察成本、协调成本。物流外包后，对外包合同执行情况的监察与协调工作都是由企业物流管理部门专职人员负责的，这部分人员的工资、福利费等人工费用都应计入物流外包总成本中。这些成本可根据预计物流外包后企业物流管理部门专职人员人数及现阶段物流管理部门人均人工费来计算。

④ 物流设施设备处理成本。

物流设施设备处理成本中的折价损失可根据以下方法计算：

$$C' = P - (P/n) \times m - P' \qquad (2\text{-}2)$$

式中　C' ——物流设施设备折价损失；

　　　P ——物流设施设备购进价；

　　　n ——物流设施设备使用寿命（年）；

　　　m ——物流设施设备已经使用时间（年）；

　　　P' ——物流设施设备现市场折价。

⑤ 人员安置成本。被辞退的企业原物流人员，企业将按有关法规政策给予一定的补助，这部分费用易于估算；对于被换岗人员的培训费用，也可以根据企业的管理办法进行计算后计入人员安置成本。

⑥ 信息共享集成成本。包括处理外包物流信息人员的人工费及信息设备费用（折旧费、保险费等），可比照原自营时人均人工费、每台设备的费用，按外包后处理物流信息的人员人数、设备数量进行计算。

⑦ 外包物流过程占用企业自有资金所发生的机会成本。计算方法如下：

$$C_z = Q \times k \qquad (2\text{-}3)$$

式中　C_z——外包物流过程占用成本；

　　　Q——处于物流供应商所控物流中的货物的账面余额（存货占用自有资金），可根据物流服务供应商的运作效率进行估计；

　　　k——行业基准收益率，企业若无法获取有关行业基准收益率的数值，也可以使用一年期银行贷款利率或企业内部收益率确定 k 值。

此外，必须考虑但又难以精确计算的成本主要是更新合同成本。物流合同的更新主要源于环境的变化，这将使得每次合同更新的范围、程度都可能不同，企业为此花费的成本也不尽相同。在物流外包生效后，未来的市场环境条件必定会发生某些变化甚至是较大的变化，至于变化对更新合同的具体影响程度则难以估计，也就无法准确地预算合同更新成本，但由于其发生的必然性，因此必须考虑给出一定的估计数额。

在物流外包交易成本与外包引致成本中，有一部分成本项目是无法进行估计或只能估计出其中的某一部分，这部分成本包括：物流市场价格波动损失；与原外包合作企业结束契约，重新寻找其他合作企业的费用；失控与泄密成本；存货风险成本；物流客户服务成本；内部障碍成本。

5. 计算确定物流委外成本的上限值

在得出了企业自营物流成本、外包交易成本和外包引致成本的具体构成并分别计算后，根据式（2-1）计算出企业外包物流委外成本的上限值。

2.3.4　企业与物流供应商关系的维护与优化

企业在与物流供应商签订物流外包合同以后，企业应从 4 方面努力，致力于企业物流管理的优化，并建立长期的伙伴合作关系，达到互惠互利和共同成长的目标。

（1）密切与物流供应商的战略合作关系

物流外包合同的签订，使得企业与物流供应商的利益捆绑在一起。对于企业而言，物流供应商的运作效率直接关系到其供应链总成本和响应速度，关系到其竞争的成败。因此，企业必须密切与物流供应商的战略伙伴关系，信守承诺，努力克服自身的机会主义行为。

（2）强化与物流供应商的信息对接

加强与物流供应商的信息沟通建设，并强化基础数据的收集、存储和维护工作。在对物流供应商进行选择时，需要考虑双方信息系统的有效兼容问题。在物流供应商签订物流合同后，双方应就信息系统联网中可能遇到的问题展开深入调研和讨论，并提出有效的解决方案，以实现信息系统的无缝衔接。

（3）共同设计和完善物流操作指南

由于不同企业之间的物流要求千差万别，企业应与物流供应商就外包各项具体的物流活动进行详细讨论，确定合理的业务流程、信息沟通渠道，编制物流操作指南，供双方在操作过程中使用。物流操作指南能够使双方对口人员在具体的作业过程中步调保持一致，减少偏差与失误，同时，也可为检验对方作业是否符合要求提供标准和依据。

（4）对物流供应商进行动态的考核

企业应对物流供应商的服务态度、服务质量、服务费用等方面进行动态的综合评价。对于各方面服务都比较满意的物流供应商，续签物流外包合同；对于某些方面未能令人满意的物流供应商，按照物流合同的条款要求整改限期；对于主要条款未能达到基本要求的物流供应商，则应考虑解雇另选。

案例分析 >> 淮南矿业集团企业物流分离分立管理模式

1. 基本背景

在理论上，企业内部物流的目标包括快速响应、最低库存、集中配送、最小变异、质量支持等，归纳起来主要就是集中管理和降低成本。但是，随着社会经济的进步，以及企业规模和业务范围的拓展，仅局限于企业内部物流的集中管理对于企业降低运营成本和实现规范化管理的效用逐渐显现出其局限性。淮南矿业（集团）有限责任公司（简称"淮南矿业集团"）是国家规划建设的 13 个亿吨级煤炭生产基地和 6 个煤电基地之一。淮南矿业集团从 2002 年就开始了企业内部供应链管理的探索，煤炭产量从 2002 年的 1 300 万吨提高到 2010 年的 6 800 万吨，年物资采购规模也达到了 70 亿元，拥有国内外供应商 1 300 余家，物资采购品种 19 万种。这为该集团的企业物流的发展和拓展社会物流奠定了雄厚基础。淮南矿业集团企业物流分离分立向物流企业管理模式的转变，分为实施企业内部供应链管理改革和拓展社会物流两个阶段。

2. 实施企业内部供应链管理改革（第一阶段）

（1）从"三集中、三分离"到高度集中的供应管理体制改革

淮南矿业集团在 2000 年时开始实行"三集中、三分离"操作模式，即"集中采购、集中储备、集中配送"三集中的供应物流管理体制，以及与之相适应的"市场采购权、价格控制权、质量监督权"的三权分离、相互制衡的管理模式。随后该管理模式所存在的程序复杂、责任模糊和人力资源浪费等诸多问题逐渐显现。2007 年 3 月将"三分离"中的价格控制、质量监督及物资消耗管理权限全面回归到该集团物资供销分公司，成立物资供应管理部，与物资供销分公司"一个机构两个牌子"。同年 10 月份，集团公司在二级单位建立井口发料站并全面取缔基层小仓库，清理出库存物资 6 亿多元。

（2）建立"四个中心"的服务格局和"四个层面"的储备格局

为提高对内部市场的服务能力，延伸服务触角到煤炭生产的每个单元，该集团又构建了"四个中心"的服务格局，即客户服务中心、采购服务中心、仓储中心和配送中心。同时，建立了"四个层面"的储备格局，即寄售式管理库存、物流大市场库存、保税仓

库库存和自由储备。

（3）实施"六大采购策略"

- "国际先进、国内一流"——设备采购策略；
- "以资源定市场"——资源性物资采购策略；
- "以生产厂为主"——钢材采购策略；
- "以北方材为主、南方材为补充"——木材采购策略；
- "以主机厂为主"——配件采购策略；
- "质量第一、品牌优先"——机电产品、劳保用品及工器具采购策略。

（4）开发具有国家自主知识产权的物资管理信息系统、全面物资管理系统

2004 年，淮南矿业集团对物资管理系统进行了流程再造，系统流程与管理、操作流程的高度对接，实现了"一单到底、一单多用"的单据流程，以及计划、采购、付款的三大分离，财务系统与供应系统的有效对接。2007 年，高度集中的供应管理体制改革后又开发了全面物资管理系统，开创了国内煤炭行业物耗信息化管理的先河。通过"指标体系、核算体系、考核评价体系"三大体系的科学构建，实现了物资消耗全额、全员、全过程的管理。

3. 拓展社会物流（第二阶段）

随着淮南矿业集团内部供应链管理不断改革创新，尤其是"集中采购"所彰显出的优越性，企业意识到物流向外扩张的可能性和必要性。"集中储备""集中配送"使企业既有的基础设施、良好的运输条件和丰富的人力资源也必须向外部市场寻找新的出口。2006 年 6 月，该集团创建了面向社会的物流园区——淮矿物流大市场。面积近 10 万平方米，分设钢材、机电产品、工具类产品、劳动保护用品 4 个专业化市场，并有专门的交易大厅进行购销交易。吸引入住供应商 300 余家，多家煤炭企业供应部门借助这一平台充分利用各自的采购规模和供应商资源降低了采购成本。淮矿物流大市场已成为皖北最大的生产资料交易市场，也为后来成立淮矿物流公司奠定了物质基础，对淮南矿业集团拓展社会物流意义重大。

（1）成立专业的物流公司

2008 年 10 月，淮南矿业集团注册成立了全资子公司——淮矿现代物流有限责任公司，注册资金 3 亿元。公司定位为：面向社会提供商贸物流和第三方物流服务，搭建以钢材为主，有色金属、机电产品等为辅的综合生产资料交易平台。

（2）拓展社会物流服务

淮矿现代物流有限责任公司对内履行集团公司内部材料保供服务，2011 年开始实行企业供应的社会化运作，把淮南矿业集团视同为客户提供有偿服务；对外充分利用集团

19万个物资采购品种，大力拓展供应链物流服务，做供应商的供应商。例如，为郑煤机、张家口煤机等国内大型制造企业提供钢材采购供应，与淮南市21家生产制造企业开展了第三方物流外包业务，2010年该物流公司实现产值31.92亿元。

4. 案例简评

专业化、社会化是现代物流的发展方向，在一定条件下，企业物流的"分离分立"的发展模式既有利于提高企业核心竞争力，又能促进物流企业发展壮大。淮南矿业集团将内部供应部门独立出来，成立专业物流公司，实行市场化运作，实现"企业物流"分离分立后向专业化、社会化物流企业的转变，为区域内和行业内企业提供社会化的物流供应链服务，对我国大型制造企业转变传统物流观念具有标本意义。

5. 案例延伸思考

（1）企业物流外包是发展趋势，而淮南矿业集团为何不外包物流反而要做大物流业？

（2）举例说明类似企业由企业物流向物流企业转型的案例及其背景条件。

练习与思考

1. 什么是管理模式？影响企业管理模式的因素有哪些？
2. 企业物流管理模式有哪几种类型？各有何特点？
3. 在选择企业物流管理模式时要考虑哪些因素？
4. 企业物流外包有哪些形式，各有何优缺点？
5. 简述企业物流外包的基本程序。
6. 物流外包可能产生的风险有哪些？原因是什么？
7. 有些企业将物流管理的业务外包给了第三方物流企业，但是没过多久又将业务收回自己管理，你认为其中的主要原因可能有哪些？如何解决这些问题？
8. 物流外包前后企业的物流管理和物流成本有哪些主要变化？
9. 企业如何确定物流外包业务的定价？
10. 企业应从哪些方面维护和优化与物流供应商的关系？

第 3 章

企业物流组织

学习目的与要求

本章围绕企业物流组织的形式和结构展开讨论，分别介绍几种常见的企业物流组织结构，对每种物流组织结构都进行一定分析。应理解企业组织的内涵、作用和不同的企业物流组织模式的特点，了解企业在设计物流组织时应考虑的因素和设计过程及其主要内容，掌握不同的企业物流组织的适用性及其条件。

学习重点与难点

企业不同物流组织结构的特点，生产企业与流通企业选择确定物流组织的区别，企业物流组织设计的内容。

3.1 企业物流组织概述

企业物流组织是企业专门负责从事物流管理的职能并为实现其物流目标而设置的企业组织分支机构，这类机构的设置及其管理权限和业务范围划分等方面与企业所采用的组织结构有密切的关系。

3.1.1 企业组织

1. 概念

企业组织是指为实现企业的目标及执行企业的战略策略，对企业的人力资源进行调配所建立的社会机构。企业组织主要通过组织设计、制定目标，确定组织结构、劳动分工和责权范围实现其行为策划。

就其特征而言，企业组织首先是一个以企业全体人员为主体，由人和物按照一定关系组成的有机组合体，企业全体人员围绕企业的共同目标，建立组织结构，确定职位，划分职责，交流信息，沟通协调，并形成独自的规范和文化。其次，企业组织还是一个像人体一样富有生命力的有机体，正像人体是由循环、运动、呼吸、消化、生殖、神经和大脑分系统组成的完整有机系统一样，企业组织也是这样一个完整的有机系统。企业组织要以市场为环境，随时适应环境变化，不断变革自己。

企业组织实质上是企业管理者之间的权利与责任的分配，以及管理形式的确定，它体现着企业的管理思想：每次企业组织变革都体现了某种管理思想的变革，每次管理思想的变革都可能带来企业组织的变革。

企业组织的重要性正如管理大师彼得·德鲁克所言，一个好的组织机构本身并不创造好的业绩，就好比一部完善的宪法并不能保证产生伟大的总统、严谨的法律或一个道德的社会。但无论个别的管理者有多么优秀，如果没有好的组织结构也就不可能创造出好的业绩。因此，改善组织结构通常能够提高绩效。

2．企业组织结构

企业组织结构是指组织内部的构成及运行方式。组织结构描述组织的基本框架体系，一个组织可通过对自身任务、职权进行分解和组合形成一定的结构体系。企业组织结构的形式主要有以下几种。

（1）直线制

直线制组织又称为军队式组织，是从最高层管理层到最低层管理层按照垂直系统建立的组织形式。由各层领导者统一指挥。直线制是一种最早也是最简单的组织形式。它的特点是企业各级行政单位从上到下实行垂直领导，下属部门只接受一个上级的指令，各级主管负责人对所属单位的一切问题负责，企业不另设职能机构（可设职能人员协助主管人工作），一切管理职能基本上都由行政主管自己执行。

直线制的优点：结构比较简单，责任分明，命令统一。

直线制的缺点：它要求行政负责人通晓多种知识和技能，亲自处理各种业务。这在业务比较复杂、企业规模比较大的情况下，把所有管理职能都集中到最高主管一人身上，显然是难以胜任的。因此，直线制只适用于规模较小，生产经营业务比较单一的企业，对生产技术和经营管理比较复杂的企业并不适宜。

（2）职能制

职能式组织是按照工作过程的不同阶段和工作技能进行专业分工，设置各个职能部门的组织形式。企业高层领导按照分工，分别对各个职能部门进行领导、指挥和协调，各个职能部门在其业务范围内发挥专业管理职能的作用。这种结构要求行政主管把相应的管理职责和权力交给相关的职能机构，各职能机构就有权在自己业务范围内向下级单位发号施令。因此，下级负责人除了接受上级主管人指挥外，还必须接受上级各职能机构的领导。

职能制的优点：能适应现代化工业企业生产技术比较复杂，管理工作比较精细的特点，能充分发挥职能机构的专业管理作用，减轻直线领导人员的工作负担。

职能制的缺点：形成多头领导，有碍必要的集中领导和统一指挥；不利于建立和健全各级行政负责人和职能科室的责任制，在中间管理层往往会出现有功大家抢，有过大家推的现象；在上级行政领导和职能机构的指导和命令发生矛盾时下级无所适从，影响工作的正常进行。

（3）直线—职能制

直线—职能制也叫生产区域制，或直线参谋制。它是在直线制和职能制的基础上，取长补短，吸取这两种形式的优点而建立起来的。目前，我国绝大多数企业都采用这种组织结构形式。这种组织结构形式是把企业管理机构和人员分为两类：一类是直线领导机构和人员，按命令统一原则对各级组织行使指挥权；另一类是职能机构和人员，按专业化原则，从事组织的各项职能管理工作。直线领导机构和人员在自己的职责范围内有一定的决定权和对所属下级的指挥权，并对自己部门的工作负全部责任。而职能机构和人员，则是直线指挥人员的参谋，不能对直接部门发号施令，只能进行业务指导。

直线—职能制的优点：既保证了企业管理体系的集中统一，又可以在各级行政负责人的领导下，充分发挥各专业管理机构的作用。

直线—职能制的缺点：职能部门之间的协作和配合性较差，职能部门的许多工作要直接向上层领导报告请示才能处理，这一方面加重了上层领导的工作负担，另一方面也造成办事效率低。为了克服这些缺点，可以设立各种综合委员会，或建立各种会议制度，以协调各方面的工作，起到沟通作用，帮助高层领导出谋划策。

（4）事业部制

事业部制最早是由美国通用汽车公司总裁斯隆于 1924 年提出的，故有"斯隆模型"之称，也叫"联邦分权化"，是一种高度（层）集权下的分权管理体制。事业部制组织又称为分权组织，是按照部门化结构（按产品、地区或用户结构）设置的事业部，各个事业部实行相对的独立经营、单独核算，拥有一定的经营自主权。各个事业部既是在总公司控制下的利润中心，又是产品责任单位和市场责任单位，它拥有自己的产品和独立的市场。事业部制组织按照"集中政策、分散经营"的原则，公司高层管理机构掌握人事、财务控制和监督权，并规定价格幅度，利用利润等指标对事业部进行控制。它适用于规模庞大，品种繁多，技术复杂的大型企业，是国外较大的联合公司所采用的一种组织形式，近年来我国不少大型企业集团或公司引进了这种组织结构形式。

事业部制的优点：有利于企业高层管理人员从日常行政事务中摆脱出来，集中精力考虑重大战略问题；企业能把多种经营业务的专门化管理和企业总部的集中统一领导更好地结合起来，企业总部和事业部间形成比较明确的责、权、利关系，事业部制以利润责任为核心，既能保证公司获得稳定的收益，也有利于调动中层管理人员的积极性；各事业部门能相对自主、独立地开展生产经营活动，整个企业可以容纳若干经营特点有很大差别的事业部，形成大型联合企业，从而有利于培养综合性的高级经理人才。

事业部制的缺点：对事业部经理素质要求高，需要全能型管理人才运作和领导；各事业部都设立类似管理机构，易造成职能重复，管理费用上升，事业部拥有独立的经济利益，易产生对公司资源和共享市场的不良竞争，加重了企业高层的协调任务。

（5）模拟分权制

模拟分权制是一种介于直线职能制和事业部制之间的结构形式。许多大型企业，如连续生产的钢铁、化工企业，由于产品品种或生产工艺过程所限，难以分解成几个独立的事业部。又由于企业的规模庞大，以致高层管理者感到采用其他组织形式都不容易管理，这时就出现了模拟分权组织结构形式。所谓模拟，就是要模拟事业部制的独立经营、单独核算，而不是真正的事业部，实际上是一个个"生产单位"。因此，它们之间的经济核算，只能依据企业内部的价格，而不是市场价格，也就是说这些生产单位没有自己独立的外部市场，这也是与事业部的差别所在。

模拟分权制的优点：除了调动各生产单位的积极性外，就是解决企业规模过大不易管理的问题。高层管理人员将部分权力分给生产单位，减少了自己的行政事务，从而把精力集中到战略问题上来。

模拟分权制的缺点：不易明确模拟生产单位的任务，造成考核上的困难；各生产单位领导人不易了解企业的全貌，在信息沟通和决策权力方面也存在着明显的缺陷。

（6）矩阵制

矩阵制组织是将按职能划分的部门和按产品（项目）划分的小组结合起来形成矩阵，使同一职员既与原职能部门保持联系，又能参加产品或项目小组的工作。这种组织形式适于某些需要集中各个方面的专业人员参加的项目或业务。

矩阵制组织是为了改进直线职能制横向联系差、缺乏弹性的缺点而形成的一种组织形式。它的特点表现在围绕某项专门任务成立跨职能部门的专门机构，例如，组成一个专门的产品（项目）小组去从事新产品开发工作，在研究、设计、试验和制造等各个阶段，由有关部门派人参加，力图做到条块结合，以协调有关部门的活动，保证任务的完成。这种组织结构形式是固定的，人员按需确定因而是变动的，任务完成后就可离开。项目小组和负责人也是临时组织和委任的，任务完成后就解散回原单位。因此，这种组织结构非常适用于企业内横向协作和各类攻关项目。

矩阵结构的优点：机动、灵活，可随项目的开发与结束进行组织或解散；项目组任务清楚，目的明确，从各方面抽调的人员都是有备而来的，使他们增加了责任感，可激发工作热情和促进项目的实现；可加强不同部门之间的配合和信息交流，克服直线职能结构中各部门互相脱节的现象。

矩阵结构的缺点：项目负责人的责任大于权力，因为参加项目的人员来自不同部门，隶属关系仍在原单位，只是为"会战"而来，所以项目负责人对他们没有足够的激励手段与惩治手段；由于项目组成人员来自各个职能部门，当任务完成以后，仍要回原单位，因而容易产生临时观念，对工作有一定影响。人员上的双重管理是矩阵结构的先天缺陷。

3．企业组织设计

企业组织设计是将组织内的人力合理分配于不同的任务，并通过对人员的分组取得协调一致的行动。企业组织设计主要包括以下几方面内容。

（1）劳动分工

将某项复杂的工作分解成许多简单的重复性活动，实施功能专业化。通过劳动分工，使每个员工都能发挥自己的专长，提高工作技能，也有利于促进工具和设备的专门化，从而使工作效率得以提高。

（2）部门设计

将专业人员进行归类，形成组织内部相对独立的部门。部门设计主要有以下几种方式：

- 职能部门化。按组织活动的职能划分为营销部、生产部、销售部、财务部、工程部和行政后勤部等。
- 产品或服务部门化。按照组织的产品类型来划分部门。例如，某汽车企业原来一直按产品品牌划分为雪佛兰部、凯迪拉克部等，后来按产品外形划分为大型车部、小型车部和电子器件部。
- 用户部门化。按组织所服务的对象特点来划分部门。
- 地区部门化。按主要业务发生的地区来划分部门。

一些大型企业往往将以上几种方式结合起来，构成一个层次结构式的部门化组织形式。

（3）确定责任和权力

确定组织中各类人员承担的责任范围，并赋予其使用组织资源所必须的权力。在组织中，往往是由上级对下级授予责任与权力；责任和权力必须明确，并相互适应；要避免双重隶属关系的授权。

（4）管理幅度和管理层次设计

管理幅度是指一个管理人员能有效地直接领导和控制的下级人员数目。管理层次是指组织内纵向管理系统所划分的等级数。一般情况下，管理幅度与管理层次呈反比例关系。由于上层主要承担决策性、组织性工作，管理幅度较小，而下层主要承担执行性、日常性工作，管理幅度可以大一些。管理幅度的大小主要取决于领导者和被领导者的素质，以及管理业务的复杂程度等因素。

4．企业组织的发展趋势

（1）扁平化

组织结构的扁平化，就是通过减少管理层次、裁减冗余人员来建立一种紧凑的扁平组织结构，使组织变得灵活、敏捷，提高组织效率和效能。扁平化组织结构的优势主要体现在以下几个方面：信息流通畅，使决策周期缩短；创造性、灵活性加强，致使士气和生产效率提高，员工工作积极性增强；可以降低成本；有助于增强组织的反应能力和协调能力。组织结构框架从"垂直式"向"扁平式"转化，是众多知名大型企业走出大而不强困境的有效途径之一。美国通用电气公司推行"零管理层"变革，例如，在一个拥有 8000 多名工人的发动机总装厂里，只有厂长和工人，不存在任何其他层级。生产过程中必需的管理职务由工人轮流担任，一些临时性的岗位，如招聘新员工等，由老员工临时抽调组成，任务完成后即解散。

（2）网络化

组织结构网络化主要表现为企业内部结构网络化和企业间结构网络化。企业内部结构的网络化是指在企业内部打破部门界限，各部门及成员以网络形式相互连接，使信息和知识在企业内快速传播，实现最大限度的资源共享。在以工作或任务为中心的工作团队内部，借助企业内部网络平台的支撑，员工之间的纵向分工不断减少，而横向分工协作不断增加，企业组织结构变成了一个相对平等和自主、富于创新的小型经营单元组成的网络型组织。从企业内部的角度看，网络型企业是一个由若干独立的、彼此有一定纵横联系的经营单元组成的网络，网络成员之间形成比较松散的"联邦"关系，企业由自我管理、自我组织和自我约束的经营单元组成。从企业外部的角度来看，网络型组织利用因特网、产业供应链和资金市场，在企业之间建立起了多种形式的合作关系，利用自己的核心优势成为外部产业供应链上的一个或多个核心"插件"。

（3）无边界化

无边界化是指企业各部门间的界限模糊化，目的在于使各种边界更易于渗透，打破部门之间的沟通障碍，有利于信息传递。在具体的模式上，比较有代表性的无边界模式是"团队"组织，"团队"指的是职工打破原有的部门边界，绕开中间各管理层，组合起来直接面对顾客和对企业总体目标负责的以群体和协作优势赢得竞争优势的企业组织形式。这种组织成为组织结构创新的典型模式。因此，无边界思想是一种非常具有新意的企业组织结构创新思想，它完全是超国界、超制度、超阶层的。

（4）多元化

企业内部不同部门、不同地域的组织结构不再是统一的模式，而是根据具体环境及组织目标来构建不同的组织结构。企业管理者可根据企业具体情况利用每种组织结构，了解也有能力根据某项任务的业绩要求，选择合适的组织工具，从一种组织转向另一种组织。

（5）分立化

分立化是指从一个大公司里再分离出几个小的公司，把公司总部与下属单位之间的上下级关系变为外部性的公司与公司之间的平行关系。以市场的关系来联结公司总部与所属各个分公司和子公司之间的关系。分立化分为两种方式：横向分立和纵向分立。前者按照产品的不同种类进行分立，而后者按照同一产品的不同生产阶段进行分立。

（6）柔性化

组织结构的柔性化是指在组织结构上，根据环境的变化，调整组织结构，建立临时的以任务为导向的团队式组织。组织柔性的本质是保持变化与稳定之间的平衡，它需要管理者具有很强的管理控制力。柔性化组织最显著的优点是灵活便捷，富有弹性，因为这种结构可以充分利用企业的内外部资源，增强组织对市场变化与竞争的反应能力，有利于组织较好地实现集权与分权、稳定性与变革性的统一。此外，还可大大降低成本，促进企业人力资源的开发并推动企业组织结构向扁平化发展。

（7）虚拟化

组织结构虚拟化是指企业只保留规模较小但具有核心竞争力的部门，和其他企业以契约或合同为基础进行研发、制造、分销、营销等经营活动。企业组织虚拟化后，采取从价值产生到价值确认直接对应的横向模式，以横向管理取代了纵向管理。虚拟化的企业组织不具有常规企业所具有的各种部门，而是通过网络技术把所需要的知识、信息、人才等要素联系在一起，组成一个动态的资源利用综合体。

3.1.2　企业物流组织的作用

企业物流组织一般是指以企业物流经营和管理活动为核心内容的实体组织，通常由企业进行日常物流业务的现场作业机构和作为企业职能部门的物流管理机构组成。在广义上，企业物流组织包括企业内部的物流管理组织和企业间执行物流管理职能的物流联盟组织。企业物流组织按在物流运作中的任务不同，可以划分为物流行政机构和物流业务机构：行政机构是指那些负责制定物流管理制度和办法，对物流运作进行决策、计划并组织实施的职能管理机构，如物流管理部；业务机构是指那些具体执行物流计划、进行各项物流活动的单元组织，如运输队、搬运队等。

企业物流组织作为企业物流活动的承担者，对企业物流绩效的产出起着非常关键的作用，建立健全合理的物流组织是实现物流合理化的基础和保证。企业物流组织的职能，是确定与其相应的职位、职责和职权及合理传递信息等一系列活动，并将物流各要素联结成一个有机的和有序的整体，实现企业物流管理的目标。建立合理的企业物流组织的重要性至少体现在 3 方面。

1. 设立物流组织体系可以协调企业各职能部门之间的矛盾

传统的企业组织方式是根据企业管理职能来设置的，其组织结构往往会造成物流活动分散而使物流活动没有明确的目标，也不做统一的规划、设计和优化，物流只是被看做各部门的必要活动，配合各部门实现目标。例如，企业根据财务职能、生产职能和市场营销职能设置财务部、制造部和市场部，如图 3-1 所示。

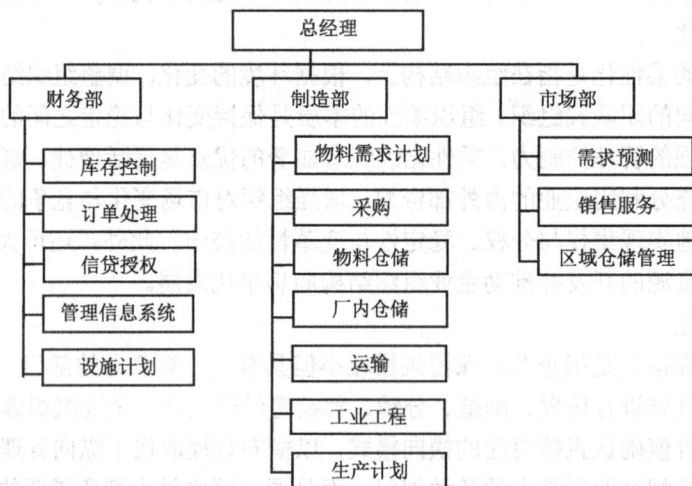

图 3-1　传统的企业组织结构

现在仍有许多企业采用这种传统的组织形式，即围绕生产、市场营销、财务、采购、人力资源等管理职能来设置组织结构，形成不同的职能管理部门来管理整个企业的经营活动。但是，由于所有的活动对于一个企业而言都是相互影响和相互关联的，把它们划归不同的部门，虽然能够提高职能管理的效率，却造成不同职能部门之间的管理冲突。这些职能部门目标的冲突会导致物流运作系统目标的劣化，从而影响企业的总体效益。例如，市场营销部门希望通过快速送货来支持销售，而有运输职能的生产部门则希望运输成本最小。也许为了实际操作的顺利进行，这些职能部门之间会相互妥协，但是不可能实现物流成本与物流服务水平之间的均衡化。因此，设立一个合理的物流组织体系来协调涉及企业相关物流活动的举措是非常有必要的。

2．设立物流组织机构便于对物流活动进行有效管理

为管理好企业的物流活动而建立一个组织机构，可以明确权力和职责，保证货物按计划发送，同时可以根据客户需求的变化及时调整计划，保证物流系统具有一定的柔性。

在传统企业组织结构体系中，物流管理的一些重要活动，如运输、仓储管理、订单配送等，是作为主要职能部门下面的小组来独立运作的，这意味着企业物流活动的各管理人员分别负责各自部门的物流活动，运输部门经理负责运输方式的选择、承运人的选择和价格的协调，而不负责库存活动；仓储部门只负责物料的仓储管理，而不负责物品的运输。一旦业务有交叉，特别是涉及各个部门的责任和利益时，就会发生相互推诿或争抢的现象。

为了使客户订单能够按计划生产并准时交付，物流活动的组织结构应该也必须合理设置，合理分配必要的权力和责任。特别是当企业要不断提高客户服务水平和客户满意度时，物流管理职责的科学分配就更加重要。随着供应链管理的发展，物流活动的效应已经从单个企业扩展到供应链，企业物流管理的组织结构也必须随之变化。企业物流管理不仅要考虑本企业的需要，还必须关注上游和下游两个方面的需要，这样才能使整个供应链的物流形成一个整体，提高物流效率，从而促动整个供应链竞争力的提升。

在很多加工装配式生产企业，物料供应的齐套性就是一个很现实的问题。例如，某手机制造商常用的印刷电路板（PCB 板）的加工环节需要所有的物料全部备齐才能进行，但是物料供应状况却往往难如人意。其主要原因：一是由于原材料的提前期各不相同，制造商下料紧急时，供应商的产能不能及时满足供应；二是制造商的物料订货量凭管理人员的经验制定，准确性低，造成高库存与物料短缺同时存在；三是没有一个负责配套供应的责任部门，多个部门都能够向供应商下达指令，但又没有上装配线之前的齐套性检查部门，直至缺料才知道问题的存在。在这种情况下，为了保证企业及整个供应链的连续性和均衡性，企业物流组织的作用就日益凸显出来。

3．有利于实现物流一体化管理

基于现代信息技术与流程再造思想的企业内部物流一体化大大解决了企业内部各职能部门的协调问题。企业通过设立物流组织将分散于企业内部各部门的物流功能进行整合与集中化管理，最终发展为物流一体化管理形式，从而能够通过大量的采购、储存和运输而有效降低企业管理成本，获得规模经济效益，因此有效的物流组织可以实现物流一体化管理，获得规模经济。例如，在采购领城中，通过制定统一的采购计划，对生产部门和职能管理部门所需的原材料和低值易耗品进行集中、统一采购，不仅节约了采购成本，而且增强了企业与供应商谈判时讨价还价的筹码，实现了采购的规模经济；对原材料和中间产品进行集中库存控制和对产品统一配送，实现了库存和运输上的规模经济。而这类工作通过物流组织的集中处理使得分摊到单位产品上的厂房、机器设备等固定成本得以降低，实现了生产上的规模经济。

3.1.3　企业物流组织的发展演化

随着人们对企业建立物流组织的重要性的认识不断提高，以及企业管理技术和信息技术的发展对物流活动的支持和推动，企业开始致力于物流组织的建立和重组以进一步加强和发挥物流的功能作用。在企业组织演变过程中，受环境背景、行业特征、信息化水平和企业规模等各种因素的影响，企业物流组织结构形式多样，实际物流活动的规模和水平也相差很大。根据西方国家的实践，企业物流组织经历了职能分离、职能聚合和过程整合 3 个发展时期，现在正朝着第四阶段即供应链联盟时期发展。

1．职能分离时期

20 世纪 50 年代以前，物流观念还处于萌芽阶段，此时的企业物流职能通常被视为一项促进性或支持性的工作。企业物流的组织职能常常被分割到企业的财务、制造和市场部门中，这种分割局面意味着在执行物流各方面的工作时缺乏职能部门之间的协调而经常导致重复和浪费。同时，由于企业各职能部门之间的权力和责任界限是模糊的，信息经常会失真或者延迟。同时各部门有限的职责使得管理者往往只追求本部门效率的提高，不太可能顾及整个企业组织范围内成本的降低，导致企业成本居高不下。

2．职能聚合时期

20 世纪 50 年代，社会开始盛行垂直一体化的企业管理模式。同时，物流职能分离的种种弊端逐渐显现，企业开始通过物流重组对总成本进行控制，即把具有物流职能的机构整合为单独的物流组织。微型计算机的出现为物流职能整合的实现提供了强大的信息支持。职能集合的动机是基于人们日益强化的信念——将所有物流职能聚合成一个单独的组织即可提高整个系统的绩效。企业赋予物流部门与生产和销售部门同等的地位，由于物流部门地位的提高，使其作用得到充分发挥。这种组织结构寻求将实际中所能操作的尽可能多的物流决策、计划和运作职能归于一个权力和责任部门下运作，目的是对企业所有原材料和成品运输及存储进行战略管理，使企业获得最大的利益。

这一时期的特点是各种专业化的物流职能被不断集合归并，起初是一部分物流职能在小范围内实行专业化集合，而后发展为整个物流过程按专业化职能集合，成为相对独立的分工组织。这一时期又划分为 3 个阶段。

第一阶段：物品配送和原料管理单位已完全分离出去，它们分别集合了相关的职能，专业化的分工组织在企业内部的较低层得到实现，避免了以前的分散管理，专业分工层次也被细化。但是，本阶段的改变还比较初级，大多数的传统部门并未改变，组织层次也未做大的变化，物流组织只有局部的专业流程协调作用。

第二阶段：物流职能被单独挑选出来，并提升到一个更高的组织权力和责任的地位上去，这样可将物流作为一种核心能力来处理。第二阶段比第一阶段的分工组织数量又有所增加，专业化程度和运作效率也更高。企业内可能被提升的职能是配送，因为对企业来说，客户服务绩效对于企业的成功是至关重要的。

第三阶段：这一阶段的物流组织将实际可操作的许多物流计划和运作职能归类于一个权力和责任下，目的是对所有原料和制成产品的运输和储存进行战略管理，使其对企业产生最大的利益。值得注意的是，本阶段的发展归功于计算机 IT 系统的兴起。物流信息系统的快速发展，促进了第三阶段物流组织的形成。

经过职能聚合重组的物流组织结构有以下优势：第一，将物流定位在一个更高更可见的组织层次上，增加了其战略影响力和沟通协调能力；第二，物流部门下面又有各分部门的职能划分，既保证了整个部门的命令和指挥的统一性，又保证了各分部门的权力和责任的明确性；第三，由于物流活动可以在整合的基础上进行计划和协调，因此可以开发地区之间的协同运作。

3．过程整合时期

职能聚合时期最后阶段的职能型结构虽然统一了物流各业务流程，但企业各职能部门之间的交易成本也在上升，尤其是在横向部门之间，信息必须先由垂直传递然后才能跨越水平组织。到了 20 世纪 80 年代中期，物流的功能作用得到进一步重视，甚至被许多企业提到了战略的高度。为了灵活应变，企业的管理模式也从传统的强调命令和控制的垂直一体化转向了强调过程效率和核心能力的水平一体化。而管理信息系统和网络信息技术的应用也从根本上改变了企业内部之间及内部与外部的联系方式。当企业认识到组织结构的传统演变不足以激发生产力领域的重大突破，且基于职能选择的组织分类会人为地分离工作流程而造成瓶颈时，物流管理的重点开始从职能转换到过程上，并关注物流能力在创造客户价值的整个过程中所发挥的作用。这就引入了如何获得最佳的整合物流绩效的新思想——关键不在于如何组织个别的职能，而在于如何更好地管理整个物流过程。

企业物流过程整合的思想来源于 3 方面：开发一个全员参与的工作环境，在这个环境中，以自我指导工作小组的工作方式激发员工，使其发挥最大潜能；通过过程管理而非职能管理提高效率；信息的快速共享有助于整合组织的方方面面。为了实现不同的物流绩效目标，如降低成本、缩短交货周期和提高客户满意度等，需要构建基于不同流程的专项小组，并由项目经理（过程管理者）带领团队达成目标。由于物流过程几乎涉及企业的各部门，完成每个物流绩效目标都需要各部门的合作。

这种结构类似于矩阵型组织结构，因此兼具了矩阵型组织结构和过程管理的众多优点：第一，可以针对不同物流绩效目标组成不同的过程整合工作小组，其组织结构和成员是根据需求而变的，具有灵活性和多样性；第二，基于过程整合的运作贯穿整个物流流程，各部门衔接紧密，加快了物流和信息流的流通速度，减少了信息失真和延误，从而可最终降低物流成本；第三，由于职能聚集有建立权力集团的嫌疑而遭到众多反对，把重点转化到过程上来减少了将职能集聚到无所不包的组织单元中去的压力。

4．供应链联盟时期

在 20 世纪 90 年代以后，随着供应链管理理论和方法的推广应用，企业物流组织结构已经开始向供应链联盟结构发展，即企业组织开始从企业总部占支配地位的结构转变为联盟、共享服务及业务外包等实体的网络结构，其实质是从原来单个企业内部的物流过程整合扩展到企业外部多个企业间的物流过程整合。企业从采购到制造，再到把最终产品交给客户并提供售后服务，在物流的整个过程上整合了多个外部联盟企业，如关键供应商、分包制造企业、合作开发企业、第三方物流企业和售后服务外包企业等。这种基于供应链的流程整合，并不需要采用控股或兼并的方式，各企业仍是独立的，它们只通过信息和服务的共享形成战略联盟关系，目的是为了通过整合各联盟企业的核心能力而提高整个供应链的竞争能力，以降低物流成本、保证信息流与物流的同步性和增加客户价值，形成多赢局面。

供应链联盟结构兼具了目标的战略性和结构的灵活性，同时还具备策略、计划的协同性和核心能力的效率性，在目前和将来的一段时期都将是比较理想的组织结构。

就国内企业的物流组织而言，很多中小型企业都还处于"职能分离"或"职能聚合"阶段，进入"过程整合"阶段的企业也比较少。少数大型企业（如联想、海尔），即使已经有了供应链全流程的管理理念，但在实际运作中也只与部分企业建立了合作联盟关系，离真正的全流程贯通的"供应链联盟结构"还有一定的距离。同时，各企业由于经营规模和管理方式不同，物流对企业的相对重要性不同，适合其发展的物流组织结构模式也不一样。西方企业物流组织的发展是与当时技术水平相适应的，是一定历史条件下相对合理的选择。我国的企业物流组织建立应从企业实际情况出发，不能照搬照套，也不可盲目赶时髦。企业应该根据本身的专业技术水平、生产规模和经营环境等条件，按照科学的企业组织原理，构建适合自身发展的组织结构形式。

3.2 企业物流组织结构

20 世纪初在泰勒的"科学管理"学说的指导下，企业产生了三大基本管理职能（市场管理、运营管理、财务管理），并由专家担任职能管理部门的经理，使职能事务得到更有效的管理，这是管理史上的一大进步。但是，在企业发展的这个阶段，企业物流被无意识地肢解为 3 个相对独立阶段：供应物流、生产物流和销售物流，相应的物流管理业务分属于财务部门、制造部门和市场营销部门。直到 20 世纪 90 年代，人们才把物流管理扩展到一体化和供应链管理的概念下，唐纳德·鲍尔索克斯等人将企业组织结构变化与物流管理、供应链管理等联系起来，基于美国企业物流管理组织的变化总结出几种典型模式。这些不同的企业物流组织模式对我国企业管理人员具有很高的参考价值。

3.2.1　简单功能集合的物流组织结构

当人们初步认识到业务分割和分散化的组织带来的企业反应迟钝之后，即开始了对组织功能的合并和集合的尝试，这样的变化出现在 20 世纪 50 年代。然而，当时的功能集合只集中在少数核心业务上。例如，在企业市场营销领域，集中点通常围绕在客户服务周围；在制造领域，集中点通常发生在进入原材料或零部件采购阶段，大多数的部门并未改变，组织层次也未做大的改变，因此其功能整合的效果有限。其组织结构形式如图 3-2 所示。

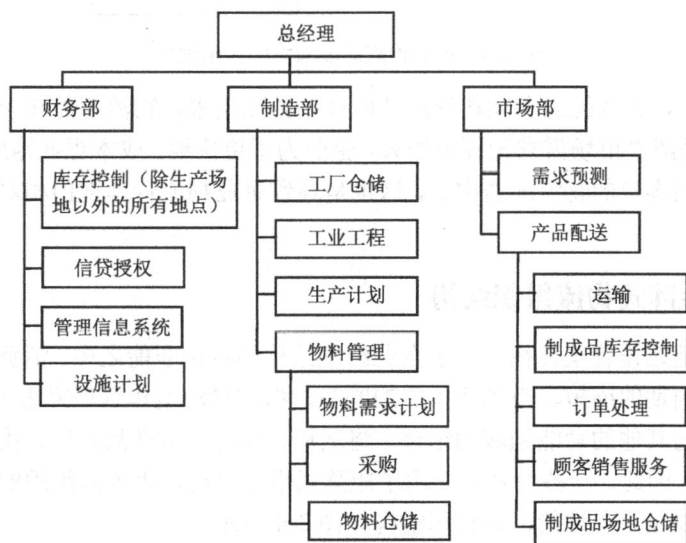

图 3-2　简单功能集合的企业物流组织结构

3.2.2　物流职能独立的组织结构

20 世纪 60 年代末 70 年代初，企业物流管理的重要性得到了进一步的认识，出现了企业物流管理职能独立的组织形式，如图 3-3 所示。

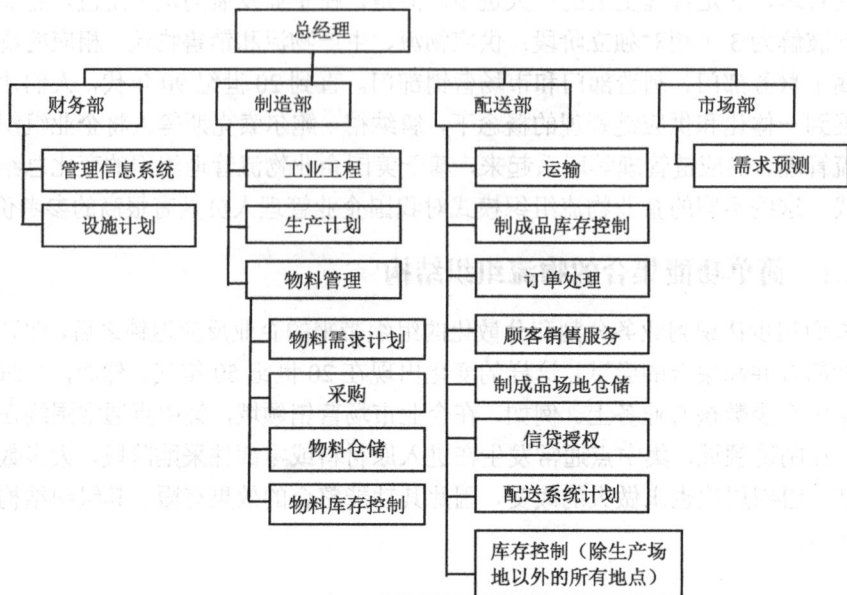

图 3-3　企业物流职能独立的组织结构

在图 3-3 中，物资配送和物料管理功能开始独立出来，物流职能在企业中的地位也提高了。尤其是随着市场需求量逐渐加大，企业为了更快地、成本更低地应对市场变化，纷纷建立了面向客户的物流配送中心，这也是导致企业物流管理部门相对独立和地位提升的原因之一。

3.2.3　矩阵式物流组织结构

企业的物流运作管理往往贯穿于企业组织结构的各种职能之中。消费者需求的多样化、产品生命周期的缩短、市场竞争的加剧等，都对物流运作管理提出了更高的要求。这就要求物流与其他的功能领域相结合，将运输、库存、新产品开发、柔性制造和顾客服务整合起来，因此，一些企业就采用了矩阵式组织结构。矩阵式组织的设置可以是临时性的，也可以是永久性的，其组织结构如图 3-4 所示。

在临时性矩阵中，一个项目小组只在该项目的生命周期内存在，这个期间可以是几个月，也可能是几年；在永久性矩阵中，产品小组相对来说存在相当一段时间。在这种结构中，物流管理者负责包括物流与其他几个职能部门相交叉的合作项目。物流经理负责整个物流系统，但对其中的活动并没有直接的管辖权。企业传统的组织结构并没有改变,但物流经理分享职能部门的决策权。各项活动的费用不仅要通过各职能部门的审查,还要通过物流经理的审查,各部门协调合作以完成特定的物流项目。这种新型的组织兼具职能型组织和事业部组织的优势。

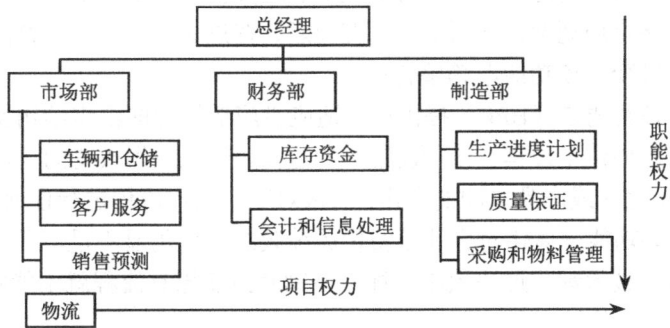

图 3-4　企业矩阵式物流组织结构

3.2.4　物流一体化组织结构

20 世纪 80 年代初期,物流一体化组织的雏形出现了。这种组织结构试图在高层经理的领导下,统一管理所有的物流功能和运作,目的是对所有原材料和制成品的运输和储存进行战略管理,以保证企业利益最大化。这一时期计算机管理信息系统的发展促进了物流一体化组织的形成,如图 3-5 所示。

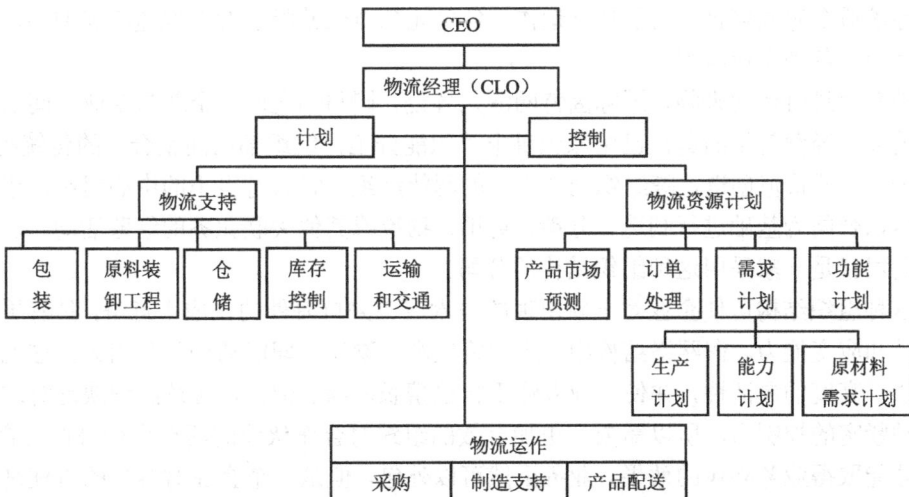

图 3-5　企业物流一体化组织结构

在图 3-5 的组织结构中，设置了物流经理或者物流执行官（CLO）岗位。在 CLO 的领导下，物流计划功能关注的是长期的战略定位，并对物流系统质量改进和重组负责。物流控制的注意力集中在成本和客户服务绩效的测量上，并为管理决策制定提供信息。这时的物流组织将其功能定位于处理采购、制造支持和物资配送之间的利益协调，有利于从整体上把握全局观念。一项综合研究显示，在过去的十年里，物流组织完成了从分割到一体化的转变，使功能渐趋整合。

自从业务流程再造（BPR）提出后，适应供应链管理的组织结构变化逐渐从过去的注重功能集合转向注重过程（或称流程）的重构。传统组织改变的只是集权和分权的权重，或是顾客、地区或产品之间的合作，而未对基本工作流程进行任何重大的重新设计。在新的环境下，功能一体化对企业获得优秀绩效的作用仍显不足，现在所处的经营环境和所依赖的信息技术都与过去大不一样，不彻底改变原有流程就不能实现新的目标。

3.2.5　网络组织结构

计算机网络技术为组织在未来的发展提供了广阔的空间。目前，正流行一种新形式的组织设计，这就是基于供应链管理的网络结构组织。所谓网络，泛指组织间为了获取和强化利用资源以增强其竞争优势而形成的各种形式的联结关系，如常说的合作契约、合资经营、授权经营、策略联盟、网络联盟等。在信息时代，企业将业务流程进行分解，把资源和权力放到多个单元上。每个单元都是一个经营单位，拥有独自的核心专长，单元间可依不同需求彼此整合成团块合作，保持一定的竞争能力。每个单元都可以自由地对外寻求适合对象整合。由于独立运作，各单元都能保持相当的应变速度和弹性。网络结构适用于各种企业组织。

随着信息时代的来临，国际因特网深入各处，国与国之间、企业与企业之间的边界逐渐消失，经营哲学的典范已由原先讲求"职能分工，组织部门间整合"的传统组织，转变为"专业价值创造，跨组织间整合"的网状组织。它只有很小的中心组织，依靠其他组织以合同为基础进行制造、分销、营销、物流或其他关联业务的经营活动。著名的耐克公司就是一家采用这种组织结构的公司。

这种组织结构可使企业对于新出现的技术或者来自海外的低成本竞争，具有更大的适应性和应变能力。在网络结构中，企业将生产、物流等职能活动外包出去，这就给企业提供了高度的灵活性，并使企业专注于自己擅长的事。但是，传统组织缺乏对这些外包活动紧密的控制力，所以需要有更加有效的组织对合作伙伴的活动进行协调与合作，这样才能取得业务外包的效果。业务虽然可以外包，但是一个企业对客户的责任是不可随之外包的，其对客户的责任是永恒的。随着先进管理的不断深化，以及信息技术的发展，这种以业务外包为基础、以合作发展为理念、以共享收益为目标的网络结构组织会成为一种很有生命力的组织结构形式。

供应商与客户之间、同行业企业之间、相关行业企业之间，甚至不相关行业的企业之间，都可能在供应链和物流领域实现战略联盟，特别是生产型企业与专业物流企业之间较容易建立战略联盟。战略联盟的形式很难归类，但联合各方的最终目的都是保障彼此的长期业务合作，建立战略性合作伙伴关系。战略联盟可能会衍生出合资经营、技术共享、采购与营销协议等多种形式。企业在组织战略联盟时必须注意保持自身的核心能力，如果为了合作成功而将资源从核心能力上转移出去，或者在技术、战略力量上妥协，将会得不偿失。

以上介绍的虽然是国外企业在物流管理方面的组织形式演变历史，但可以给我们一定的启发，使我国企业在考虑组织结构和业务流程重构时，有一个比较和参考的对象。事实上，近几年来，国内企业已经认识到企业突出物流功能的组织结构的重要性，于是纷纷进行适当的组织结构调整。图 3-6 就是国内某大型企业最近调整后的企业组织结构。

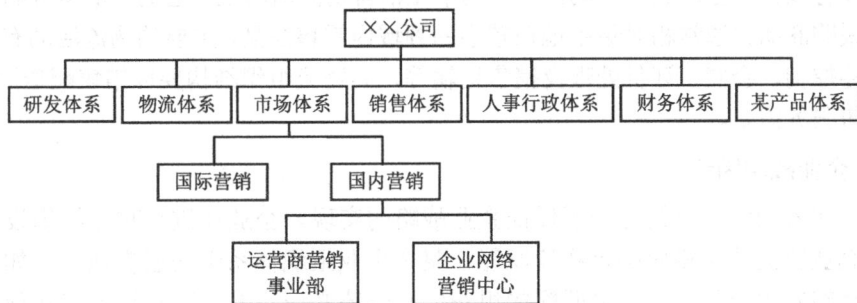

图 3-6　国内某大型企业的组织结构

从图 3-6 可看出，该企业将物流系统整合成一个完整的体系，为企业其他职能部门提供物流后勤支持保障。这样做既能整合企业的物流资源，又能统一协调，站在企业总体利益最大化的角度完成各项物流服务的任务。

3.3　企业物流组织设计

企业物流组织设计是指对一个企业的物流组织结构进行规划、构造、创新或再造，要求从企业系统合理化和从物流运作效率的角度来考虑企业的经营管理活动，建立一个有效的物流组织机构。企业物流组织设计的基本内容包括明确物流组织机构的部门划分，以及各个分支的职责、权限和相互关系，由此形成一个有机整体。

3.3.1 企业物流组织设计的依据

企业高效的物流组织是为了实现一定的共同目标而按照一定的规则和程序所构成的一种权责结构安排和人事安排，其目的在于实现企业物流资源的优化配置，确保企业目标得以实现。诸多的环境因素会影响企业物流组织的设计，包括企业类型、企业规模、企业物流战略、企业物流设施设备能力、技术因素、企业环境的影响。

1. 企业类型因素

不同类型的企业，尽管或多或少从事过一些物流活动，但物流活动对其经营的重要性是千差万别的，因而物流组织的结构设计也应有不同的特点。此外，物流成本如何产生，以及哪个环节的物流服务最关键和最重要也会决定物流活动所需要的组织形式。例如，材料生产型企业是其他企业原料和配件的供应者，其产品种类一般比较少，通常采用的都是大批量装卸和运输，因此，一般要成立正式的物流管理部门与之相匹配；销售型企业没有或很少生产加工活动，经营集中在销售物流活动上，它们一般从分布广泛的供应商采购商品并通常相对集中地在较小的领域内零售商品，主要的物流活动有采购运输、库存控制、仓储、订货处理及销售运输等，其物流组织结构要以销售配送为重点，适应销售服务需要。

2. 企业战略因素

建立有效的组织结构是为了保证企业战略的实现。企业在进行物流组织设计时，应根据企业物流战略相应确定物流职能在整个企业组织体系中的层次地位。如果一个企业的战略发生变化，则与之匹配的组织结构也势必应当发生变动以支持实现新的战略目标。

（1）生产战略

生产战略的目标是以最大的效率将处于原材料状态的货物通过加工转化为产成品。与之相应的组织设计关注的重点是那些产生物流成本的经营活动，如采购、生产计划、库存管理、运输和订单处理等活动将被集中起来，进行统一管理。

（2）市场战略

追求市场战略的企业会以客户服务为导向，销售和物流也要与之协调。与其对应的组织机构不可能像生产战略为导向的企业那样将物流活动整合在一起，而是将那些与销售客户服务和物流客户服务直接相关的经营活动集中在一起，其组织结构可能超越各经营部门或地域的范围，以实现较高的客户服务水平。当然，这时的物流成本也可能不会处于最低水平。

（3）信息战略

追求信息战略的企业一般有大规模的下游经销商和分销组织网络，拥有大量库存。在这一分散的网络中协调物流活动是首要目标，而信息处理是物流管理的关键环节。为确保迅速、准确得到信息，其物流组织结构将会超越各职能部门、分支机构及经营单位的范围。当物流活动跨越销售渠道某成员的界限时，例如，当货物以代销方式在零售网点销售，或企业处理被退回的货物时，要获取信息必须跨越这些组织的边界。

3. 企业规模因素

企业的大小，应该说企业内部物流规模的大小将直接影响企业的物流组织结构。对于大型企业来说，内部物流活动相对频繁，质量和时间要求也比较高，因此一般会建立专业化程度比较高，具有横向和纵向分化的物流组织结构。而对于小型企业来说，由于物流活动的频率相对比较少，因此它们的物流组织结构就会比较简单，处理问题时会比较灵活。

总体而言，企业物流规模对组织结构的影响主要体现在 3 方面。

（1）组织结构的复杂性和差异性

企业物流规模越大，参与物流活动过程的人员数量越多，各成员之间的差异性就会比较大，包括受教育程度、价值观等，这必然导致或影响组织内物流专业化和部门机构的设置及其协调。同时，企业物流规模越大，空间分布越广，组织中横向和纵向的沟通协调就会增加难度，因而组织结构也会越复杂。

（2）组织结构的规范性

随着企业物流量的扩大，为适应迅速、高效处理大量物流的要求，管理者或者采取加强直接控制的方法，即增加管理人员或减少管理幅度，但这样会导致管理成本的增加；或者采用正规化、规范化的方法，用更加严密的规章制度来规范有关人员的行为，以提高组织结构的规范性程度。

（3）对采取集权还是分权式管理的影响

企业物流规模的大小对企业物流部门采取集权或分权式管理有着直接的影响。一般来说，规模大的企业，采取分权管理方式能增加物流活动的灵活性；规模小的企业，采取集权管理方式会增加物流活动的规模效应。

4. 企业物流设施设备能力因素

企业物流设施设备的能力和先进程度也会影响企业物流组织结构的设计。一般来说，如果企业的物流设施设备能力比较强，其物流规模也一定比较大，物流活动比较频繁，其组织结构也相对复杂。而如果企业物流设施设备能力较弱，则物流对企业的发展影响力也比较小，其物流组织也就会相对简单。同时，物流设施设备能力强，自动化水平高，对参与物流活动的人员的素质要求就比较高，在考虑企业物流组织结构时也要考虑企业员工的因素。

5. 企业的技术水平因素

（1）物流活动业务成熟度

企业物流活动涉及运输、仓储、装卸、搬运、包装等多项功能，而这些功能执行的状况将直接影响企业的成本和时间竞争的优势。一般来说，各项功能运作得越熟练，其运作质量也就越高，对企业物流造成的正面影响也就越大。而在这种情况下，企业的组织结构的集权程度可以相应减少，物流活动也会增加灵活性。如果各项运作技术水平一般，熟练程度不够，那么势必要增加企业物流活动的集权度，加强监督和调控，以减少这些活动对整个企业造成的不良影响。

（2）物流活动业务关联度

对于不同的企业，所需要的主要物流活动是各不相同的，而这些不同的物流职能之间的关联程度也是各不相同的。对于不同物流活动之间关联程度比较大的企业比较适合采用集权的组织结构，进行统一管理，增强各个活动之间的衔接性和协调性；而如果企业的各项活动关联程度不是很大，则可以采用分权的形式，对各自形式相应的部门加以管理。例如，钢铁企业整个生产工艺流程有很强的连续性或分段连续性，有时也有多条工艺路线并存，作业持续时间依赖于前后工序，从烧结、焦化、炼铁、炼钢、连铸到连轧的任何一个环节出现中断，都会影响用户合同的按时完成，这就要求企业在设计物流组织时要考虑生产工艺的程序衔接问题，在实行业务流程分工时，要有意识地安排物流组织内部各运作单元之间必要的业务交叉和重叠。

（3）企业生产技术因素

企业的生产组织技术是企业面对竞争日益激烈、消费者需求个性化的时代如何更合理有效地利用资源、适应竞争环境变化的技术措施。从成组技术、柔性制造系统到计算机集成制造系统，从基于虚拟企业或动态联盟的敏捷制造到供应链管理，生产技术的发展无不对企业的内外部物流活动提出了更高的要求，这就需要更加缜密、协调的物流组织与之相匹配。因此，随着企业生产技术水平的不断改进，势必要求企业物流组织结构的不断改造和重构。

6. 企业环境因素

环境因素也是企业物流组织结构设计的一个重要因素。随着经济发展的全球化，企业面临的环境变化速度加快，没有任何一个企业是处于稳定的环境之中的。因此，企业在进行物流组织结构设计时必须能够增加企业物流活动对环境变化的响应速度和能力，充分体现组织结构的"柔性"。

此外，企业构建物流组织需要考虑的因素还有其他方面。例如，企业物流管理实证表明，企业高级物流经理的任期与物流组织设计之间的关系是：高级物流经理的任期越长，物流职能层次越少，随着物流经理任期的延长，物流职能的显性结构会变得更加扁平化。

总之，在设计企业物流组织结构时必须从企业的实际出发，考虑企业的各个因素，权衡不同因素对企业的影响及对物流组织结构的要求。同时要注意及时调整物流组织结构，以适应企业或者外部环境的变化，增强物流组织结构与企业要素之间的匹配性和融合性。

3.3.2　企业物流组织设计的原则

设计企业物流组织要有系统观念，物流组织体系有 5 个必不可少的要素：人员、职位、职责、关系和信息。这就要求综合考虑各要素、各部门的关系，围绕共同的目的建立企业物流组织机构，对组织机构中的全体成员指定职位，明确职责，交流信息，并协调其工作。具体来说，建立与健全企业物流组织必须遵循下述基本原则。

（1）高效性原则

高效性原则要求物流组织的运作必须是高效率的。这里所讲的效率包括管理的效率、工作的效率和信息传递的效率。企业物流组织的高效率表现为组织内各部门均有明确的职责范围，有利于发挥管理人员和业务人员的积极性，使企业物流能够以最少的物流费用支出实现目标，使每个员工都能在实现目标过程中做出应有贡献。高效性原则要贯穿在物流组织的动态过程中。在物流组织的运行中，组织机构要能适应企业内部条件和外部环境的变化，并随之选择最有利的目标，保证目标实现。

（2）统一指挥原则

统一指挥原则是建立物流指挥系统的原则，其实质在于建立物流组织的合理纵向分工，设计合理的垂直机构。为了使物流部门内部协调一致，更好地完成物流管理任务，必须遵循统一指挥原则，实现头脑与手脚的一体化、责任和权限的体系化。

（3）职责与职权对等原则

无论是组织的纵向环节还是横向环节，都必须贯彻职责与职权的对等原则。职责即职位的责任。职位是组织机构中的位置，是组织内纵向分工与横向分工的结合点。职位的工作责任是职务。在组织体内职责是单位之间的连接环，而把组织机构的职责连接起来，就是组织的责任体系。如果一个组织没有明确的职责，这个组织建立的基础本身就是不牢固的。

职权是指在一定职位上，在其职务范围内为完成其责任所应具有的权力。职责与职权应该是相应的。高层领导担负决策责任，就必须有较大的物流决策权；中层管理者承担执行和监督责任，就要有监督和执行的权力。职责与职权的相适应称为权限，即权力限定在责任范围内，权力的授予要受职务和职责的限制。不能有职无权，也不能无职授权，这两种情况都不利于调动积极性，影响工作责任心，降低工作效率。

（4）协调原则

物流管理的协调原则是指对企业管理组织中的一定职位的职责与具体任务要协调，不同职位的职能要协调，不同职位的任务要协调。具体而言，就是企业物流管理各层次之间的纵向协调、物流系统各职能要素的横向协调及部门之间的横向协调。

（5）稳定性与柔性结合原则

企业物流组织的结构要有一定的稳定性，即相对稳定的组织结构、权责关系和规章制度，有利生产经营活动的有序进行和提高效率。同时，组织结构又必须有一定的柔性，以适应迅速发生的外部环境和内部条件的连续变化。

3.3.3　企业物流组织设计的主要内容

1. 物流组织职能的分析与设计

企业物流活动贯穿于企业生产经营的全部过程，不可能设立一个简单的部门承担其全部的相关管理和运作职能。组织设计要求对物流职能进行分析整理，以便为物流组织的层次、部门、职务和岗位的分工协作提供客观依据。组织职能分析的主要作用在于：一是将企业物流战略转化为具体的物流运作管理业务，从而为战略与组织结构之间建立一种联系；二是物流部门的设置以职能分析为基础。

对物流组织职能进行分析与设计，一般需要做以下工作。

（1）列出组织职能清单

先将企业中的全部物流作业归并为由若干不同的管理岗位承担的工作项目，再将若干工作项目归并为若干基本职能。企业物流组织职能主要有 8 项：采购、输入运输、生产进度日程安排、库存控制、仓储、输出运输、订单处理和顾客服务。

（2）关键职能的确立

企业各项基本职能虽然都是实现企业目标所不可缺少的，但由于其重要性不同，可区分为关键职能和非关键职能。职能分析就是要在各项基本职能中找出关键职能，以便确定企业物流的中心任务，避免平均使用资源。

（3）职能分解

职能分解是将自己确定的基本职能和关键职能逐步分解细化为独立的、可操作的具体业务活动。企业中的各项物流职能，如顾客服务、采购、库存、运输都包括许多具体的工作内容，可以通过职能分解，列出各项基本职能的具体业务工作内容。

（4）落实各种职能的职责

规范的职能设计，必须在最后进一步对不同职能的应负职责做出详细规定，进行全面落实，以便指导组织结构设计中的其他操作。

2．组织形式的选择

企业在建立有关物流组织机构时可以选择的基本形式有 3 种。

（1）非正式的组织形式

物流组织的主要日常工作是对各项物流活动进行计划、控制和协调。随企业内部工作氛围和管理方式的不同，这种工作可以通过几种非正式的方式进行。此时往往不需要改变现有的组织结构，而是依赖强制或劝说手段来协调企业各项物流活动，实现物流管理人员之间的合作。

如果企业设有独立的部门负责一些关键性的物流活动（如运输、库存管理和订单处理），这些企业往往需要建立激励机制来协调这些部门的运作，例如，可以建立某种形式的成本节约分享机制。企业协调委员会就是一种非正式的物流管理组织形式，国际名企杜邦公司就以其委员会的有效协调管理而闻名，成为这方面的典范。

（2）准正式的组织形式

采用准正式组织形式的企业一般认为，物流规划和运作常常涉及企业组织结构中的不同部门。因此，企业管理层会委派高级物流经理协调管理那些既与物流有关，又涉及其他不同职能部门的项目，这种组织形式也就是通常所称的矩阵式组织。在一个矩阵式组织中，企业传统的组织结构保持不变，但是物流经理与其他部门经理共有决策的权力和义务。

（3）正式的组织形式

正式的组织形式是建立一个权责分明的物流部门，主要包括：①设置经理管理各项物流活动；②在组织结构中，给予该经理一定级别的权限使之能更好地与公司其他主要的职能部门合作。这种结构在形式上提高了物流管理人员的地位，可促进物流活动的协调。

这种正式的组织形式有如下优点：① 在组织结构上物流部门被提升到更高的级别，有助于保证物流管理与营销管理、运作管理、财务管理受到同等的重视。② 物流经理下属有一些次级职能部门，物流经理可对这些部门的各项物流活动进行正式和非正式的协调。

在以上 3 种形式中，并没有哪一种形式特别优秀，而完全根据企业组织的传统及物流活动在企业中的重要性和特点等因素来确定。

3. 不同集权程度的组织结构模式选择

对于不同企业而言，从对物流活动是集权管理还是分权管理角度划分，可供选择的物流组织结构模式主要有以下几种。

（1）集权型的集中管理组织模式

该模式是指企业所需全部物品及其流程集中由企业总部一级的管理部门实施统一计划、统一订购、统一保管、统一分配、统一调度和统一控制。

这种组织模式有利于实行专业化管理，消除物流多头管理的现象，降低流通费用，保证重点生产任务的进行，兼顾全局，并有助于仓储设施及其作业的现代化，提高有关机械、设施的利用率。但是，采用这种方式，要求有先进、完整的物流信息和指挥调度系统，以及相应数量、较为先进的运储机械及设施。有关专业人员的培训费用和有关机械、设施的原始投资和维持费用均较大。当不具备上述技术、管理和资金方面的条件时，采取这种集中型的管理方式，不易及时掌握各生产经营部门经常变化的情况，可能导致物流供需脱节，对空间布置分散的大型企业而言，尤其如此。此外，即使具备了相应的条件，由于管理高度集中，此模式不利于其他行政层次和职能机构积极性、主动性的发挥。

（2）集分权相结合的分级分散型管理组织模式

该模式指企业设置物流管理中枢机构，在其指导或指挥下，物流活动按企业不同管理层次进行分级管理。

这种方式除具有第一种方式的主要优点外，还可以调动企业第二、三级行政层次的积极性。缺点是因分散管理，须层层设库，人、财、物的利用不够经济。此外，如果由于企业高层主管机构授权方面的原因致使物流管理各部门统一指导或指挥的力度不够，会影响企业物流管理的系统性和运作一体化程度。

（3）集分权相结合的分口分散型管理组织模式

该模式是指企业按物品的不同用途划分类别，将它们分散到各个职能部门进行分口管理。数量、品种较多的通用物品由企业供应部门管理；机电产品、备品配件由设备动力部门管理；基建物品由基建部门管理，等等。企业管理高层则负责物流活动的协调。很显然，此种管理组织方式较上一种方式，其分权程度更高一些。

采用分口分散型的管理组织模式便于企业根据生产经营技术活动的不同特点和要求实施物流管理，也有利于发挥各专业职能部门管理各类物品的积极作用。但是，因为权力相当分散，导致物流组织横向协调的工作量和难度增大，进而会使企业物流的总体控制不易，统一指挥乏力。多头采购、分设仓库，还可能在一定程度上造成物品的重复积压浪费和企业物流活动的混乱。

（4）分权型的事业部集中管理组织模式

该模式即物流系统模拟事业部制的企业组织结构，在企业中作为一个利润中心或成本——利润中心，实行企业化或准企业化的经营管理。其实际职能则是集中、统一地管理整个企业的原材料供应和产品销售。物流系统与企业其他事业部之间的关系，是以企业内部价格为主要媒介的商品交换关系。

这种物流管理组织模式的主要优点是，可以在企业政策制约和经济利益驱动下，从全局上基本保证对企业物流实行专业化的统一管理，同时有利于促进各事业部强化自行控制机能、注重提高物流经济效果。其主要不足是由于各事业部自主经营的权力很大，物流部门（事业部或分公司）对其他事业部的内部物流过程无法直接控制，发生矛盾时横向协调也较困难，从而相应在一定程度上减弱了企业物流管理的系统性。

（5）分权型的由各事业部分散管理组织模式

这种模式从整个企业范围来看，相当或类似于上面提到的分口分散型管理组织结构形式，其利弊也大体与之相同。但由于经营方式方面的原因，各事业部在企业领导下独立经营、自负盈亏，权责利结合较紧密，企业的物流经济效益一般比上述分口分散型管理组织模式要高。至于各事业部内部的物流组织结构，可以采用上面提到的 4 种模式中的一种或几种。

同其他管理组织体制一样，上述任何一种模式都并非尽善尽美，而是各有特色及其适用性。当然，迄今也还没有一种适合于任何企业的"万能模式"。因此，企业除应根据自身环境条件选择某种较合适的模式外，还应尽可能地吸取其他模式的优点以取长补短，并注意随着环境条件的变化，适时变更、完善物流组织结构。一般来说，空间布置集中、生产技术经营统一性强的大中小各类企业，均适宜于采用集权型的集中管理组织模式，但应注意运用激励手段或承包经营责任制等方式调动各级员工从事物流工作的积极性。空间布置分散或生产技术经营统一性不强的大型、特大型企业及部分中型企业，适宜于选用集分权相结合的分级分散管理组织模式或分权型的事业部制集中管理组织模式，生产经营特别分散的跨国公司一类企业，也可采用分权型的按事业部分散管理组织模式。分口分散型管理组织模式主要适用于某些以科研开发为经营目标的企业，其他类型的企业通常则忌用或应变通采用。

由于上述每种模式都可能产生协调（纵向协调或横向协调）的困难，所以在选用物流组织结构模式的同时，须相应辅之以必要的组织领导措施。

3.3.4　企业物流组织设计的过程

企业物流组织设计的主要过程如图 3-7 所示。

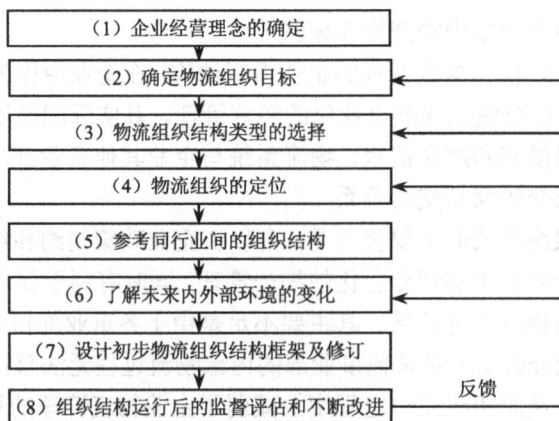

图 3-7　企业物流组织设计过程

（1）企业经营理念的确定

企业在构造自身物流组织结构时首先必须明确企业的经营理念和目标。它是管理者追求企业绩效的依据，是顾客、竞争者及企业员工价值观的体现。不同的经营理念在设计组织结构时会存在很大的差异。如果是以追求顾客服务为经营理念，那么企业必定会重视产品送达的准时程度、售后服务及其他一些物流客户服务指标，相应的组织结构会比较正式集中，注意物流活动的柔性设计。而如果以职工价值观为经营理念，则在组织设计中将会注重人力资源的发挥。

（2）确定物流组织目标

在确定了企业的经营目标以后，就要考虑企业物流组织的目标。而物流组织的目标始终是围绕企业的经营理念而定的，并且物流组织的目标是为了实现企业的经营目标。在此过程中还必须考虑物流职能和职权的设计。

（3）物流组织结构类型的选择

这一过程主要考虑企业物流组织结构应该选择正式的、非正式的还是准正式的物流组织结构。

（4）物流组织的定位

主要考虑企业物流组织是集中式的还是分散式的。

（5）参考同业间的组织结构

在企业形成了对企业内部的认识后，可以考察和参考同行业其他企业对于物流组织的规划和设计，从而为企业的组织设计奠定一定的基础。

（6）了解未来内外部环境的变化

环境是不断变化的，面对快速变化的环境压力，企业在进行组织结构设计时必须考虑其柔性，能够对环境的变化做出适当的调整。

（7）设计初步的物流组织结构框架及修订

在确定企业经营理念、物流组织目标并了解其他企业的组织结构和未来的企业发展内外部环境后，企业进行物流组织结构框架的初步确定并根据其他微观因素进行合理的改进。

（8）组织结构运行后的监督评估和不断改进

企业物流组织在确立并投入运行后必须及时对其进行监督和评估，考察其实际的运作状况与预测之间的差异，并不断改进，使其能够真正适应企业发展的需要。

案例分析 >> 国美电器有限公司的组织构架

1．基本背景

国美电器有限公司（以下简称"国美"）是中国最大的以家电及消费电子产品零售为主的全国性连锁企业，也是国内外众多知名家电厂家在中国最大的经销商。国美在2006年成功收购上海永乐生活家电，2007年成功并购北京大中电器之后，其门店数量激增，现已在全国300多个城市设立了1 300多家直营门店。国美连锁系统组织机构分为总部、分部、门店3个层次：总部负责总体发展规划等各项管理职能；分部依照总部制定的各项经营管理制度、政策和指令负责对本地区各职能部门、门店实行二级业务管理及行政管理；门店是总部政策的执行单位，直接向顾客提供商品及服务。图3-8为国美的组织构架图。

2．国美的物流组织特点

国美为支持高速扩张的连锁经营业务，势必要建立和发展能够适应这种发展速度的企业物流配送组织体系。国美的经营理念是薄利多销、优质低价、引导消费、服务争先，依托连锁经营搭建强大的销售网络。国美凭借强大的销售体系和较大的市场份额，和生产厂家合作，创建了承诺经销这种新型供销模式，以大规模集团采购来降低采购成本，增强采购能力，支撑销售，保障利润。为了保障这个庞大的销售体系的正常运转，国美必须建立强有力的仓储与配送体系，正是采购、销售、配送这3个重要环节的有机而有力的和谐运转造就了国美今天的辉煌。

（1）总部统一采购

统一采购已经成为国美的基本供销模式。在传统的供销模式下，下游的供货商从上游的供货商手中进货，同时承受上游供货商的加价，从而将较高的累计经销利润转嫁给最终消费者。国美针对这一特性，提出了承诺经销的模式，即厂家给国美优惠政策和优惠价格，而国美在一定的时间段内则保证厂家一定的承诺经销量。国美在采购上采取了统一采购和招标采购等先进的采购模式。统一采购可以凭借巨额的采购量来压低进货价格。国美的每家连锁店每天都要将存货、销售、补货等情况上报各分部，各分部再汇总上报总部，总部负责确定总的补货计划。采购的高度集中增加了国美的价格优势同时也使国美增加了和厂家谈判的筹码。此外，国美还依靠自己雄厚的资金实力，通过因特网和组织招标会议，向生产厂家抛出巨额采购订单，产品涉及彩电、视盘机系列等。国美通过招标采购，不仅可以进一步压低价格，还可以增加国美对新品新厂的接触。

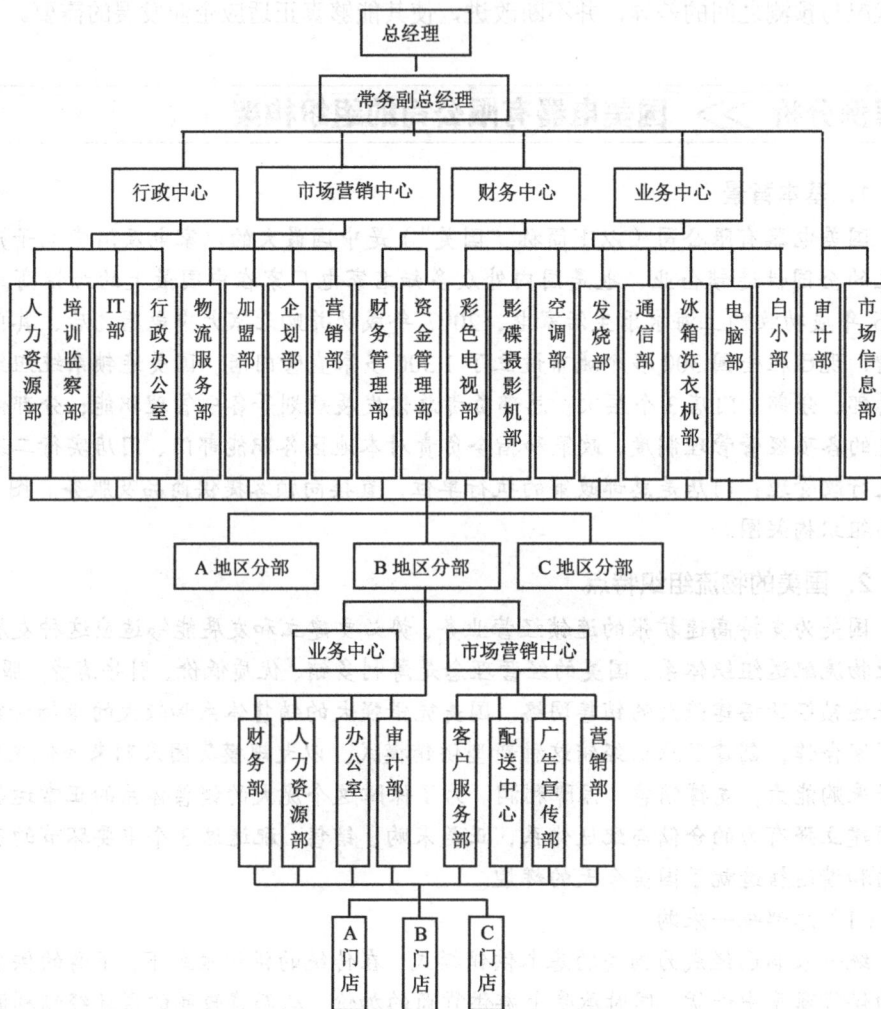

图 3-8 国美公司组织构架

（2）市场营销中心设置物流部门

国美在其市场营销中心下设立物流部门，物流部门要和业务部门保持着密切的联系。业务部门的任何会议，如采购会议、促销方案等，物流部必须列席。因此，物流部门处于一个相对被动的地位。为了保证能够及时应对突发事件，国美的物流部门会保留一些弹性的做法，如预留存储空间，预留库存和人员，以此应对这种被动的局面。物流部的配送满足率几乎是 100%，即使是出现一些特殊情况，配送满足率也能达到 98%，这是将顾客的需求放在第一位的结果。

（3）物流配送模式逐步演化为统一配送

国美的物流配送模式先后经历了 20 世纪 90 年代初的"大库—小库"配送模式，90 年代中后期的"门店储存"配送模式，再到现在的配送中心统一配送模式，这个过程是国美物流配送模式日渐成熟的一个过程。最初，国美实行的是"大库—小库"仓储配送模式，国美那时在北京郊区设立一个"大库"，各家门店须设立自己的"小库房"。各门店每天要从大库房调货至自己的小库房，再从"小库"配送至顾客，每个门店都要有一个自己的仓库和送货车。到了 2002 年 3 月国美物流部成立，国美逐步将其"大库"改造成集仓储管理、配送管理、信息管理和流通加工等功能于一身的现代配送中心，进行集中配送。国美现有 50 多个城市配送中心，覆盖全国近 30 个省市，零售配送半径达到了 100 公里。家电供应商将家电产品送到各地的配送中心，所有大件商品由配送中心集中配送到顾客家中，不再经过各门店。各个门店摆放的商品除了客人能够自己带走的之外，其余商品都是样机。

（4）配送中心实行三级管理制

国美对配送中心的设置有严格要求：面积在 1 500 平方米以上的封闭式仓库，交通便利；附带足够的停车位，保证送货车辆取送货停车和夜间停车；防火、防盗设施齐备，以保证货物安全；24 小时全天候进发货保障，确保营业取送货需要；仓库通风、干燥、地面平整。在国美的《经营管理手册》中是这样定义配送中心的：根据总部、业务部或分部业务部的订货信息接收供货商的批量供货，进行商品储存，并按门店的要求进行配销的流通机构。各地区分部的配送中心无相互隶属关系，仅对总部及所属分部有纵向垂直管理关系。随着国美规模和业务范围的扩展，国美将配送中心的"配送中心经理—库管员—库工"三级管理体制进一步细化，增加了新岗位：配送会计、配送出纳、配送录入、配送干事，以便加强财务管理，把所有环节控制得更严，杜绝漏洞。与此对应，国美对配送中心的工作流程也做了更加详尽具体的规定。

3. 案例简评

随着企业规模的扩大，企业物流组织也需要进行一定的变革与其相适应。国美采用总部统一采购，在市场营销中心设置物流部门，依托各地配送中心实行统一配送的物流组织体系，使得企业物流组织越来越扁平化，企业集权与分权适度的物流组织构架有效地支持了国美经营范围和销售业务量的扩大。但国美物流配送能力的滞后也带来了一系列的问题，导致企业赢利能力下降。一些业内人士认为，国美应先进行物流配送系统的建设，再进行门店扩张，这样才能保证企业规模不断扩大的同时健康发展，同时满足电子商务环境下的业务拓展和延伸的需要。

4. 案例延伸思考

（1）国美的企业组织结构属于何种类型？它的物流部门设在企业市场营销中心内有何利弊？

（2）国美的物流配送业务为什么采用"集分权相结合的分级分散型管理组织模式"，而不像采购业务那样采用"集权型的集中管理组织模式"？

练习与思考

1. 企业组织的实质是什么？企业组织结构形式主要有哪几种？企业组织设计主要内容包括哪些方面？

2. 企业物流组织结构的发展经过几个不同阶段？

3. 企业中的物流组织一般由哪些人员组成？

4. 当前企业物流组织的发展趋势有哪些特点？

5. 按企业物流组织的正式程度来分类，可分成几类？每类的特点是什么？

6. 企业物流组织设计的主要内容有哪些？

7. 物流业务外包和物流管理组织设计有何相互影响？从企业的组织管理来说，如何保证业务外包的实施质量？

8. 不同的物流管理组织形式与企业的发展战略有何关系？

9. 企业规模大小和地域布局与物流管理组织形式有什么关系？

10. 选择一个实例企业进行研究，分析这个企业的物流组织类型及特点。

第4章

企业供应物流管理

学习目的与要求

本章将围绕企业供应物流管理展开讨论，主要介绍企业供应物流管理的核心内容及先进管理方式。应理解企业供应物流的作业对象及基本业务过程，掌握企业供应物流管理的核心环节，熟悉计划、采购、储存及供料管理的方式方法，了解企业供应物流先进管理方式的特点及适用条件。

学习重点与难点

供应计划的制定，采购物流管理，先进方式在企业供应物流管理中的应用。

4.1 企业供应物流管理概述

企业为了生产经营不间断进行，就必须不间断地以新的物品补充生产经营过程的消耗或流转，这种以物品补充生产经营消耗或流转的过程，就称为供应。供应物流是企业物流系统中一个重要组成部分，与生产物流、销售物流及逆向物流有着密不可分的关系。加强对供应物流的管理不仅是企业组织生产经营的先决条件，也是降低成本、获取利润的重要源泉。

4.1.1 企业供应物流管理的内涵

1. 企业供应物流的概念

供应物流是指提供原材料、零部件或其他物料时所发生的物流活动。它是企业物流活动的起始阶段，为保证企业生产经营节奏而不断组织物料供应。

作为企业生产经营之前的准备工作和辅助作业活动，供应物流的运作安排需要根据企业的生产经营计划，使物流运作与企业生产经营紧密衔接并实现操作上的一致性，从而保证企业生产经营活动的连贯性和持续性。

2. 企业供应物流管理的目标

企业供应物流不仅要保证完成供应的目标，而且还要以最低的成本、最少的消耗来组织和保障供应物流的正常运行。因此，企业供应物流管理的主要目标是确保企业生产经营的顺利进行和降低企业成本，提高企业经济效益。

（1）确保企业生产经营的顺利进行

对于制造企业来说，生产所需原材料的及时到位是企业生产和再生产的决定性条件。供应物流运转不畅，必然导致原材料不能按时、保质、保量地供给，进而影响贻误生产。因此，保证物流及时供给，不仅是企业供应物流管理的重要职责，更是确保企业生产经营顺利进行的先决条件。

（2）降低企业成本，提高企业竞争力

据统计，企业生产所需原材料的费用通常占到销售额的50%～60%，因此供应物流费用的降低可以为企业创造相当可观的效益。如某企业的采购资金占销售额的60%，初步估算，该企业年产值（销售额）10亿元人民币，净利润为6 000万元人民币。10亿元的销售额意味着采购资金大约为6亿元人民币，试想如果可以在原材料采购上使成本压缩10%，原来采购中每100元的物品用90元采购，则可以直接节省采购资金6 000万元人民币。整个企业的利润也只有6 000万元，只要能把采购费用降低10%，就可以使得利润翻一番。

随着社会的进步，社会分工越来越专业化，企业的组织结构也在发生变化，供应活动中的商物分流现象日趋明显。一些企业的供应部门专门行使商流职能，主要任务是选择供应商、实施采购、合同管理和对供应商的管理，有的已改称采购部，专司企业统一采购工作，而将运输、储存、供料等供应物流中的相关工作整合后划归物流部门管理。

4.1.2 企业供应物流管理的作业对象

企业供应物流的目的是通过物品供给保证企业的正常运转，其作业对象就是维持企业生产经营所需要的各种物品，主要包括3个类别。

（1）产品材料

产品材料主要针对生产企业而言，是指直接进入产品的生产用原材料、零部件及半成品。原材料是指直接进入产品并构成产品主体的基本材料，既包括煤、棉花、铁矿石等未经加工的初级原材料，也包括钢、汽油、橡胶等经过适度加工或提炼的原材料。零部件包括单个零件及由多个零件组成的部件，如汽车的发动机、冰箱的压缩机、电子元器件等。而半成品则是指经组装或加工但仍处于生产过程中的物品。生产企业的产品材料需求量大，需要源源不断地供给以制成产成品用于销售，产品材料是生产企业供应物流管理最主要的作业对象。

（2）非产品材料

非产品材料是企业中不直接进入产品本身的所有物品，是企业为了保证生产经营活动正常进行而添置的设备、辅助材料等。包括生产企业中的车床、锅炉等机器设备，润滑油、冷却液、电焊条、工具等消耗品；流通企业中的货架、搬运设备等；还包括生产、流通企业中都须用到的家具、电脑、文具等办公用品。

（3）转卖品

转卖品是流通企业供应物流管理的主要作业对象，是指企业从外部购进同时用于销售的商品。流通企业（包括批发商、零售商等）就是不断地以低价从上游企业购进商品，然后又以较高的价格将商品销售给下游企业或客户，商品的采购量非常大。另外值得注意的是，生产企业也可能存在转卖品，主要是指不在本企业生产制造，而从供应商处采购的标有本企业商标的成品。最具代表性的是 OEM（Original Equipment Manufacturer）产品。随着经济全球化进程的加快，国际产业分工日益明显，企业之间的相互依赖越来越强。一些技术或品牌优势明显的企业先向选定的供应商提供技术或品牌，由供应商按要求组织生产，再从供应商处购回所有的产品，以自己的品牌和名义提供给市场。

4.1.3　企业供应物流管理的业务过程

企业供应物流是包括采购在内，并以采购为主要功能和组成部分，由物品的采购、进货运输、仓储、库存管理、用料管理和供料运输等共同构成的业务过程，如图 4-1 所示。

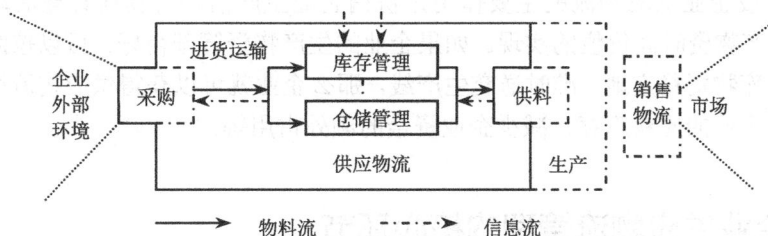

图 4-1　企业供应物流管理的业务过程

从图 4-1 可以看出，企业供应物流管理主要包括 3 个阶段的活动。

（1）取得资源

取得资源是完成所有供应活动的前提条件。取得什么样的资源，是核心生产过程提出来的，同时也要按照供应物流特别是采购工作可以承受的技术条件和成本条件辅助这一活动。

这个阶段企业供应物流的主要作用是为生产活动做物资准备，保证企业按照事先制定的生产计划进行生产的时候，可以随时无阻碍地获得需要的原料或产品，实现无间断生产，即实现企业生产的持续性。同时，这种对生产的保证也可以为企业节省额外支出，许多生产线或生产设备的启动成本很高，由于生产原料不能及时供应而造成的生产线或生产设备的暂停使用，重新开启设备而产生的费用就是企业经营的额外支出。对于流通企业则体现为缺货损失。

（2）组织到厂物流

所取得的资源必须经过物流才能到达企业。这个物流过程是企业外部的物流过程，也是企业的采购物流要完成的工作。其间往往要经过装卸、搬运、储存和运输等多项活动才能使供应物品到达企业的门口。

这个阶段企业供应物流的作用集中表现在对生产物资厂外移动的协调与安排，促成物资空间价值的实现。供应物流的协调作用非常重要，生产物资的运输涉及几个环节的衔接问题——生产物资的供应方与需求方的物资交接、运输承运人与需求方的交接、物资运输方与储存方的交接等。同时，运输过程中的突发事件的处理也属于供应物流的协调工作范畴。供应物流协调的好坏直接影响企业生产计划的执行情况。

（3）组织厂内物流

企业外物流到达企业的"门"，可以将这个"门"作为企业内外的划分界限，例如，以企业的仓库为外部物流终点，便以仓库作为划分企业内、外物流的界限。这种从"门"和仓库开始继续到达车间或生产线的物流过程，称为供应物流的企业内物流。

这个阶段企业供应物流的主要作用是协调企业生产活动与物料管理活动的统一进行，保证生产物资时间价值的实现。如果企业的生产物资管理得好，可以按照企业的生产计划将在库物资稳定地、准时送交生产线，那么企业就可以获得供应物流协调工作的益处，降低企业的原料库存，减少企业资金的额外占用等。

4.2 企业供应物流管理的核心环节

企业生产工艺的不同、生产组织模式的不同和供应环节的不同，都会使企业物流供应过程有所不同。但总的来说，每个企业的供应物流都应包括对企业经营所需的一切物料的计划、采购、储存、供料等业务性活动，以及为管理这些业务所需的支持性活动。此外，在当前竞争日益激烈的市场环境下，对供应商的管理也作为供应物流管理的拓展性活动被纳入。

4.2.1　企业供应物流管理的框架内容

企业供应物流管理的内容包括拓展性活动、业务性活动和支持性活动 3 方面，其框架内容如图 4-2 所示。

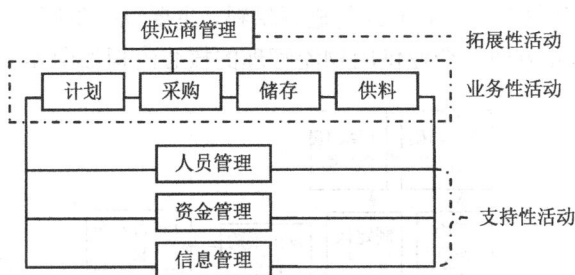

图 4-2　企业供应物流管理的框架内容

1．业务性活动

企业供应物流的业务性活动主要包括：

计划——根据企业总体战略与目标，以及内外部顾客的需求，制定供应战略规划和物品的供应计划。

采购——提出采购需求，选定供应商，价格谈判，确定交货及相关条件，签订合同并按要求收货付款。

储存——物品验收入库、保管保养、发货，确定合理库存量并对库存量进行控制。

供料——编制供料计划、领料审批、定额供料、回收利用、消耗控制与管理。

2．支持性活动

企业供应物流的支持性活动主要包括：

人员管理——在企业的供应物流管理体制下制定供应岗位职责，对供应人员进行能力考察、素质培养、工作评估、绩效考核与激励。

资金管理——物品采购价格的控制，采购成本管理及储备资金的核定与控制。

信息管理——在物品编码的基础上对供应信息进行管理，在 MRPII、ERP 系统中进行供应物流管理。

3．拓展性活动

企业供应物流的拓展性活动主要是指供应商管理活动。在企业中，占成本最大比例的物品及相关信息都发生或来自供应商。所以许多企业将管理之手伸向了供应商，将供应物流管理从内部管理拓展到对供应商的管理，包括对供应商的选择与认证、与供应商建立合作伙伴关系及对供应商绩效的考评等，以此来降低成本、提高供应的可靠性和灵活性，提升企业的市场竞争力。

企业供应物流管理的核心环节由其业务性活动组成，即由制定供应计划开始，通过物品采购、储存，给企业生产及其他部门进行供料，主要包括供应计划管理、采购管理、储存管理和供料管理4方面。企业供应物流管理的核心流程如图4-3所示。

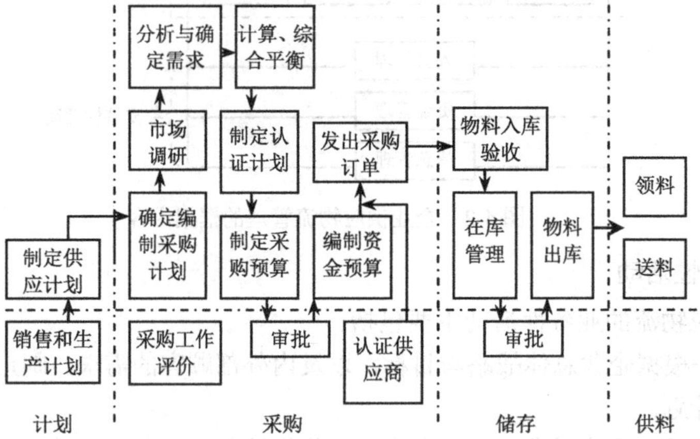

图 4-3　企业供应物流管理的核心流程

4.2.2　供应计划管理

1．供应计划的主要类型

供应计划是企业管理人员在了解市场供求情况，认识企业生产经营活动过程和掌握物品消耗规律的基础上，对计划期内物品供应物流管理活动所做的预见性安排和部署。

供应计划有广义和狭义之分。广义的供应计划是指为保证供应各项生产经营活动的物品需要量而编制的各种计划的总称。狭义的供应计划是指年度供应计划，即对企业在计划期内生产经营活动所需各种物品的数量和时间，以及需要采购物品的数量和时间等所做的安排和部署。

根据不同的分类标准，供应计划有以下类型：

- 按计划内容分类——分为物品需要计划、物品采购计划、物品供料计划、物品加工订制计划、物品进口计划等。

- 按计划期长短分类——分为年度物品供应计划、季度物品供应计划、月份物品供应计划等。
- 按物品使用方向分类——分为生产产品用物品供应计划、维修用物品供应计划、基本建设用物品供应计划、技术改造措施用物品供应计划、科研用物品供应计划、企业管理用物品供应计划等。
- 按物品自然属性分类——分为金属材料供应计划、机电产品供应计划、非金属材料供应计划等。

2. 供应计划与其他计划的关系

供应计划是企业年度综合计划的一个重要组成部分。它与其他计划共同构成企业计划管理体系。各计划之间存在着相互依存、相互制约和相互促进的关系。

（1）供应计划与生产计划的关系

生产计划规定企业在计划期（年度）所生产产品品种、质量、数量、生产进度及生产能力的利用程度。它是以销售计划为主要依据来编制的。生产计划决定供应计划，供应计划又对生产计划的实现起物品供应保证作用。企业物品供应部门应积极参与生产计划的制定，提供各种物品的资源情况，以便企业领导和计划部门制定生产计划时参考。因为生产计划一经制定，供应部门必须保证物品供应，所以，要求企业制定的生产计划应保持相对稳定，以免出现物品供应不上或物品超储积压现象的发生。

（2）供应计划与销售计划的关系

销售计划规定企业在计划期（年度）销售产品的品种、质量、数量和交货期，以及销售收入、销售利润等。它是以企业与客户签订的供货合同和对市场需求预测为主要依据编制的。供应计划要为销售计划的实现提供物品供应的保证。物料需求计划（MRP）就是根据客户订单，如何按质、按量、按时组织物品保证供应的计划。

（3）供应计划与设备维修计划的关系

设备维修计划规定企业在计划期（年度）需要进行大修、中修、小修的设备数量、修理的时间和进度等。设备维修计划中提出的物品品种、规格、数量和需要时间，是编制物品供应计划的依据，物品供应计划为设备维修计划的实现提供物品保证。

（4）供应计划与成本计划的关系

成本计划规定着企业生产一定种类的产品所需要的生产费用及产品单位成本、总成本、可比产品成本降低额和降低率等指标。成本计划指标与供应计划指标之间有着相互制约和相互促进的关系。供应计划中的需要量是确定成本计划中生产费用的主要依据。成本计划中的成本降低额又成为确定物品需要量时应考虑的重要因素。

另外，供应计划与企业中的基本建设计划、技术改造措施计划、科研计划、劳动工资计划等之间也存在着相互依存、相互制约的关系。因此，在编制供应计划时，必须考虑与各方面的平衡关系，使供应计划做到既能保证企业各项任务的完成，又能减少超储积压，加快资金周转，提高企业的经济效益。

3. 供应计划制定的依据及基本方法

企业的供应工作主要是为了满足企业内外部客户的物品需求，因而在制定供应计划时最主要考虑企业内外部客户对物品的实际需求，并结合企业的总体战略与目标进行。

供应物品按相互依赖关系分类，可分为独立需求和相关需求。所谓独立需求，指需求变化独立于人们的主观控制能力之外，故而其数量与出现的概率是随机的、不确定的、模糊的。独立需求物品包括大多数产成品形式的消费品和工业物资。相关需求是指某种物品的需求量与其他物品有直接的配套关系，是按特定的生产计划要求派生出来的，当其他某种物品的需求量确定后，就可以直接推算出它的需求量。例如，从某供应商处购买新轮胎的数量就是汽车厂要生产的新汽车数量的一定倍数。一般而言，流通企业（批发、零售企业）的采购对象主要是独立需求物品，生产企业的产成品属于独立需求，而各种原材料、零部件和在制品等都属于相关需求。

（1）独立需求物品供应计划的制定

对于独立需求物品，供应计划的编制依据主要是对市场需求的预测，需要应用各种需求预测方法。包括德尔菲法、主管人员意见法、销售人员意见法、市场调查法等各种定性预测方法，以及移动平均法、指数平滑法、季节性预测模型、回归预测法等多种定量预测方法。

（2）相关需求物品供应计划的制定

相关需求物品因受其他物品需求情况的影响，其供应计划往往是直接计算出来的。计算的主要依据是物品消耗定额（生产单位产品或完成单位工作量所必须消耗的物品），可以采用直接计算法、动态分析法和类比分析法。

① 直接计算法。直接计算法也称定额计算法，是用计划期的任务量和物品消耗定额来确定物品的需要量。其计算公式为：

$$F_i = T_i H$$

式中　F_i——计划期某种物品的需要量；

　　　T_i——使用该种物品的某产品在计划期内的生产任务量；

　　　H——某产品使用该种物品的消耗定额。

例4-1　某企业在计划年度生产某种规格的机械产品15 000台，每台机械需要装配4个零部件A。求该计划年度需要零部件A多少个？

解　计划年度零部件A的需要量为：

$$F_t = T_t H = 15\ 000 \times 4 = 60\ 000 \text{ 个}$$

② 动态分析法。动态分析法是对历史统计资料进行分析研究，找出计划期生产任务量和物品消耗量变化规律来确定物品需要量的一种方法。其计算公式为：

$$F_t = \frac{T_t}{T_{t-1}} D_{t-1} K$$

式中 F_t——计划期某种物品需要量；

T_t——使用该种物品的某产品在计划期内的生产任务量；

T_{t-1}——上一期使用该种物品的某产品实际完成的生产任务量；

D_{t-1}——上一期该种物品的实际消耗量；

K——计划期内该种物品消耗增减系数。

例 4-2   某企业在计划年度制造备品配件 120 吨，根据统计资料已知上一年实际制造备品配件 100 吨，实际消耗钢材 150 吨。由于生产工艺的改进，制造备品配件的钢材消耗平均降低 10%。求计划年度制造备品配件的钢材需要量为多少吨？

解   计划年度制造备品配件的钢材需要量为：

$$F_t = \frac{120}{100} \times 150 \times (1 - 10\%) = 162 \text{ （吨）}$$

③ 类比计算法。类比计算法是参照类似产品或同类产品的物品消耗定额来确定物品需要量的一种方法。其计算式为：

$$F_t = T_t H_s K$$

式中 F_t——计划期某种物品需要量；

H_s——类似产品或同类产品的物品消耗定额；

K——计划期内该种物品消耗增减系数。

例 4-3   某企业在计划年度制造某种包装桶 10 万个，每个包装桶消耗 0.5 毫米厚镀锌钢板 0.5 千克。由于客户要求用 0.6 毫米厚镀锌钢板，这样每个包装桶增加重量 20%。求该计划年度需要 0.6 毫米厚的镀锌钢板多少吨？

解：计划年度制造 10 万个包装需要 0.6 毫米厚的镀锌钢板重量为：

$$F_t = 100\ 000 \times 0.5 \times (1 + 20\%) = 60\ 000 \text{ （千克）} = 60 \text{ （吨）}$$

以上这些简单的算法可以确定相关需求物品一定时期内的采购供应量，但若计划期较短，或产品结构复杂，企业需要连续不断地计算各种相关需求物品的需求情况，计算量会非常大，这时候就可以应用更为先进的方式——物料需求计划（MRP）来进行供应计划的制定。

4．供应计划的主要指标

供应计划的指标主要包括计划期初物品库存量、计划期末物品储备量、计划期物品采购总量、季度和月份供应计划等。

（1）计划期初物品库存量

计划期初物品库存量是指计划期开始第一天的库存物品数量，也是报告期末的物品储备量。因此，它可根据报告期的有关资料来进行计算，其计算公式为：

计划期初物品库存量=编制计划一定时点的实际库存量+预计期的进货
量−预计期的发货量

在上列公式中，编制计划一定时点的实际库存量是指在编制计划时必须规定一个时点（如××年1月1日零时）盘点本企业该种物品的实际库存量，既要包括本企业供应部门仓库内的库存量，也要包括本企业下属单位的库存量。

预计期是指从规定盘点的那个时点起，到报告期末为止的这段时间。如果规定盘点的时点是××年1月1日零时，则预计期就是从××年1月1日零时起至××年12月31日24时为止这段时间。预计期的进货量是指在这段时间还要进货的数量，它包括货款已付，但尚未验收入库的物品数量，还包括已订合同，在这段时间还要交货的数量。预计期的发放量是指在这段时间内本企业生产经营所需要消耗或发放该种物品的数量。

由于编制物品供应计划一般是在计划期开始之前3～4月进行的，所以，无论是计划期末储备量还是计划期初库存量都是一个预计的物品数量。为了使这两个预计值尽量与实际情况相符，计划中必须对这两个指标进行尽可能准确的计算。

（2）计划期末物品储备量

计划期末物品储备量是指为下一个计划期初企业生产经营的需要而准备的一定数量的物品。

计划期末物品储备量要根据各种物品的市场供求情况及本企业生产经营对该种物品的需求情况（或特点）来确定，一般来说，有以下几种情况：

① 计划期均衡需用和均衡发放的物品。对这种物品通常用平均1日需要量乘以储备天数来确定。其计算公式为：

某种物品的计划期末储备量=平均1日需要量×储备天数

在此计算公式中，关键是储备天数如何确定。一般来说，如果该种物品市场资源很充分，企业什么时候需要，随时去市场即能购买到。那么，储备天数可以定得少一些。反之，如果该种物品市场资源很紧张，企业在需要的时候，到市场去购买不一定能买到。那么，储备天数要定得多一些。

② 计划期集中需要用和集中发放的物品。对这些物品要根据本企业对该种物品需

要的时间、供货单位的供货情况来确定。例如，某生产企业，它在计划期内生产多种产品，且某些产品的投产往往在计划期内集中投产一次或两次。因此，某些物品的需要时间也集中在一次或两次。如果其中一次在下一个计划期初发生，那么，该种物品的计划期末储备量至少要满足下一个计划期初一次投产所需要的数量。如果它的需要使用时间不在下一个计划期初，而且供货单位又能在企业需要时保证供应，则计划期末储备量可以少留或不留。如果供货单位的生产能力有限，不能在企业需要使用时保证供应，则应考虑供货单位的供货能力，确定适当的计划期末物品储备量。

③ 供货单位季节性供货的物品。供货单位季节性供货的物品是指某些物品由于受季节（夏季或冬季）的影响，供货单位只能在某个季节（夏季或冬季）生产和供货，而本企业对该种物品常年使用时，就形成了本企业在供货企业的供货季节里，逐渐进货储存，达到一定数量后停止进货，以后陆续耗用。在这种情况下，如果供货企业只能在夏季供货，计划期末储备量要多一些；如果供货企业只能在冬季供货，计划期末储备量可少一些或不储备。

（3）计划期物品采购总量

计划期物品采购总量是指企业在计划期为完成生产经营任务所需要采购物品的数量。其计算公式为：

计划期某种物品的采购总量=计划期某种物品需要量+计划期末储备量
－计划期初物品库存量

该计算公式实质上反映了企业在计划期为完成生产经营任务时的资源供应和需求之间的平衡关系。需求方面包括计划期某种物品需要量和计划期某种物品储备量；资源供应方面包括计划期初物品库存量和计划期某种物品的采购总量。

（4）季度和月份供应计划

季度和月份供应计划是根据企业季度和月份生产任务量来核算季度和月份各种物品需要量。然后，将需用量和资源量进行平衡，列出本季度和本月份需要采购、催货物品的清单，并详细列出物品的名称、规格、型号、本季和本月的需要量，经平衡后需要补充的数量，以及供货单位、合同号、应供货数量、欠交数量、交货期，以及供货单位的地址、电话和联系人等。这样做是为了便于季度和月份供应计划的执行和落实。

在进行需用量和资源平衡时，如果发现某种物品的库存量大大超过需要量（超过全年需用量）时，就应把该种物品列入可供外调物品清单之内，以便及时处理多余积压物品，压低库存量，加速物品的周转速度。

企业的年度、季度和月份供应计划都是不可缺少的。既要有长期计划（年度），又要有短期计划（季度和月份），只有把长短期计划结合起来，才能更好地保证生产经营任务的顺利完成。

4.2.3 采购管理

供应计划中包含了采购计划，为保障计划期内物品的供给，企业须按照采购计划完成相应的采购工作，以获取资源。企业为销售而生产，为生产而采购，在这个环环相扣的动态过程中，现代采购管理的目标就是以正确的价格、在正确的时间、从正确的供应商处购买到正确数量和质量的商品或服务。

1. 企业采购的特点

企业采购是指企业从资源市场上获取所需要的各种资源，既是一个商流过程，也是一个物流过程。采购的基本作用就是将资源从资源市场的供应者手中转移到用户手中的过程。在这个过程中，一是要实现将资源的所有权从供应者手中转移到用户手中；二是要实现将资源的物质实体从供应者手中转移到用户手中。前者是一个商流过程，主要通过商品交易、等价交换来实现商品所有权的转移。后者是一个物流过程，主要通过运输、储存、包装、装卸、流通加工等手段来实现商品空间位置和时间位置的转移，使商品实实在在地到达用户手中。采购过程，实际上是这两个方面的完整结合，缺一不可。因此，采购过程实际上是商流过程与物流过程的统一。

企业采购不同于消费品市场采购，二者无论是在采购的目的、动机，还是采购的决策与特点方面都存在着明显的区别。此外，企业采购与消费品采购还有一个主要的区别在于企业采购是供应商与企业之间相互依靠的过程，因而供应商与采购商（企业）往往会发展成长期的合作关系。企业采购与消费品采购的区别如表 4-1 所示。

表 4-1　企业采购与消费品采购的区别

内容 项目	企业采购	消费品采购
采购目的	保证生产	满足个人需求
采购动机	主要出于理性考虑	带有个人喜好或冲动
采购功能	企业行为	个人行为
采购决策	多人参与	个人决定
产品与市场知识	系统	零散
采购量	大	小
采购需求	波动性强	通常较稳定
采购市场价格	弹性有限	弹性相对较大
顾客	数量有限，地域性集中	数量多，地域分散

2．企业采购的基本流程

不同企业的采购作业过程往往会因采购物料来源、采购方式及采购对象不同，在具体细节上存在一些不同或差异，但基本的工作过程是大同小异的。通常是作为购买方的用料企业按照一定的标准寻找相应的供应商，然后以订单的形式给各供应商传递有关需求信息并商定付款方式，接着就是双方之间的发收货及验收、付款的过程。这个采购过程可用图 4-4 来表示。

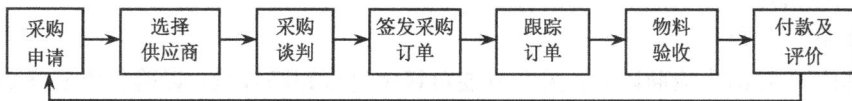

採购申请 → 选择供应商 → 采购谈判 → 签发采购订单 → 跟踪订单 → 物料验收 → 付款及评价

图 4-4　企业采购流程简图

（1）提出采购申请

合理的采购申请应建立在准确把握企业物料需求的基础上，往往与供应计划的编制相融合。生产车间、维修车间及研发部门等用料单位最清楚本部门对各种物料的需求情况。当上述用料单位产生了对物料的需求之后，企业供应部门会收到它们发出的标明所需物料特点（如型号、规格、质量要求等）的物料需求单。再由物料控制部门根据物料需求分析表计算出物料量，填写请购单，依照签核流程送至不同审核主管批准，进入下一个采购环节。

（2）选择供应商

供应商的选择是采购职能中一项重要的内容。在现代市场上进行物料采购时，往往有多家供应商可供选择，此时买方处于有利地位，可以货比多家。用料企业可以根据物料的品种、价格、形状、功能、品质及多种相应服务条件向列入本企业供应商清单中的供应商提出要求，比较供应商供货能力和条件，选择最理想的供应商。选择合乎要求的供应商，需要采用一些科学和严格的方法，常用的方法有直观判断、考核选择、招标选择和协商选择。

（3）进行采购谈判

采购谈判是围绕着交易条件展开的。不少人认为采购谈判的核心是确定价格，因为在这一过程中，买卖双方在利用价格来维护自身的利益方面做得比较多。但值得提出的是，虽然价格是市场供需的一对主要矛盾，但它并不是采购业务中的唯一决定性因素。价格与物料质量、数量、交货时间、包装、运输方式、售后服务等内容有多种相互制约的关系，为此，要求买卖双方综合各方面因素，权衡利弊，确定一个令双方满意的交易条件。

（4）签发采购订单

物料采购订单是企业采购部门根据采购申请单制定的，并交给供应商作为订货依据的具有法律效力的书面文件，通过它可以直接向供应商订货并查询采购订单的收料情况及订单执行情况。一张采购订单应包括以下主要内容：采购物料的具体名称、品质、数量及其他要求，包装要求及运输方式，采购验收标准，交货时间和地点，付款方法，不可抗拒因素的处理，违约责任及其他。签发采购订单是十分严肃的事情，采购方必须认真行事，谨慎对待。

（5）跟踪订单

采购订单发给供应商以后，采购方要对订单进行跟踪催货，以确保供应商切实履行如期、保质、保量交货的承诺。不仅如此，现实的订单执行过程中有时还会发生一些意想不到的事情，如订购物料的质量问题、发运过程中的突发问题等。采购方在对订单进行跟踪催货的过程中可以及时了解这些意外，这样就会有更充足的时间采取有效措施，以避免不必要的损失，或将损失降低到最低限度。

（6）物料验收

供应商根据订单约定的运输方式将物料送至采购方指定地点后，采购方应该及时组织对送达物料的验收工作。物料的正确接收很重要。由于收货部门与采购部门的关系十分密切，所以，许多企业的收货部门在验收货物这一环节上直接或间接地向采购部门负责。对采购物料的验收应按合约内容进行，以确定是否符合订单或合约要求，如发现物料存在质量或其他方面的问题时应及时通知供应商处理。

（7）付款及评价

尽管付款是会计部门的职责，但向供应商结算采购物料的货款时必须由采购部门参与核查。因为采购部门才是交易的最初发生地点，如果有什么差错，采购部门可以及时发现，并立即采取行动来纠正。在支付货款之前必须核对支付发票与验收的清单或单据是否一致。确认后连同验收单据，开出保票向财务部门申请付款。财务部门经会计账务处理后通知银行正式付款。

此外，还有一项最能反映一个单位管理水平高低的工作：总结和评价。采购业务完成以后，从提高管理效率的角度出发，采购部门还要对整个采购过程进行评价，将采购结果和事先的计划进行对比，并对执行过程进行评判，以寻求不断的改进和提高。

3. 企业采购管理的基本原则

企业采购管理的总目标是：以最低的总成本提供满足其需要的物料和服务。根据此目标，企业采购工作应以五个"适当"作为管理的基本原则。即在合适的时间，以合适的价格，从合适的地点，采购合适的数量，合适的品质的物料与服务。

（1）适当的数量

一般来说，采购量越大，价格越便宜，但不是采购越多越好。资金的周转率、仓库储存成本都直接影响采购成本，应根据资金周转率、储存成本、物品需求计划等综合计算出最经济的采购量。采购量的大小决定生产与销售的顺畅和资金的调度。物品采购量过大，造成过高的存货储备成本与资金占压，物品采购量过小，则采购成本提高，因此，适当的采购量是非常必要的。

（2）适当的品质

除非企业为创造竞争优势，不惜代价争取品质的领导地位，采购物品的品质应以适合、可用为原则，因为最佳的品质未必是最适合的品质，品质过好甚至造成使用上的困难或重大浪费。所以从采购的立场看，通常是要求"最合适"的品质，而不是"最好"的品质。应该针对产品的需求情况、厂商的技术能力，根据价值工程的原理做出合理选择，绝对不能脱离实际的需求而盲目追求最佳的品质。

（3）适当的时间

采购要遵循适时原则。现代企业竞争非常激烈，时间就是金钱。该进的物品不及时购进，会造成停工待料、增加管理费用、影响销售和信誉；如采购太早，又会造成因物品囤积而占压资金、浪费场地，甚至会造成物品的变质。所以必须依据生产需求计划确定采购计划，按采购计划适时地进料，既能使生产、销售顺畅，又可以节约成本，提高市场竞争力。

（4）适当的价格

从降低产销成本的目的来看，适当的价格应是最好的选择。若盲目追求价廉，势必会牺牲品质或伤害与供应商的关系，甚至造成交货期延迟、交货数量不足。而且在一些旨在更好衔接企业产销活动的背景下，必须牺牲降低成本的目标，例如，为提供生产应急所需的物品，无暇与供应商慢慢议价，肯定会使采购成本偏高；或是当原材料来源有限为保持足够的数量以供生产所需时，也必将促使存货成本上涨，使产销成本无法下降。反之，为使产销成本降低，耗时费事的议价可能延缓交货时间；而过低的采购价格，也会影响供应商的积极性和交货数量。总之，降低价格一定要在满足物品质量的前提下进行，在品质与价格之间抉择时，必须就成本、效益的关系加以考虑。就长期稳定的供需关系而言，追求公平、合适的价格才是正确的做法。

（5）适当的地点

适地原则即就地就近原则，供应商离企业越近，运输费越低，机动性越高，企业物品的合理库存量、订购点越低，有助于企业"零库存"的实现，供需双方的沟通就越方便，出现问题后容易得到及时的解决。另外，在确定采购地点时，还要通过综合分析各潜在供应商的产品质量、供货能力、技术力量、财务状况、产品价格、企业信誉等方面的表现来确定合适的供应商。

4．企业采购物流管理

企业采购实现了物品从供应商到下游企业的转移活动，创造了价值或空间效用。如果物品不能及时送达企业，将产生生产停顿等一系列负面影响，因此如何提高物品由供应商到采购企业的物流效率非常重要。在采购物流过程中，关键是要选择合适的物流方式、加强进货运输管理及严把入库验收关。

（1）采购物流方式选择

企业采购可供选择的物流方式主要有自提进货、供应商送货、委托和外包进货 3 种。自提进货是在供应商的仓库内交货，交货后的进货过程由采购企业独家负责管理。供应商送货使采购企业省去了进货管理环节，采购企业把整个进货管理的任务及进货途中的风险都转移给了供应商，只负责入库验收环节。委托外包是把进货管理的任务和进货途中的风险都外包给第三方物流企业。它有利于发挥第三方物流企业的自主处理、联合处理和系统化处理的优势，有利于降低采购方的物流运作成本。委托和外包进货主要是抓好二次交接管理和合同签订管理控制工作。第一次交接是供应商和第三方物流企业的交接；第二次交接是第三方物流企业与采购企业保管员之间的交接。交接工作主要是货物的清点、检验。三方相互之间的合同中要分清权利、义务和责任；合同条款要详细、清楚；要检查各方履行合同的程度并根据合同来处理有关的事务或纠纷。

采购企业要根据进货难度和风险大小选择合适的进货方式。

对于进货难度和风险大的采购物流，首选是委托第三方物流企业方式，其次是选择供应商送货方式。一般最好不选用户自提进货方式。委托第三方物流企业进货，可以充分利用第三方物流企业的专业化优势、资源优势、技术优势，提高进货效率，提高进货质量，降低进货成本，又可以减轻供应商的工作量和风险，对各方都有利。

对于进货难度小和风险小的采购物流，首选是供应商送货方式，其次可以选采购企业自提进货方式。

（2）加强进货运输管理

运输决定了物料转移活动的速度和一致性。无论运作主体是企业还是企业外的任何一方，企业都要参与进货运输方案的制定。运输方案包括运输工具、线路和中转仓储 3 个相互关联的方面。企业要把需求供应的要求、物料状态的要求、生产和物流环节对成本的要求等多种需要考虑的因素提供给运输主体。对一项要求较高的运输项目需要进行相关的技术经济分析，才能决定运输线路和工具，求得合理的解决方案。

采购物流中的进货运输管理涉及两大方面：一是对运输方案进行管理，二是对运输过程进行管理。运输方案一旦确定，应以合同形式明确下来，严格按方案完成运输过程。

运输合同包含很丰富的内容，除了按惯例表明所运物料的特性、一次运输外包的总价格、物料完好率要求、送达时间和地点、物料在途保险、违约赔付方式及纠纷仲裁方式以外，企业的个性化需要都要在合同中明示出来。特殊情况下的方案变更，需要在协商机制下签署变更合同。

在既定运输方案的前提下，要对物流的全过程实施动态管理。可视化技术的应用，可以随时传递物料在途的空间地理位置、安全状态等信息，为实施动态管理提供技术支持。运输过程管理还包括对紧急事件或事故的处理，尽可能地把风险降至最低。

（3）严把入库验收关

采购物流的最后一个环节是货物验收入库，货物一旦入库，所有的责任将由企业承担，所以企业一定要认真做好货物的验收入库工作，避免造成不必要的损失或引起不必要的纠纷。

物品进货的验收是物资在入库前，仓库按照一定的程序和手续，对数量和质量进行检查，以验证它是否符合订货合同规定的一项工作。在验收的实际行为发生之前，为了能使验收工作准确无误、及时快速，必须做好验收前的准备工作，包括收集和熟悉有关采购订货的资料、准备和校验相应的验收工具、确定进货的物品存放地点及保管方法、准备装卸搬运机械和堆码苫垫材料等。验收的内容包括核对资料和进行实物检验（数量检验和质量检验）。物资经验收后，应立即对验收的结果做出记录。

物品验收完毕，若符合要求但不马上发放、投入使用，就须办理登账、立卡、建档等一系列入库手续。

总体来看，企业采购物流管理要遵循安全第一和成本效益统一的原则。

4.2.4　储存管理

在 JIT 生产制下，企业采购进来的物品直接运送到生产线或生产车间，但是能够实现这种生产方式的生产企业还很少，多数企业还是按库存安排生产或类似于准时生产，但仍然保有一定数量的库存。因此，绝大多数的生产物资都不能在运达企业时就被投入生产，而是要经过短暂的在库储存，然后在适当的时间通过企业内部的搬运系统进入企业的生产过程。尤其是那些供应具有明显的季节性变化的生产物资，在库储存是进入生产过程必不可少的环节。

虽然企业采购进来的物品一般在库储存时间较短，但加强储存管理仍然是一个非常重要的环节，直接影响后续生产经营活动。储存管理的内容包括对在库物资的保管养护、对库存的合理控制等。

4.2.5 供料管理

企业供应物流中一个关键的环节是将采购进来存放于企业仓库的各种物品按照企业内部需求进行适时适量的供给，即供料的过程。供料方式不同，供料方法也不一样。

1. 供料方式

企业供料方式主要有两种：领料和送料。

（1）领料

领料是车间及其他用料部门派人到仓库领取各种物品。

领料方式对仓库保管员来讲，永远处于被动状态，事先不知道谁要来领料，也不知道要领什么料，只有领料人将填好的领料单交给仓库保管员，才能知道要领什么料和要领多少。这时才从仓库货架上寻找领料单上所要的物品，使领料人等待的时间较长。仓库保管员想到车间班组去了解用料情况，可又离不开岗位，因为他不知道什么时候有人来领料。

领料方式对生产班组来讲，用多少领取多少，比较方便。但是，去领料时的等待时间是占用了生产时间的，等待时间越长，劳动生产率越低，设备利用率也越低。

（2）送料

送料是由仓库保管员根据供料计划和供料进度，将事先配齐的各种物品，送到车间和其他用料部门。

送料方式体现了供应物流管理部门为生产服务的宗旨。其优点是节省了生产工人领料的等待时间，使生产班组能集中精力搞好生产，提高劳动生产率和设备利用率；仓库保管员通过送料，可以了解车间班组使用物品的情况，了解用料的规律，提高供料的计划性；仓库保管员能主动安排人力、物力和时间，搞好配料和物品的维护保养工作，更好地为生产服务。

实行送料需要有一定的条件，如要有供料计划，要有一定的运输工具。对大型笨重物品的送料，要有运输部门的密切配合。

送料与领料相比较，送料的优点较多，应该逐步推广。但是，并不是一切物品都要实行送料，而是要根据实际情况灵活采用，达到既方便生产又利于管理的目的。

2. 供料方法

供料方法归纳起来主要有3种：定额供料、限额供料和非限额供料。

（1）定额供料

定额供料又称定额发料或定额领料，它是由企业供应物流管理部门根据物品消耗工艺定额向车间及其他用料部门供料的方法。凡是有消耗定额的物品，均应实行定额供料方法。按定额供料，可以杜绝串领（发）的现象，堵塞供料中的漏洞。

（2）限额供料

限额供料又称限额发料或限额领料，即根据任务量的多少、时间长短和物品的历史消耗统计资料，规定供料数量的限额。凡是暂时还没有制定消耗定额的物品，均可采用限额供料的方法。在一般情况下，供料数量不允许超过规定的限额。

限额供料分为两种：数量限额和金额限额。

① 数量限额。数量限额是指供应物流管理部门对所供物品的具体名称、规格、型号和数量的控制。

② 金额限额。金额限额是指供应物流管理部门对所供物品的具体名称、规格、型号和数量不加以控制，而只对金额加以控制。只要所供物品的金额不超过规定的金额，在一定的范围内，领料人要什么物品均可以。

在企业物品供应物流管理部门，一般采用数量限额，很少采用金额限额。因为数量限额便于事先组织资源和及时供料，也有利于控制车间班组和其他用料部门节约用料。

③ 非限额供料

非限额供料是非计划内的供料，车间班组和其他用料部门出现临时性需用物品，要求供应物流管理部门供料时，领料单须经过有关主管领导审批，并在领料单上签名，然后交供应物流管理部门的计划人员审核同意并签名后，再到仓库去领料。仓库保管员按审批同意的数量予以供料。

3．供料管理的主要内容

供料管理包括配料、组织集中下料、规定代用料的审批手续、规定补料手续、定额供料和限额供料执行情况分析多项工作。

（1）配料

配料是仓库保管员根据供料计划和供料进度，将车间班组和其他用料部门所需物品，在它们使用之前配备好，以便在它们要使用时，及时送到车间班组和其他用料部门。

通过配料，有时可以发现物品短缺的现象，仓库保管员应及时向计划和采购人员反映，以免由于缺料而影响生产的正常进行。

（2）组织集中下料

在有些企业里，供应物流管理部门设立下料工段（组），由它们统一筹划整个企业的下料工作，进行集中下料。组织集中下料的好处有 3 点。

① 提高物品的综合利用率。运用科学方法，可对物品进行合理套裁，提高物品的综合利用率。下料作为生产过程的开始是生产中的第一道工序。这是决定物品节约和浪费的关键环节。因为金属板材、线材等物品经过下料加工后，成为坯料或毛坯，再转到

冲床、锻床、机加工设备或送到钳工处加工时，基本上只有合格品与废品的区别和加工留量大小的问题。而在第一道工序（下料）就运用科学方法，合理套裁，能减少边角余料的产生，大大提高物品的综合利用率。

② 提高设备利用率和劳动生产率。由于把整个企业所需下料的物品集中在一起来统筹规划，下料物品的批量相对较大，可以减少更换工具的辅助工时，提高劳动生产率和设备利用率。

③ 促使专料专用。例如，薄钢板经过下料，切割成大小不同的毛坯或坯料，送到冲床进行加工或钳工加工时，只能按不同尺寸的毛坯或坯料加工成不同尺寸的零部件，一般不会出现大材小用或用错毛坯、坯料的现象，可以避免在加工中发生相互串用的现象，做到专料专用。

（3）规定代用料的审批手续

在企业的生产经营活动中，有时会出现某种物品临时短缺，而生产又马上需要。为了保证生产经营活动的顺利进行，可以用其他物品来替代，但必须经过一定的审批手续。

代用料的审批一般有以下手续：

- 由供应物流管理部门提出代用物品的申请。在申请中说明采用代用物品的具体原因，还应写清短缺物品的名称、规格、型号、技术条件和数量等，代用物品的名称、规格、型号、技术条件和数量等。经供应物流管理部门负责人签署同意后，再找有关部门会签。
- 属于物品规格大小的代用，由工艺部门审批，检验部门认可，即可代用；如果属于材质代用，除工艺部门审批同意外，还须经过技术、设计部门审批同意，检验部门认可，才可代用；如果采用代用物品影响原产品结构，除经上述部门审批外，还要经过企业主管领导的批准。
- 经过各部门审批同意后，供应物流管理部门才能向车间班组和其他用料部门供料。

以上是临时性或一次性的物品代用审批手续。如果由于某种原因需要用一种物品长期替代另一种物品，则应由供应物流管理部门与有关部门共同商议，一致同意采用代用物品后，要由技术、设计、工艺部门修改物品消耗定额，供应物流管理部门根据修改后的消耗定额，组织资源和供料。

（4）规定补料手续

在企业的生产加工活动中，除正常供料外，补供（发）料的情况也是会发生的。因为在车间班组和其他用料部门进行加工和使用过程中，有时会出现废品。废品产生的原因有两个：一个是由于工人在加工或使用过程中的过失而造成废品；另一个是由于物品本身质量上的缺陷而造成的废品。为了保证生产过程的顺利进行，无论是哪种原因造成的废品，都要由供应物流管理部门补供（发）料。但是，必须经过一定的审批手续，才能予以补料。

当车间班组和其他用料部门在加工过程中产生废品以后，将废品交质检人员检测确认，凭废品和质检人员的废品通知单，再到仓库领取应补供（发）的物品。此时应填写废品领料单，在备注中说明产生废品的原因及责任者，以供备查。

（5）定额供料和限额供料执行情况分析

为了使定额供料和限额供料逐步达到先进合理，要认真做好定额供料和限额供料的执行情况分析工作。这项工作对供应物流管理部门来讲，首先必须在供料过程中做好实供（发）料的数量登记工作。到一定时期或某项生产任务完成以后，将供料的计划数与实供（发）数相比较，进行分析研究，总结推广节约用料的先进经验，逐步使定额和限额更趋合理，为企业科学管理提供可靠依据。

4.3　企业供应物流的先进管理方式

随着企业所处的竞争环境越来越复杂，顾客需求变化越来越快，很多企业采用了一些先进的生产方式来应对瞬息万变的市场状况，如 JIT 生产、柔性制造等。为了适应市场环境的变化及生产方式的转变，企业相应地采用了一些先进的管理方式来处理供应物流活动，如应用 MRP 制定供应计划、实施 JIT 采购、选择 Milk-Run 供应方式和采取VMI 模式。

4.3.1　应用 MRP 制定供应计划

对于相关需求物品，企业可以应用物料需求计划（Material Requirement Planning，MRP）进行供应计划的优化。MRP 主要应用于生产企业，它是生产企业根据主生产计划和主产品（最终产品）的结构及库存情况逐步推导出生产主产品所需要的零部件、原材料等的生产计划和采购计划的过程。MRP 运行得出的供应计划规定了采购的品种、数量、采购时间和采购回来的时间。计划比较精细、严格。它以需求分析为依据、以满足库存为目的，其市场响应灵敏度及库存水平比传统方法要进步很多。

1. MRP 供应计划制定的方式

MRP 的基本原理如图 4-5 所示。当根据需求预测得出主生产计划（Master Production Schedule，MPS），即确定每种具体的最终产品的基本生产情况后，结合物料清单（Bill of Materials，BOM）和库存文件计算出原材料、零部件、在制品的需求。

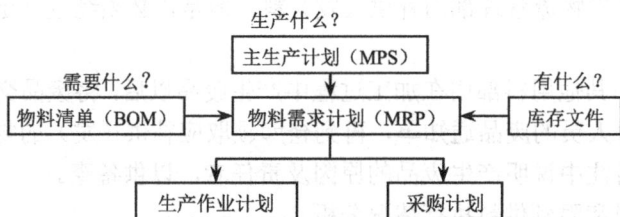

图 4-5　MRP 逻辑原理

从图 4-5 中可以看出，MRP 供应计划制定的依据主要有 3 个：MPS、BOM 及库存文件。其中 MPS 主要描述主产品的出产进度，表现为各时间段内的生产量，有出产时间、出产数量或装配时间、装配数量等，MPS 往往由企业根据客户合同和市场预测，考虑市场需求波动的概率来制定；BOM 主要反应出主产品的层次结构、所有零部件的结构关系和数量组成，根据这个文件，可以确定主产品及各个零部件的需要数量、需要时间和它们相互间的装配关系；库存文件包括了主产品及其所有零部件的库存量、已订未到量和已分配但还没有提走的数量。当然，除此外，MRP 运行还需要一些基础性的输入，包括物料编码、提前期、安全库存量等。

MRP 输入完毕后，系统会自动计算出各周的库存量、净需求量、计划订货量和计划发出订货量等，如表 4-2 所示，从而指导原材料、零部件的采购及供应。关于 MRP 的处理过程可以参见《MRPⅡ/ERP 原理与应用》等专门介绍 MRP 的书籍。

表 4-2　MRP 的采购及供应计划输出

项目：C（2级）	周次							
提前期：1周	1	2	3	4	5	6	7	8
总需要量	30	20	25		60		20	
计划到货量	15		20		40		60	
库存量　20	5	−15	−20	−20	−40	−40	0	0
净需要量	0	15	5	0	20	0	0	0
计划接受订货量		15	5		20			
计划发出订货量	15	5		20				

2. 应用 MRP 制定供应计划的前提条件

应用 MRP 制定供应计划必须有一定的基础条件，最关键的是两点：一是企业实施了 MRP 管理系统，二是企业有良好的供应商管理。

（1）实施 MRP 系统

如果企业没有实施 MRP 系统，就谈不上进行应用 MRP 制定供应计划。因为不运行 MRP 系统，物料的需求计划就不可能由独立需求转换成相关需求，没有 MRP 系统生成的计划订货量，MRP 供应计划就失去了依据。对于复杂产品的物料相关需求靠手工计算根本就是不可能的，而若采用订货点方法进行采购供应，必然造成零部件配不齐或原材料的大量库存，占用大量的流动资金。因此，可以说 MRP 系统与 MRP 供应计划是相辅相成的，如果企业采用了 MRP 系统，则它对需要购买的物料实行 MRP 采购才能使其 MRP 系统得到良好的运行；而企业若制定 MRP 供应计划，则必然是企业实行了 MRP 管理，否则 MRP 供应计划就如同空中楼阁，失去了基础。

（2）良好的供应商管理

实施 MRP 供应必须要有良好的供应商管理作为基础。在 MRP 供应计划中，购货的时间性要求比较严格，若某种原材料或零部件不能准时到货，将对产品的生产产生重大影响。没有严格的时间要求，MRP 供应计划也就失去了意义。而如果没有良好的供应商管理，不能与供应商建立起稳定的客户关系，则供货的时间性要求很难保证。

除了以上基础条件外，应用 MRP 制定供应计划与一般供应管理还有一点不同，就是物料采购确定或物料到达后，需要及时更新数据库，不仅包括库存记录，还有在途的物料和已发订货单数量、计划到货量。这些数据都会添加到 MRP 系统中，作为下次运行 MRP 系统的基础数据。

3．MRP 供应计划的特点

通过 MRP 制定供应计划具有以下特点。

（1）需求的相关性

MRP 的运行主要针对具有相关性需求的物资，即生产企业的原材料、零部件等。这些物资的需求受企业最终产品的影响，其品种、数量和时间需求都由最终产品的需求而决定，是根据主生产计划、物料清单、库存文件等精确计算出来的。

（2）计划的精细性

MRP 供应计划有充分的依据，从主产品到零部件，从需求数量到需求时间，从出产先后到装配关系都做了明确的规定，无一遗漏或偏差。不折不扣地按照这个计划进行，才能够保证主产品出产计划如期实现。

（3）计算的复杂性

MRP 供应计划要根据主产品出产计划、物料清单、库存文件等把主产品的所有零部件的需要数量、时间、先后关系准确计算出来，其计算量是非常大的。特别是当主产品复杂，零部件数量特别多时，人工计算计算量太大，借助计算机，使得这个工作有了可以进行的可能性。

4．应用 MRP 制定供应计划的优越性

应用 MRP 制定供应计划的优越性是很明显的，主要集中在以下两方面。

（1）降低原材料库存

由于 MRP 进行了精确的计划和计算，使得所有需要采购的物资能够按时按量达到需要它们的地方，一般不会产生超量的原材料库存。有关对使用 MRP 的企业的调查显示，这些企业库存水平平均降低了 20%～40%，与此同时减少零部件缺货 80%；改进了对用户的服务，服务水平可以达到 95%。这就很好地解决了库存量与服务水平之间的矛盾，改变了以往两者不可兼得的局面。

（2）提高企业管理水平

应用 MRP 制定供应计划除了能经济有效地采购供应企业所需的物料外，还有利于促进企业提高管理水平。因为 MRP 系统输入的信息多、操作规范、时间观念强，这些都要求企业加强系统化、信息化、规范化管理，提高企业素质和管理水平。

4.3.2 JIT 采购

JIT（Just In Time）采购也叫即时制采购，是在 20 世纪 90 年代受 JIT 生产管理思想的启发而出现的。JIT 生产方式由日本丰田汽车公司在 20 世纪 60 年代率先使用，在 70 年代爆发的危机中，这种生产方式使丰田公司渡过了难关，也因此受到了日本国内和其他国家生产企业的重视。近年来，JIT 模式不仅作为一种生产方式，也作为一种采购模式开始流行起来。

1．JIT 采购的主要方式

JIT 采购的基本思想是：在恰当的时间、地点，以恰当的数量、质量提供恰当的物品。它是一种倒拉式管理方式，由企业内部实际需求拉动物品的采购与供给，通过看板传递需求信息，如图 4-6 所示。

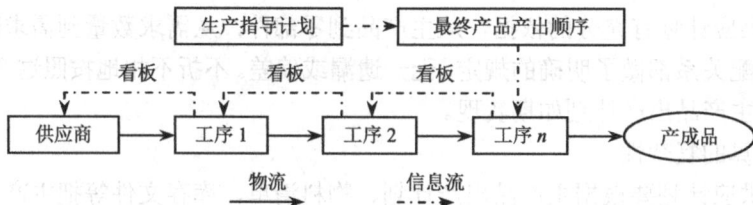

图 4-6 JIT 采购

JIT 采购是为了消除多余库存和不必要的浪费而进行的持续性改进，很明显是供应

物流的一种效率优化方式。其具体做法是：

- 采购送货是直接送到需求点上。
- 企业内部需要什么，就采购供应什么，品种规格由生产现场需求决定。
- 需要什么品种质量，就送什么品种质量，符合企业实际需要，杜绝次品和废品。
- 需要多少，就送多少，不多送也不少送。
- 什么时候需要，就什么时候送货，不晚送，也不早送。
- 什么地点需要，就送到什么地点。

通过 JIT 采购，企业不需要设置库存，只在货架或在生产线边有一点临时的存放，可真正实现零库存。

2．JIT 采购的特点

依据 JIT 采购的原理，一个企业中的所有活动只有当需要进行的时候才接受服务，才是最合算的。即只有在需要的时候，把需要的品质和数量提供到所需要的地点才是最节省、最有效率的。因此，JIT 采购是一种最节省、最有效率的采购模式。其特点如下：

（1）一种理想的物品采购方式

JIT 采购设置了一个最高标准，一种极限目标，即原材料和外购件的库存为零，缺陷为零。同时，为了尽可能地实现这样的目标，JIT 采购提供了一个不断改进的有效途径，即降低原材料和外购件库存——暴露物资采购问题——采取措施解决问题——降低原材料和外购件库存。

（2）消除浪费

在企业物资采购过程中，存有大量的不增加产品价值的活动，如订货、修改订单、收货、装卸、开票、质量检验、点数、入库、转运，把大量时间、精力、资金花在这些活动上是一种浪费。JIT 采购模式由于大大地精简了采购作业流程，因此消除了这些浪费，极大地提高了工作效率。

（3）对供应商要求高

进一步地减少并最终消除原材料和外购件库存不仅取决于企业内部，也取决于供应商的管理水平。JIT 采购模式不仅对企业内部的科学管理提出了严格的要求，也对供应商的管理水平提出了更高、更严格的要求。JIT 采购不仅是一种采购的方式，也是一种科学的管理模式。JIT 采购模式的运作，在客观上将在用户企业和供应商企业中铸造一种科学管理模式，这将大大提高用户企业和供应商企业的科学管理水平。

（4）具有较好的响应性

在 JIT 采购模式下，只有当企业需要什么样的物资就能供给什么样的物资，什么时间要就能什么时间供应，需要多少就能供给多少时，企业的原材料和外购件库存才能降到最低水平。在这个意义上讲，JIT 采购最能适应市场需求的变化，使企业能够真正具有柔性。

从具体运作方面来看，JIT 采购与传统采购方式有很多不同之处，如表 4-3 所示。

表 4-3　JIT 采购与传统采购的区别

比较项目	传统采购	JIT 采购
供应商的选择	采用多源供应，短期合作	采用单源供应，关系稳定
供应商评价	合同履行能力	合同履行能力、生产设计能力、物料配送能力、产品研发能力等
交货方式	由采购商安排，按合同交货	由供应商安排，确保交货准时
进货检查	每次进货检查	由于质量得到保证，无须进货检查
采购批量	大批量采购，送货频率低	小批量采购，供应商送货频率高
运输	配送频率低，运输次数相对少	准时送货，运输次数多
包装	常规包装	有一定要求
信息交流	信息不对称，容易暗箱操作	采购、供应双方高度共享准确实时的信息，快速、可靠，易建立信任

3．JIT 采购的意义

JIT 采购是关于物品采购的一种全新的思路，企业实施 JIT 采购具有重要的意义。根据资料统计，JIT 采购在以下几个方面已经取得了令人满意的成果。

（1）大幅度减少原材料和外购件的库存

根据国外一些实施 JIT 采购的企业的测算，JIT 采购可以使原材料和外购件的库存降低 40%～50%。原材料和外购件库存的降低，有利于减少流动资金的占用，加速流动资金的周转，同时也有利于节省原材料和外购件库存占用的空间，从而降低库存成本。

（2）提高采购物品的质量

一般来说，实施 JIT 采购，可以使购买的原材料和外购件的质量提高 2～3 倍。而且，原材料和外购件质量的提高，又会引致质量成本的降低，据估计，推行 JIT 采购可使质量成本减少 26%～63%。

（3）降低原材料和外购件的采购价格

由于供应商和制造商的密切合作，以及内部规模效益与长期订货，再加上消除了采购过程中的一些浪费（如订货手续、装卸环节、检验手续等），使得购买的原材料和外购件的价格得以降低。例如，生产复印机的美国施乐公司，通过实施 JIT 采购策略，使其采购物资的价格下降了 40%～ 50%。

此外，推行 JIT 采购策略，不仅缩短了交货时间，节约了采购过程所需资源（人力、资金、设备等），而且提高了企业的劳动生产率，增强了企业的适应能力。

4. JIT 采购的实施条件

成功实施 JIT 采购策略, 需要具备一定的前提条件。

(1) 距离越近越好

供应商和用户企业的空间距离小, 才能充分发挥 JIT 采购的优越性。距离太远会导致操作不方便, 难以实现零库存。同时, 良好的交通运输和通信条件也是实施 JIT 采购策略的重要保证。

(2) 与供应商建立互利合作的战略伙伴关系

JIT 采购策略的推行有赖于企业和供应商之间建立起长期的互利合作关系, 相互信任、相互支持、共同获益。JIT 采购不只是企业物资采购部门的事, 它也离不开供应商的积极参与。供应商的参与不仅体现在准时、按质、按量供应企业所需的原材料和外购件上, 还体现在积极参与企业的产品开发设计过程中。与此同时, 企业有义务帮助供应商改善产品质量、提高劳动生产率、降低供货成本。

(3) 向供应商提供综合的、稳定的生产计划和作业数据

综合的、稳定的生产计划和作业数据可以使供应商及早准备, 精心安排其生产, 确保准时、按质、按量交货。否则, 供应商就不得不求助于缓冲库存, 增加其供货成本, 从而也导致企业采购成本的上升。

(4) 应用信息技术

JIT 采购是建立在有效信息交换的基础上的, 信息技术的应用可以保证企业和供应商之间的信息交换。

5. JIT 采购的实施步骤

JIT 采购和传统的采购方法有一些显著的差别, 实施 JIT 采购有 4 个要点: 看板管理是 JIT 采购最实用而有效的手段; 选择最佳的供应商, 并对供应商进行有效的管理是 JIT 采购成功的基石; 供应商与用户的紧密合作是 JIT 采购成功的钥匙; 卓有成效的采购过程、严格的质量控制是 JIT 采购成功的保证。

想要成功实施 JIT 采购策略, 除了要具备一定的前提条件外, 还必须遵循一定的科学实施步骤。在实施 J1T 采购时, 大体上可以遵从以下步骤。

(1) 创建 JIT 采购班组

JIT 采购班组的作用就是全面处理 JIT 采购有关事宜。不仅要制定 JIT 采购的操作规程, 协调企业内部各有关部门的运作、企业与供应商之间的运作。JIT 采购班组除了采购科有关人员之外, 还要有本企业及供应商企业的生产管理人员、技术人员、搬运人员等共同组成。一般应成立两个班组, 一个是专门处理供应商事务的班组, 该班组的任务是培训和指导供应商的 JIT 采购操作、衔接供应商与本企业的操作流程、认定和评估供

应商的信誉和能力、与供应商谈判签订准时化订货合同、向供应商发放免检签证等。另外一个班组是专门协调本企业各个部门的 JIT 采购操作、制定作业流程、指导和培训操作人员，并且进行操作检验、监督和评估等。这些班组人员对 JIT 采购的方法应有充分的了解和认识，必要时要进行培训。

（2）制定计划确保 JIT 采购策略有计划有步骤地实施

要制定采购策略，明确如何减少供应商的数量、进行供应商评价、向供应商发放签证。在这个过程中，要制定计划，确保 JIT 采购策略实施，与供应商一起商定 JIT 采购的目标和有关措施，保持经常性的信息沟通。

（3）精选少数供应商，建立伙伴关系

供应商和企业之间互利的伙伴关系，意味着双方之间充满了一种紧密合作、主动交流、相互信赖的和谐气氛，共同承担长期协作的义务。在这种关系的基础上，发展共同的目标，分享共同的利益。当然，这种互利的伙伴关系的建立需要长期的工作，要求双方有坚定的决心和奉献精神；同时，一个企业只能选择少数几个最佳供应商作为合作对象，抓住机会加强与它们之间的业务关系。

（4）进行试点工作

先从某种产品或某条生产线的试点开始，进行零部件或原材料的准时化供应试点。在试点过程中，取得企业各个部门的支持是很重要的，特别是生产部门的支持。通过试点，总结经验，为正式的 JIT 采购实施打下基础。

（5）搞好供应商的培训，确定共同目标

JIT 采购是供需双方共同的业务活动，单靠采购部门的努力是不够的，需要供应商的配合，只有供应商也对 JIT 采购的策略和运作方法有了认识和理解，才能获得供应商的支持和配合，因此，需要对供应商进行教育培训。通过培训，大家取得一致的目标，相互之间就能够很好地协调做好采购的准时化工作。

（6）给供应商颁发产品免检证书

在实施 JIT 采购策略时，核发免检证书是非常关键的一步。颁发免检证书的前提是供应商的产品 100%合格。为此，核发免检证书时，要求供应商提供最新的、正确的、完整的产品质量文件，包括设计蓝图、规格、检验程序及其他必要的关键内容。有些公司在核发免检证书的初始阶段，只发放单件产品的免检证，但是最终目标还是为了发放供应商的免检证，并完全免除采购物资中常规产品的进货检查。达到这个目标后，就只须对尚未获得免检证的新产品和新零件进行进货检查，直到它们也达到免检要求为止。最后，所有采购的物资就可以从卸货点直接运至生产线使用。

（7）实现配合节拍进度的交货方式

向供应商采购的原材料和外购件，目标是要实现这样的交货方式：当企业正好需要某物资时，该物资就运抵卸货月台，并随之直接运至生产线，生产线拉动它所需的物资，并在制造产品时使用该物资。

（8）继续改进，扩大成果

JIT 采购是一个不断完善和改进的过程，需要在实施过程中不断总结经验教训，从降低运输成本、提供交货的准确性、提高产品的质量、降低供应商库存等各个方面进行改进，不断提高 JIT 采购的运作绩效。

实施 JIT 采购，效益非常好，操作简便，但是基础工作要求高，对人员素质要求高，对管理水平要求高。因此，企业要开展 JIT 采购，需要从基础工作抓起，逐步创造条件。

4.3.3 Milk-Run 供应方式

在汽车制造业中，日本丰田等企业率先以 Milk-Run 供货方式有效地降低了运输费用和包装费用，同时减少了供应商的资金占用压力和租用临时仓库的成本支出，从而降低整个供应链的成本。国内的上海通用、上海大众和宝洁等企业都先后采用 Milk-Run 供应方式加强供应物流管理，大大降低了物流成本。

1. Milk-Run 的运作模式

Milk-Run 的基本概念来源于英国北部牧场为解决牛奶运输问题而发明的运输方式：送牛奶的工人送牛奶时拿走一个空瓶，再放一瓶牛奶的循环运营模式。国内常用译法有"循环取货""多仓储间巡回装卸货混载运送""牛奶式取货""集货配送""定时定点取货"等。这种模式不是由供应商自己将物品运送到需求企业，而往往是由合作的第三方物流企业根据物品需求企业的物料需求计划，到各供应商处收集物品，再集中送交需求企业。

Milk-Run 的具体运作方式是在每天固定的时刻，运输车辆从企业或其配送中心出发，到第一个供应商处装上准备发运的原材料，然后按事先设计好的路线到第二家、第三家，以此类推，直到装完所有安排好的材料再返回。其运作模式如图 4-7 和图 4-8 所示。

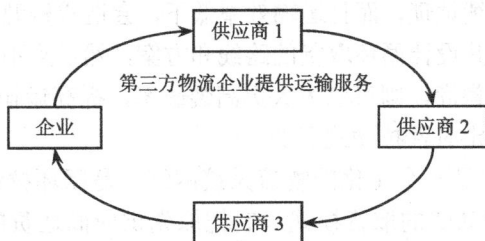

图 4-7　Milk-Run 运作模式

```
┌─────────────┐     ┌───────┐     ┌───────┐     ┌─────────────┐
│卡车司机拿到路 │────▶│开始运  │────▶│到达    │────▶│供应商卸下    │
│线报告：路线清 │     │行路线  │     │供应商处│     │空料箱        │
│单、零件清单   │     └───────┘     └───────┘     └─────────────┘
└─────────────┘                        ▲                │
       ▲                               │                ▼
┌─────────────┐                        │         ┌─────────────┐
│司机回到      │                        │         │供应商签署空  │
│集合点        │                        │         │料箱返回清单  │
└─────────────┘                 ┌───────┐         └─────────────┘
       ▲                        │继续    │                │
┌─────────────┐                 │下一站  │                ▼
│卸下车厢货物   │                 └───────┘         ┌─────────────┐
│并装上空箱     │                    ▲             │司机对照清单  │
└─────────────┘                    是              │检验包装数量  │
       ▲                                           └─────────────┘
┌─────────────┐        ┌─────────────┐                    │
│货物在指定    │  否    ╱是否仍有货物需╲                     ▼
│的窗口时间  ◀─────────  要装载        ◀──────────  ┌─────────────┐
│到企业        │        ╲             ╱             │司机签署      │
└─────────────┘         ╲───────────╱              │认可文件      │
                                                   └─────────────┘
                                                          │
                                                          ▼
                                                   ┌─────────────┐
                                                   │供应商装载    │
                                                   │指定的货物    │
                                                   └─────────────┘
```

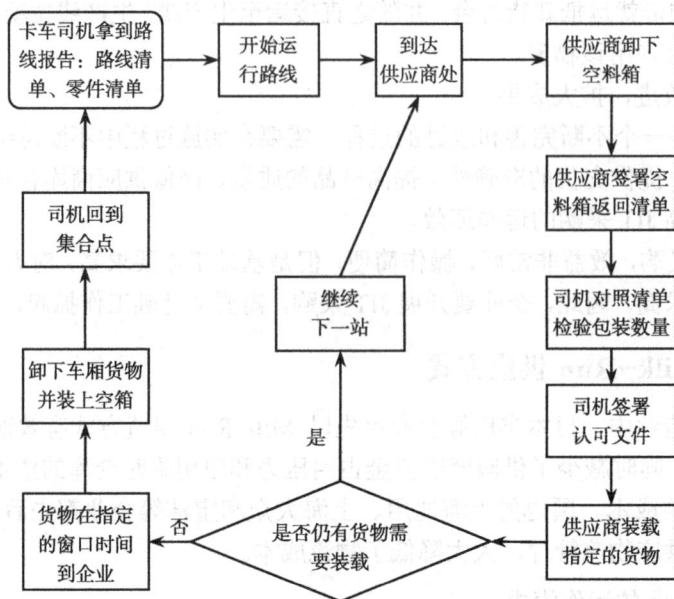

图 4-8　Milk-Run 作业流程

2. Milk-Run 的特点

Milk-Run 供应方式是汇集式的配送运输操作，通过对配送运输的集成产生效益。这种方式改变了以往由供应商自行向企业交付的运作模式，而变为由专业第三方物流企业到供应商工厂直接取货向企业供应，由专业项目人员统一安排定点装柜、运输等相关事宜。其特点主要如下：

（1）多对一的运作方式

Milk-Run 供应方式在汽车、电子制造企业和零售业中逐步推广流行，这些企业的一个重要特点是产品种类多，需要由很多的供货商向其供货。倘若由多家供货商分别对其进行供货，这样不仅手续烦琐，而且运输效率低下，会造成资源浪费，而将此业务外包给第三方物流企业，由其设计循环取货的路线和方案，然后到不同的供应商处取货，再直接送到总装厂或者零售商，则可以大大提高装载率，提高运输效率。

（2）多频率小批量定时性拉动式取货

Milk-Run 供应方式是一个优化的物流系统网络，是闭环拉动式取货。其特点是多频次、小批量、及时拉动式的取货模式。它把原先供应商送货的推动方式转变为由第三方物流企业运输取货的拉动方式。一次运输需要从多个供应商处提取多品种、少批量的产品，发运物品少的供应商不必等到物品积满整卡车再发运。另外，循环取货对取货、到货的时间要求很严格，不精确的到货时间无论是早到还是晚到都会对生产及库存产生影响。

（3）可以做到最小风险、最大柔性

产品短暂的生命周期和狭小的库存空间使得企业必须强调物流网络的完善和节省资金占用，Milk-Run 供应方式同样也是降低风险的好选择。由于 Milk-Run 供应方式避免了企业在仓库等存储设施、物料搬运系统设备、人工这些方面的投资，又能及时满足企业内部及客户的需求，因而受到很多企业的青睐。

Milk-Run 供应方式与供应商直接供货的区别如表 4-4 所示。

表 4-4　Milk-Run 取货供应与供应商直接供货的区别

供货模式	运输特点	有无空车运输	承 运 人	企业库存水平	操作
Milk-Run 供应方式	循环、频率高、运输时间长	无	第三方物流企业	低	复杂
供应商直接供货	直接、频率低、运输时间短	有	供应商	高	简单

3．Milk-Run 供应方式的适用范围

Milk-Run 供应方式虽然具有诸多优点，但它并不适用于所有企业，只有在一定条件下才有可能有效施行。如沃尔玛和上海通用通过实施 Milk-Run 供应方式成功地达到了预期目标，而北京吉普却以失败告终。

采用 Milk-Run 供应方式必须具备以下几个条件。

（1）企业实力雄厚

大凡成功实施 Milk-Run 供应方式的企业都是很有实力的大企业，这一现象的出现绝非偶然，因为 Milk-Run 供应方式要求企业生产计划连贯，而规模较大的企业无疑更容易做到这一点。最理想的情况是企业的需求计划固定，这样一来，供应商就可以不用考虑需求变化，以固定速度持续生产，保证时刻有货。如果企业市场预测不准确或生产内部有所缺陷，就会导致无法制定连贯的生产计划，物料需求时间、数量和种类经常毫无规律地变化，进而影响供应商备货，最终影响整个 Milk-Run 供应方式的实施。北京吉普因为在生产过程中经常出现突发事件，生产计划调整无序，供应商的生产和供货计划跟不上，致使零部件不能及时到位，最终导致 Milk-Run 供应方式应用的失败。

（2）供应商数目较多

Milk-Run 取货供应方式运用最为广泛的行业是汽车制造业和零售企业，而在其他企业，如能源类企业，则很少运用 Milk-Run 供应方式。这是由于实施 Milk-Run 供应方式要求供应商的数量不宜过少，设备制造企业和零售企业所需原料或货物的种类较多，拥有较多的供应商，容易满足 Milk-Run 供应方式的条件，有利于 Milk-Run 供应方式的实

施。因此，要顺利实施 Milk-Run 供应方式，还要求企业拥有众多的供应商。

（3）物品的数量少、体积小

对于 Milk-Run 供应方式而言，由于针对多个供应商进行取货，所以要求供应商的货物的数量少，体积比较小。如果物品的数量多或体积较大，单独一种物品就可以装满一车，很难再搭配其他物品。另外，Milk-Run 的时间周期不能太长，也就是其循环取货区域范围不能过大，不然很容易造成成本增加或出现缺货的现象。

（4）供应商能按需供货

在企业计划实施 Milk-Run 供应方式的时候，来自供应商的阻力最大。由于 Milk-Run 供应方式的特点是小批量、多批次，所以要求供应商保持时刻有货的状态，这对于很多供应商来说是一个不小的挑战。Milk-Run 供应方式下的供应商生产的大都是需求数量较少的物品，供应商要按照企业的需求计划供货，并根据需求计划的变化而调整自身生产，对于那些生产能力不足的供应商来说，是比较困难的。而且，企业为了确保每次取货顺利，往往要求供应商提高安全库存，这就意味着供应商的库存成本增加。参与 Milk-Run 供应方式的供应商必须能保证供货可以适应企业需求的变化，同时还要保证物品质量。

（5）第三方物流企业服务水平高

在实施 Milk-Run 供应方式的过程中，第三方物流企业是 Milk-Run 供应方式的实际操作者，对企业生产产生直接影响，所以要求第三方物流企业能够保证较高的运输质量。在实施项目之前，企业一般都要委托专业物流机构进行方案设计，如上海通用在实施 Milk-Run 供应方式之前委托了富有国际化经验的美国 RYDER 公司来承担物流策划管理的职责。

综上所述，Milk-Run 取货方式适用于供应商数量较多、生产计划连贯的企业，主要针对数量和体积小且取货范围有限的物品，要求供应商能按需供货，保证货物质量，同时要求合作的第三方物流企业具有很高的专业水平。只有这些条件都满足，Milk-Run 供应方式才能够顺利实施。

4．Milk-Run 供应方式的应用案例

上海通用汽车有限公司（以下简称"上海通用"）自 1998 年 12 月 17 日建成投产以来，先后推出了别克轿车、别克 GL8 商务公务旅行车、赛欧轿车和赛欧 SRV 休闲车，并在国内汽车行业率先实现了 4 种车型平台的共同生产。上海通用在合资当初就决定，要用一种新的模式，建一个在"精益生产"指导方式下的全新理念的工厂。

上海通用在国内外拥有近 200 家供应商，为了把库存这个"魔鬼"赶出自己的供应链，其部分零件会根据生产的要求，在指定的时间直接送到生产线上去生产。这样，因为不进入原材料库，所以保持了很低或接近于"零"的库存，省去大量的资金占用。而有些用量很少的零部件，为了不浪费运输车辆的运能，充分节约运输成本，上海通用使用了 Milk-Run 供应方式。

上海通用委托了富有国际化经验的美国 RYDER 公司来承担物流策划管理的职责。首先，他们了解了国内供应商的地理位置。上海通用的供应商比较集中在江、浙、沪一带，给 Milk-Run 的实施创造了有利条件。其次，他们分析了供应商依车型平台供货的情况。分析结果显示：有 40% 的供应商同时向别克轿车、GL8 商务公务旅行车、赛欧家庭轿车和赛欧 SRV 休闲车 4 种平台供货。有 87% 的供应商供应 2 种平台以上的零件。这个结果为共线生产的车型平衡及 Milk-Run 的路线稳定性和提高车辆装载率创造了较好的条件。最后，运输车辆的选定充分考虑了国内交通状况，以及供应商的实际情况。上海通用选用 12 米和 8 米及 5 米的卡车改装成的开启式箱式车，并采用侧面开启方式，以扩大装卸工作面、提高装载效率。

为了保证供应商处于"时刻有货"的状态，上海通用与供应商时刻保持着信息沟通。上海通用对一年、半年、一月甚至一周的生产都进行预测，并及时通知供应商，让其能根据通用的生产计划安排自己的存货和生产计划。

上海通用的财务分析显示：在完全实施循环取货方式以后，零部件运输成本每年可以节约 300 万元人民币，下降了 30% 以上。

4.3.4　VMI 模式

供应商管理库存（Vendor Managed Inventory，VMI）是供应链环境下的一种库存管理模式，也代表了一种新型的采购供应模式。通过 VMI，采购活动不再由采购企业操作，而是由供应商操作，采购企业只需要把自己的需求规律信息（库存信息）向供应商连续及时传递，供应商根据物品的消耗情况不断及时连续小批量补充库存，来满足采购企业的物料需要。为了降低采购供应的成本，在条件成熟的情况下，目前已有一些企业采用了 VMI 模式。

1．VMI 模式的运作方式

VMI 管理模式是从快速响应（Quick Response，QR）和高效客户响应（Efficient Customer Response，ECR）基础上发展而来的，其核心思想是供应商通过共享用户企业的当前库存和实际耗用数据，按照实际的消耗模型、消耗趋势和补货策略进行有实际根据的补货。往往是由供应商依据下游企业提供的每日看板或商品销售资料等，替下游企业下订单或连续补货，其业务往来主要如图 4-9 所示。

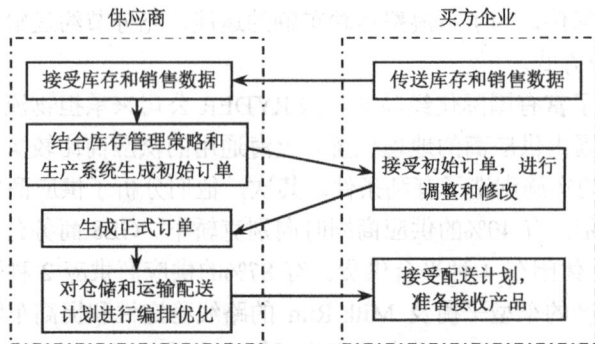

图 4-9 VMI 模式的主要业务流程

2. 采用 VMI 模式的前提条件

企业采用 VMI 模式来完成自身所需物品的采购供应工作，需要与供应商建立良好的合作关系，并实现相互之间信息传递的畅通无阻。需要具备的基本前提条件如下所述。

（1）改变订单的处理方式

实施 VMI 需要建立基于标准的托付订单处理模式。首先，供应商和企业一起确定供应商的订单业务处理过程所需要的信息和库存控制参数。然后，建立一种订单的处理标准模式，如 EDI 标准报文。最后，把订货、交货和票据处理各个业务功能集成在供应商一边。

（2）库存状态透明化

为保证采用 VMI 的效果，企业要使供应商能够随时跟踪和检查自身的库存状态，从而快速地做出响应，对企业的生产（供应）状态做出相应的调整。因此，需要建立一种能够使供应商和用户企业的库存信息系统透明连接的方法。

（3）建立有效的合作机制

在实施 VMI 模式的过程中，相互信任是非常重要的，供应商和用户都要有较好的合作精神，才能够相互保持较好的合作。双方都需要明白各自的责任，观念上达成一致目标。如库存放在哪里，什么时候支付，是否要管理费，要花费多少等问题都要回答，并且体现在框架协议中。

3. VMI 模式的实施要点

VMI 管理模式将企业采购供应中的大部分作业交给了供应商，因此主要需要供应商完成相关的一系列工作，企业从中起到辅助配合的作用。VMI 模式实施过程中的关键要点包括以下几方面。

（1）供应商建立顾客情报信息系统

要想有效地管理销售库存，供应商必须能够获得顾客（用户企业）的有关信息。通过建立顾客的信息库，供应商能够掌握需求变化的有关情况，把由顾客进行的需求预测与分析功能集成到供应商的系统中来。

（2）供应商建立销售网络管理系统

供应商要很好地管理库存，必须建立起完善的销售网络管理系统，保证自己的产品需求信息和物流畅通。为此，必须做到：保证自己产品条码的可读性和唯一性；解决产品分类、编码的标准化问题；解决商品存储运输过程中的识别问题。目前已有许多企业开始采用 MRP II 或 ERP 企业资源计划系统，这些软件系统都集成了销售管理的功能。通过对这些功能的扩展，可以建立完善的销售网络管理系统。

（3）企业与供应商签订合作框架协议

企业须和供应商一起通过协商，确定处理订单的业务流程及控制库存的有关参数（如再订货点、最低库存水平）、库存信息的传递方式（如 EDI、Internet）等。

（4）供应商进行组织机构的变革

VMI 模式改变了供应商的组织模式。过去一般由会计经理处理与用户有关的事情，采用 VMI 模式后，在订货部门产生了一个新的职能，即负责用户库存的控制、库存补给和提高服务水平。

4. 采用 VMI 模式的优势

作为采购方，企业通过 VMI 模式，可以从烦琐的采购供应工作中解脱出来，提高供应物流的效率，同时降低相关成本。其优势主要体现在以下几方面。

（1）保证物品的及时供给

采用 VMI 模式，企业的需求信息能第一时间传递到供应商处，由供应商根据企业实时的库存信息或销售时点数据做出较准确的需求预测，并进行连续的小批量补货，需求的响应性高，能有效保证企业持续不断的物品需求。

（2）大大简化采购流程

VMI 模式有利于企业与供应商之间建立长期合作的伙伴关系，减少供应商的数量，降低供应商管理成本；同时，由供应商自动连续补货，可以使企业省去多余的订货部门，实现人工任务自动化，并可简化一些作业环节，如进货商品检验等，提高采购供应的效率。

（3）降低库存水平及管理成本

供应商管理库存，可以减少企业的安全库存量，有效降低库存水平，从而减少库存资金的占用，提高企业资金的使用率。同时，企业不持有或持有少量的库存，意味着企业可以减少仓储设施设备的投入，减少仓库管理员数量，降低库存物资的管理成本。

案例分析 >> 广州丰田的入厂物流管理

1. 基本背景

广州丰田汽车有限公司（以下简称"广州丰田"）成立于2004年9月1日，是由广州汽车集团股份有限公司和丰田汽车公司各出资一半，合资建设、经营的整车项目。在充分吸取丰田汽车公司几十年的汽车制造经验的基础上建成的广州丰田，拥有丰田全球最先进、世界顶级的生产设备和工艺，涵盖了冲压、焊装、树脂、涂装及总装等整车制造总成的五大工艺布局近乎完美。它与天津的生产基地一南一北遥相呼应，并与海内外的零部件供应商相连接，构成了丰田汽车在中国紧密无隙的供应链网络。作为日系车厂的典型代表，广州丰田在入厂物流环节别具特色。目前广州丰田有3种零部件供应物流模式：台车物流（含顺引卡车物流）、飞翼车物流和海运集装箱物流。这3类供应物流是广州丰田入厂物流的3驾马车，构成了丰田汽车在中国精益而高效的供应物流体系。

2. 入厂物流的分类管理

供应商距离广州丰田的远近决定了入厂物流的模式。台车物流面对的是广州丰田工厂周围2公里内的供应商，使用专用容器，零部件可以直接上装配线；飞翼车物流面对的是距离广州丰田2公里以外的所有国内厂商，如在上海和天津的供应商，这部分支撑了广州丰田的 Milk-Run 供应系统；集装箱物流面对的则是海外供应商。

在丰田的供应体系中，对适用不同物流模式的零部件做了分类和规划，零部件被分为顺引件、台车件、看板件、海外件。

顺引件是供应商按照车辆下线顺序排列零部件的装载顺序，直接送到线上装配的零部件，如发动机、坐椅、轮胎、玻璃等，这些零部件体积大或质量大，是非标准件，它们使用台车和专用卡车运输，使用专用通道，特点是定量不定时。车辆顺序在车辆从涂装进入总装时就最终确定，该顺序指示会同步传送给供应商，作为供应商排序的依据，丰田根据生产的实际进度去供应商处引取。

台车件指从供应商出货后，通过台车直接送到装配线上的零部件，它们与顺引件不同点在于它们都是标准件，物流模式则一样，都是丰田根据生产的实际进度去供应商处引取。

顺引件和台车件对应的是台车物流。

看板件是供应商按照丰田的订单量（看板数）进行出货，经飞翼车运输到丰田的零部件，适用于国内所有用托盘容器装载的零部件。广州丰田的看板件走公路，特点是定时不定量，供应商按照丰田发行的看板枚数出货，每箱一张看板，装箱数量不变。

海外件对应的是集装箱物流，它们是从海外直接采购的零部件，每周定期发船。日本丰田负责海外件集货和装箱，广州丰田直接从日本丰田采购海外件。集装箱物流涉及海运和公路运输，它们被定时送到广州丰田工厂，车间按生产进度开捆。零部件在装箱时已经考虑了按车辆台数进行均衡的配载。

3．入厂物流的运作方式

（1）台车物流运作

台车物流的运输工具主要有台车和专用卡车两种。专用卡车主要用来运输体积很大的零部件，如发动机、坐椅和轮胎等。一般来讲，这些零部件因车辆变化其规格或颜色会发生变化，供应商根据装配车辆的先后预先排好零部件顺序，直接送到线上。其中，台车有专用的牵引车头，加挂单翼车厢，使用带车轮的专用容器，走专用通道；专用卡车走的是公路，专用容器置于车厢内。台车物流的特点是装卸快捷，无叉车作业。

台车物流采用定量不定时的物流方式。所谓"定量"是指台车或专用卡车的装车数量都是确定的，一般控制在 20～30 台；所谓"不定时"是指零部件的引取时间随车辆下线的进度滚动。快捷的装卸要求是台车物流选择专用物流容器的原因，这也是它区别飞翼车物流和集装箱物流的地方。

为了保证台车物流的"直通"，供应商早在出货前就接收到了零部件需求的数量和顺序，这些内容广州丰田都是通过看板或电子顺序指示等可视化的工具进行信息传递的。

（2）飞翼车物流运作

为了满足 Milk-Run 的需求，飞翼车使用标准规格的物流车辆。广州丰田的飞翼车车厢的宽度定为 2.45 米，是托盘宽度（1.2 米）的两倍，车厢两侧向上展开，展开后像小鸟的翅膀一样，因此得名飞翼车。飞翼车可以在两侧进行托盘的装卸，这样装载零部件托盘和卸空箱托盘就不会发生额外的物流操作，为 Milk-Run 的实现提供了前提。

物流容器也实现了标准化。因为飞翼车的规格和托盘的尺寸是唯一的，所以对于回转箱（不可折叠）要求通过组合可以刚好达到托盘的尺寸。广州丰田根据托盘的规格，确定了 15 种标准尺寸的回转箱，这样在厂外物流中，就实现了以托盘为单位的装卸和堆垛。为了保证堆垛托盘的平稳，广州丰田要求所有出货托盘不得高于 1 米，顶端必须平整，如果不平则用空箱填平。

飞翼车有确定的物流线路和物流时间。广州丰田每个月会计算各供应商每天出货的体积，从而提前确定下个月的物流计划。因为月度车辆生产计划已经平准到每天，所以物流的货量在月度内基本不变，这就为确定的物流线路、物流时间和较高的积载率提供了前提。

广州丰田按照供应商的分布和出货量确定物流线路,其中广州近郊全部采用Milk-Run,上海和天津地区的供应商较集中,所以在这两个地区建立中转站(crossdock),通过 Milk-Run 集合各分路线的货物之后,再由中转站通过干线运输统一发送至广州丰田,中转站没有零部件库存。虽然 Milk-Run 和干线运输使用的都是飞翼车,但中转站并不多余,它实现了远距离的多频次物流。

物流线路确定后,广州丰田再根据线路中各出入货点之间的距离确定各点物流作业时间。在广州丰田,每条物流线路都有一个对应的卸货区和装空箱区,在规定的时间点,飞翼车到卸货区或装空箱区进行装卸作业。物流线路和物流时间在月度内不发生变化,一切物流操作井然有序。

飞翼车物流的另一个特点是对应确定的订单号。对于每个供应商,广州丰田将每天零部件的数量以箱为单位均分到各订单里。这个订单数量在做物流计划的时候就已经确定了,而且月度内不会发生变化,发生变化的只是订单里零部件的箱数。

广州丰田要求,供应商在出货的时候不同订单的零部件不能混装在一个托盘,这样操作有两点好处:一是可以在数量检查时很容易发现是否有零部件未发和未到;二是可以实现厂内物流以托盘为单位的小批量引取。

(3)集装箱物流运作

集装箱物流用来运输海外零部件,广州丰田所有的海外零部件委托日本某物流公司在日本统一集货后,定期装船发送到中国。为了实现海外零部件单品管理,广州丰田海外零部件在装船的时候不是按照成套件的方式,而是采用进度装船的模式,其原理与飞翼车物流大致相同。

海外零部件物流周期长,且影响物流品质的不安全因素很多,因此,广州丰田在厂外设定了合理的库存。在零部件进入总装车间开捆以前,这些库存都是在集装箱内存放,这就大大减少了物流的操作,消除了仓库管理的作业和费用。

4. 案例简评

独特的物流体系是丰田汽车在中国扩张市场时的竞争利器,广州丰田根据供应商的距离和采购物件的类型对入厂物流进行了有效的分类管理,是实现公司 JIT 生产的有力保证。从广州丰田的实例可以看出,零部件入厂物流按照供货品类和区域的不同综合使用了多种先进物流技术和管理方式,其主要成功之处在于:实施分类物流管理,推行物流作业(物流线路、物流时间、运输工具、运输容器、零部件放置位置等)的标准化和制度化。

5. 案例延伸思考

（1）广州丰田高效的入厂物流运作的终极目标是什么？

（2）广州丰田入厂物流中的台车物流已经实现了 JIT，而飞翼车物流和集装箱物流只做到了推动式的批量物流，如何使这两种物流模式真正达到 JIT？

练习与思考

1. 简述企业供应物流的基本流程及主要管理内容。

2. 供应计划与生产计划之间是什么关系？

3. 制定供应计划的依据及要点是什么？

4. 企业采购是一个商流过程。这种说法是否正确？请说出理由。

5. 企业采购作业流程中，你认为哪个环节最关键？

6. 如何加强企业采购物流的管理？

7. 企业供料有何方式方法？结合一个企业的实际情况，谈谈可以从哪些方面改进供料方式。

8. JIT采购的前提条件是什么？

9. 除了MRP、JIT、Milk-Run和VMI以外，你认为还有哪些先进管理模式可应用于企业供应物流管理？

10. 通过调研或上网了解一个企业的供应物流情况，谈谈其供应物流是如何运作的。

第 5 章

企业生产物流管理

学习目的与要求

本章将围绕企业生产物流管理展开讨论，主要介绍企业生产物流管理的内容及组织方式。应理解企业生产物流的特点及主要内容，掌握生产物流系统设计的原则及方法；了解如何进行生产物流的计划与控制；熟悉生产物流的具体组织形式；了解不同生产类型的生产物流特点及管理重点。

学习重点与难点

生产物流管理的主要内容，生产物流系统设计，生产物流计划与控制。

5.1 企业生产物流管理概述

一个企业的生产过程同时也是各种生产物料的使用和消费过程，生产物流与企业生产流程同步，是企业整个物流系统的重要组成部分。有效的生产物流管理，对于保证生产和促进生产、节约物料消耗、加速资金周转、降低产品成本、提高经济效益具有十分重要的意义。

5.1.1 企业生产物流管理的内涵

1. 企业生产物流的概念

生产物流是指企业生产过程中发生的涉及原材料、在制品、半成品、产成品等所进行的物流活动。对生产物流的含义可以从生产工艺、物流范围及物流属性 3 个角度进行理解。

从生产工艺角度看，生产物流是与整个生产工艺流程相伴而生的，有的是在物流过程中实现生产工艺所要求的加工和制造，有的是在加工制造过程中同时完成物流，有的是通过物流对不同的加工制造环节进行链接，体现出"工艺是龙头，物流是支柱"的一体化特征。所以生产物流是企业在生产工艺中的物流活动，即物料不断地离开上一工序，进入下一工序，不断发生搬上搬下、向前运动、暂时停滞等活动。

从物流的范围角度看，企业生产物流的边界起于原材料、外购件的投入，止于成品仓库，贯穿生产的全过程，横跨整个企业（车间、工段等），其流经的范围是全厂性的、全过程的。

从物流属性角度看，企业生产物流是指生产所需物料在空间和时间上的运动过程，是生产系统的动态表现。换言之，物品（原材料、辅助材料、零部件、在制品、成品等）经历生产系统各个生产阶段或工序的全部运动过程就是生产物流。

2．企业生产物流的特点

生产物流作为企业整个物流体系的中间环节，发生于企业内部，活动范围相对企业供应物流和销售物流较小。它具有以下特点。

（1）主要功能要素是搬运

企业生产物流的主要功能要素不同于社会物流，一般物流的功能要素主要是运输和储存，其他是作为辅助次要功能或强化性功能要素出现的。企业生产物流的主要功能要素则是搬运活动。许多企业的生产过程实际上是物料不停地被搬运的过程，在不停的搬运过程中，物料被加工甚至改变了形态。即使是配送企业或批发零售企业，实际上也是通过不停的搬运活动，完成商品的分货、拣、选、配货工作，完成大改小、小集大的换装工作，从而使物品形成可配送或可批发零售状态。

（2）是一种工艺过程型物流

一旦企业生产工艺、生产设备及生产流程确定，企业生产物流也因此形成了一种相对稳定的状态，物流便固化成工艺流程的重要组成部分。由于这种稳定性，企业生产物流的可控性、计划性很强，一旦进入生产物流过程，选择性和可变性很小，对生产物流的改进往往只能通过工艺流程的优化得以实现，在这方面与随机性很强的社会物流有很大的差异。

（3）具有很强的伴生性

企业生产物流往往是生产过程中的一个组成部分，这决定了企业生产物流很难与生产过程分开而形成独立的系统。当然，企业生产物流也存在与生产过程可分的局部物流活动，包括仓库的储存活动、出入货物流活动、分厂车间之间的物流活动等，这些活动都有其本身的界限和运动规律。

3．影响企业生产物流的主要因素

不同的生产过程形成了不同的生产物流系统，影响企业生产物流的因素主要包括生产工艺、生产类型、生产规模、企业的专业化与协作化水平几方面。

① 生产工艺。不同的生产工艺加工设备不同，对生产物流有不同的要求和限制，是影响生产物流构成的最基本因素。

② 生产类型。不同的生产类型，产品品种、结构的复杂程度不尽相同，影响生产物流的构成及组织方式。

③ 生产规模。生产规模指单位时间内的产品产量，通常以年产量来表示。生产规模越大，生产过程的构成越齐全，物流量也就越大；反之，生产规模小的企业生产过程构成一般就缺乏条件划分得很细，物流量也较小。

④ 企业的专业化与协作化水平。社会生产力的高速发展与全球经济一体化使企业的社会专业化和协作水平不断提高。与此相适应，企业内部生产过程趋于简化，物流流程缩短。

4．企业生产物流管理的意义

随着生产制造过程自动化、柔性化水平的不断提高，生产规模的不断扩大，生产物流系统低效率的弊病日益突出。有关研究表明，在产品生产的整个过程中，仅仅 5% 的时间用于加工和制造，剩余 95% 的时间都用于储存、装卸、等待加工和输送，物品传输与存储费用占整个零部件加工费用的 30%～40%。由此可见，生产物流的合理化对提高企业生产系统的总体效益和企业利润具有十分重要的意义。

良好的生产物流管理具有以下作用：有效降低物品在生产过程中的搬运次数和搬运距离，降低物料在企业内的输送成本；通过优化库存和生产控制，大大降低物品在生产过程中的储存成本；充分发挥生产设备的能量，降低生产设备的闲置成本；减少物料在各个流动节点的滞留时间，保证物料储运、供应和需求之间衔接得当，有效降低企业生产时间；协调企业内部各方面的关系，保证生产顺利进行，为顾客提供良好的服务，从而提高顾客的忠诚度。

5.1.2　企业生产物流管理的主要内容

企业生产物流是伴随企业内部生产过程的物流活动，即按照企业内部布局、产品生产过程和工艺流程的要求，实现原材料、零部件、半成品等物品在企业内部流转的物流活动，如图 5-1 所示。

按照工艺过程的特点，企业生产可以分为流程式生产和加工装配式生产两种形式。

流程式生产是指物品均匀、连续地按一定工艺顺序运动，在运动中不断改变形态和性能，最后形成产品的生产，如化工（塑料、药品、肥皂和肥料等）、炼油、冶金、食品和造纸。流程式生产中物料的主要流向是从原材料、毛坯库和零部件库进入加工环节后，在车间内部和车间之间进行流转，最后进入成品库。

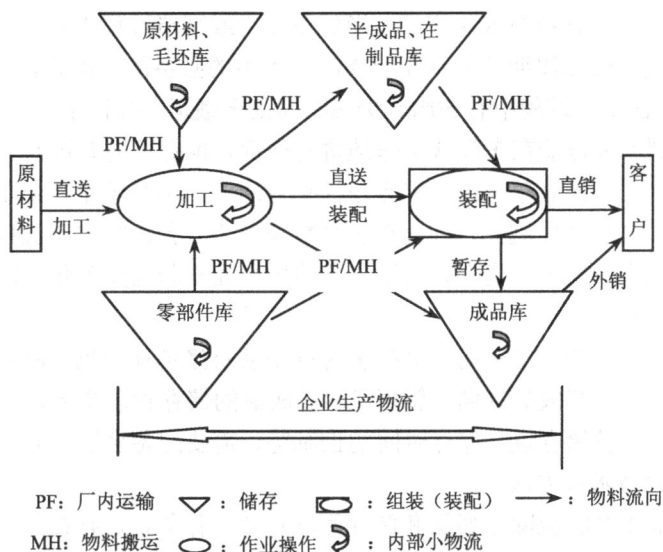

图 5-1　企业生产物流的基本活动形式

加工装配式生产是指物料离散地按一定工艺顺序运动，在运动中不断改变形态和性能，最后形成产品的生产，如机床、汽车、柴油机、锅炉、船舶、家具、电子设备、计算机和服装等产品的制造。加工装配式生产最后要进行产品的集中组装，物料除了在车间内部和车间之间流转外，还有可能要进入半成品库或在制品库进行暂存。

无论是流程式生产还是加工装配式，生产物流管理都是要对企业内部的这些物流活动进行计划、组织、控制与协调，其内容主要包括对企业内部物料的搬运管理和在制品、成品储存管理两方面。

1. 物料搬运管理

为保证企业生产活动的正常进行，相关物料必须在企业内部不断地流转，这意味着物料的输送和转移工作量很大。一般来说，企业的占地面积有限，各生产设施之间的距离不会太远，可以直接运用较简单的搬运工具进行物料的转移。只有在一些超大型企业中，因规模较大，占地面积很广，生产设施之间可能相距较远，才需要运用运输车辆进行较长距离的物料输送工作。因此，物料搬运管理是企业生产物流管理中最重要的部分，主要针对物料在车间与仓库之间、车间与车间之间、工序与工序之间的物流活动进行有效的管理，包括设计合理的物料搬运路径，选择合适的搬运工具，控制搬运的批量及时间间隔等。

2．在制品、成品储存管理

在制品是指从原材料投入生产后，尚处在加工或制造过程中的各种制品。它是为保证生产过程的连续性和周期性而存在于生产过程中的必备的物流要素（占产品总成本的20%～60%，其在生产过程中有50%～95%时间处于搬运、等待中），是生产物流管理的重要内容。在制品有可能在车间或工作地进行暂存，也有可能要进入专门的在制品仓库进行储存保管。在制品储存管理的重点是控制合理的在制品数量。企业要避免在生产过程中保留过多或过少的在制品，因为在制品数量过少，会影响生产过程的连续性；数量过多，则会积压企业的流动资金，占用过多的生产面积和仓库容积，影响生产的现场条件，降低生产效益。

另外，企业生产加工出来的产品很多时候不会直接销往市场，而需要在成品仓库进行暂存，由此派生了产成品的储存管理工作。成品的储存管理主要涉及产品的出入库管理、保管养护，以及储存量、储存时间的控制等，需要配备合适的仓储设施设备，采用合理的仓储管理技术和方法。

当然，企业生产物流除了搬运和储存两项重要工作外，还存在装卸、包装等作业内容。如在搬运物料的起始和终止环节往往伴随着装卸作业；为了使物料在搬运过程中免遭破坏，在搬运之前对物料进行适当的包装等。企业同样需要对这些物流活动进行有效的管理。

5.1.3　企业生产物流管理的目标及要求

合理组织生产物流活动，使生产过程处于最佳状态是保证企业获得良好经济效益的重要前提之一。企业在生产过程中进行生产物流的管理主要是要实现生产物流运作的效率性和经济性，降低企业生产物流运作的成本。

1．企业生产物流管理的目标

由于生产物流的主要活动是搬运和储存，效率和效益就来自这两个方面。因此，企业生产物流管理的主要目标是整合搬运，实现最低库存，均衡生产保证产品质量。

① 整合搬运。在企业生产过程中，物品流转贯穿制造过程的始终。因此需要有创新的规划，把小批量的装运聚集成集中的、具有较大批量的整合搬运，减少物品的迂回、交叉和无效的往返搬运，避免物品搬运中的混乱、路线过长等。

② 实现最低库存。生产物流管理的重要职能是要控制半成品、在制品及成品库存，使其达到最低库存。科学管理库存，不仅可以降低库存水平，减少隐性成本，减少资金占用和库存维持成本，而且可以提高顾客的满意度。

③ 均衡生产，保证产品质量。均衡生产从物流的角度来看，就是生产物流流量的均衡，是杜绝生产中浪费现象的重要措施。另外，为了降低企业成本，生产物流活动过程中必须有效保证产品质量，减少因产品质量问题造成的损失。

2. 企业生产物流管理的要求

为了达到生产物流管理的目标，企业组织生产物流时要满足以下要求。

（1）物流过程的连续性

生产是逐道工序往下进行的，要求物料能够顺畅、最快、最省地走完各个工序，直到成为产成品。任何工序的不正常停工，工序间的物料混乱等都会造成物流的阻塞，影响整个企业生产的进行。因此，要使物料总是处于不停的流动之中，包括空间上的连续性和时间上的流畅性。空间上的连续性要求生产过程各个环节在空间布置上合理紧凑，使物料的流程尽可能短，没有迂回往返现象。时间上的流畅性要求物料在生产过程各个环节的运动自始至终处于连续运动状态，没有或很少有不必要的停顿与等待现象。

（2）物流过程的平行性

一般企业通常生产多种产品，每种产品又包含着多种零部件。在组织生产时，将这些零部件安排在各个车间的各个工序上生产，因此要求各个支流平行流动，如果任何一个支流发生延迟或停顿，整个物流都会受影响。因此，要使物料在生产过程中平行交叉流动。

（3）物流过程的节奏性

物流过程的节奏性是指要保证产品在生产过程各个阶段都能有节奏、均衡地进行，即在相同的时间内完成大致相同的工作量，避免出现时松时紧、突击加班等现象，造成设备或人力资源的浪费。

（4）物流过程的比例性

产品的零部件组成是固定的，考虑到各个工序内的质量合格率，以及装卸搬运过程中可能造成的损失，零部件数量必然在各个工序间有一定的比例关系，物流批量也应具有比例性。当然，这种比例关系随着生产工艺的变化、设备水平和操作水平的提高也会发生变化。

（5）物流过程的适应性

企业的生产组织正向多品种、少批量的管理模式发展，要求生产过程具有较强的应变能力，即生产过程具备在较短的时间内由生产一种产品迅速变化为生产另一种产品。物流过程应同时具备相应的应变能力。

5.2 企业生产物流组织

生产物流区别于其他物流系统的最显著特点是它和企业生产密切联系在一起。只有合理组织生产物流过程，才有可能使生产过程始终处于最佳状态。如果物流组织水平低，达不到基本要求，即使生产条件、设备、工艺再好，也不可能顺利完成生产过程，更谈不上取得较好的经济效益。生产物流组织工作包括生产物流系统的优化设计、生产物流计划与控制以及组织好生产物流的具体运作等。

5.2.1 企业生产物流系统的设计

企业生产物流有效运作的前提条件是有一个考虑周到、设计合理的生产物流系统，系统设计的结果将直接影响生产物流的运作效果，进而影响生产活动的正常进行。

1．生产物流系统设计的原则

生产物流系统强调物流环节的整体效益，企业进行生产物流系统设计时，不仅要满足生产能力的需要，而且要考虑进料、临时储存，以及生产中的搬运、调度、装箱、库存、运送等环节的协调性。因此，生产物流系统设计要遵循以下原则：

① 耗费最小原则。物流过程中要避免不增加任何附加的价值而徒然消耗大量人力、物力和财力的情况。因此，物流距离要短，搬运量要小。

② 流动性原则。良好的生产物流系统应使流动顺畅，消除无谓停滞，力求生产流程的连续性。当物料向成品方向流动时，应尽量避免工序或作业间的逆向、交错流动或发生与其他物料混杂的情况。

③ 高活性指数原则。采用高活性指数的搬运系统，尽量减少二次搬运和重复搬运。

④ 空间利用原则。最佳工厂的空间使用率很高。理想状态是物料仅移动一次，移动距离尽可能短，移动时物料置于高效率的运输箱中。生产物料应沿生产线存放，而不是在几个库存区分隔储藏。

⑤ 整洁原则。物流系统设计得好，工厂零部件易于找到，库存易于清点、估算，库存、工具和流程都有直观的标志，现场干净、整洁。

⑥ 发展原则。物流系统的设计要考虑以后的发展，产能扩大一倍以后仍可以组织有效的物流管理系统。

2．生产物流系统设计的核心内容

生产物流系统设计的主要目的是使企业内部"物畅其流"，且最大限度地降低生产物流成本。为达到此目的，关键在于设施布置设计与物料搬运设计两方面。

（1）设施布置设计

设施布置是指在已确认的空间场所内，结合企业生产工艺和生产流程，合理安排各个生产作业单元和辅助设施的相对位置、面积，以及进行生产设备的布置。目标在于协调生产，减少不合理生产物流，提高企业生产运作效率。设施布置的重点在于空间的合理规划，使得物流路线最短，尽可能减少物流路线的交叉、迂回、往复现象；使物料搬运量最小以节省搬运费用，实现"把规定的物料按规定的数量、在规定的时间、按规定的顺序、完好无损地送到规定的地点，安放在规定的位置上"。同时，要考虑各种事故状态下的应急安全措施，并为以后发展和布置变更留有余地。

（2）物料搬运设计

物料搬运设计是以布置设计为前提，根据所搬运物料的物理特征、数量，以及搬运距离、速度频度等，确定合理搬运方法，选择合适的搬运设备，使搬运系统的综合指标达到最优。

设施布置设计和物料搬运设计的出发点都是力求物流合理化，两者相互制约，相辅相成。良好的设施布局和合理的搬运系统相结合才能保证生产物流合理化的实现。因此，在进行设施布置设计时，必须同时考虑搬运系统的要求，如采用传送带作为主要搬运手段，则各种设施应该按传送带的走向呈直线分布；采用叉车则应考虑有适当的通道和作业空间。搬运系统设计后也可对设施布置设计进行必要的修正与补充，最终使两者达到完美的结合，促进生产物流的顺利开展。

3．生产物流系统设计的方法

针对现代企业的生产运作特点，生产物流系统设计可以综合采用动线型 SLP 法和 SHA 法，两种方法交叉进行、互相补充。

（1）动线型 SLP 法

动线型 SLP 法是对传统系统布置设计（Systematic Layout Planning，SLP）的一种改进方法，主要用于企业设施布置。其设计过程分为 8 个阶段，如图 5-2 所示。

① 资料收集与分析。资料收集与分析是企业设施布置设计的重要前提。在此阶段，收集并分析影响布置设计的基础数据和背景资料，主要包括：E——Entry，指加工对象或接收的订单；I——Item，指加工产品的种类；Q——Quantity，指加工产品的数量；R——Route，指产品的工艺流程；S—— Service，指辅助部门和其他服务水平；T——Time，指生产加工的时间安排或物流服务的时间；C——Cost，指企业的建设预算。这些资料可以通过对历史资料或商务合同的统计、同类企业的参考类比、专家经验咨询、市场调查分析或实验测算的办法获得。

```
┌─────────────────┐
│  资料收集与分析  │
└─────────────────┘
        ↓
┌─────────────────┐
│  确定设施布置类型 │
└─────────────────┘
        ↓
┌─────────────────────┐
│ 作业单位及作业活动分析 │
└─────────────────────┘
        ↓
┌─────────────────┐
│   初步布置方案   │←──┐
└─────────────────┘   │
        ↓             │
┌─────────────────┐   │
│  方案评估和选择  │   │ 反馈
└─────────────────┘   │ 修正
        ↓             │
┌─────────────────┐   │
│  详细布置设计    │   │
└─────────────────┘   │
        ↓             │
┌─────────────────┐   │
│    动线分析      │───┘
└─────────────────┘
        ↓
┌─────────────────┐
│   确定最佳方案   │
└─────────────────┘
```

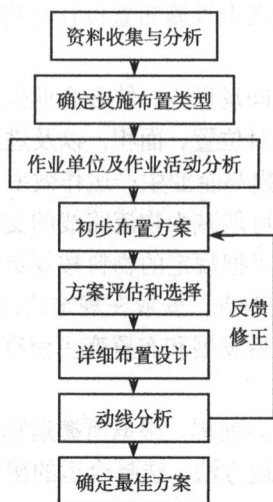

图 5-2 动线型 SLP 法程序模式

② 确定设施布置类型。对于生产企业来说，企业生产的产品品种多少及每种产品产量的高低，决定了企业的生产类型，直接影响着企业的总体布局及生产设施的布置形式。因此要对产品种类和产量关系进行深入分析，产生恰当的设施布置形式，如固定布置、对象专业化布置、工艺布置及成组布置等。

③ 作业单位及作业活动分析。

在对前述基础数据和背景资料分析的基础上，对企业主要的业务活动、作业的关联性及其大体作业流程进行分析，划分作业区域和作业单位。在此过程须注意作业区域之间可能存在的信息交换关系、组织协调关系，考虑操作安全和环境需要而保持的距离关系。在大多数企业中，各作业单位之间既有物流联系也有非物流联系，两作业单位之间的相互关系应包括物流关系与非物流关系，因此要将作业单位间的物流关系与非物流的关系进行合并，求出合成的相互关系——综合相互关系，然后由各作业单位间综合相互关系出发，实现各作业单位的合理布置。

④ 初步布置方案。由上一步的部门综合关系图生成线形图，再将面积的约束及各种实际限制条件加入，采用试错法生成空间关系图，即生成初步布置方案 X、Y、Z……

⑤ 方案评估和选择。对上一步形成的多个方案，从经济、技术等方面进行综合评价和方案评估，从中选择 1～2 个可选方案进行详细设计。

⑥ 详细布置设计。对各作业区内部所使用的各种设施、设备器具、作业场所和车间通道进行详细布置与安排。在此阶段可以重复使用综合关系法，因为从考虑问题、布置思路和处理方法等角度来看，各作业区内部的详细布置设计和各作业单位布置设计的

方法几乎完全一样，只是工作的深度、设计的范围和细致程度不同，详细设计阶段考虑的问题更细致些，布置的内容更具体些。

⑦ 动线分析。在此之前均是空间的合理布置设计，故在对 1～2 个可选方案进行详细布置设计后，有必要对企业的物流动线和人行动线进行分析，这时候就要进行物料搬运系统的分析，并对最优方案进行调整、反馈修正，使其物流动线和人行动线具有最大的合理性和流畅性，并使搬运方法和搬运手段合理化，以提高生产物流的运转效率。关于搬运系统分析方法下面将进行详细介绍。

⑧ 确定最佳方案。根据以上动线分析，确定最佳布置方案，在实施过程中再对布置方案进行调整和进一步完善。

（2）SHA 法

搬运系统分析（System Handling Analysis，SHA）是一种系统分析方法，适用于一切物料搬运项目。是为了消除不必要的搬运作业活动、提高搬运活动的活性指数，对构成物料搬运系统的物料、人员、移动设备与容器（搬运单元）、移动的路径及其影响因素进行分析，利用有关物料搬运的知识和经验，考虑各种条件和限制，并计算各项需求，以形成最佳的物料搬运方案。

SHA 法分析过程可分为 4 个阶段。

第一阶段：外部衔接，确定位置。弄清企业内部物料的输入、输出方式及频率，使内外衔接能够互相协调，以利于确定设施的具体布置地点。

第二阶段：总体搬运方案。制定布置区域的基本物流模式、作业单位、部门或区域的相互关系及外形，制定区域间物料搬运方案，确定移动系统、设备型号、运输单元或容器。

第三阶段：详细搬运方案。确定每台机器、设备、通道、仓库或服务设计的位置；确定各工作地点之间的移动系统、设备和容器，以及对每项移动的分析，完成详细的物料搬运系统设计。

第四阶段：实施、施工安装及生产运行。

物料搬运系统分析的阶段和程序如图 5-3 所示。

P、Q、R、S、T 分别代表物料的品种（Product）、数量（Quantity）、路径（Routing）、支持服务（Support）和时间（Time），是搬运系统的基本影响因素，也是搬运系统分析设计的主要基础数据。在图 5-3 中，物料搬运系统分析的主要步骤如下：

① 物料的分类。物料分类的主要依据是物料的可运性和物流条件。影响可运性的主要因素是物料本身的物理化学特性和工位器具、托盘、货架、搬运设备等外界因素；物流条件包括生产工艺方面的要求、质量保证体系的要求（如精密件的搬运）、生产管理方面的要求（如生产中的间隙性、周期性、配套性、不均匀性等）、环保要求及一些

特殊要求。物料分类的基本程序是：列表标明所有物料或分组归并物料名称；记录其物理特征或其他特征；分析每种物料或每类物料的各项特征，并在主导的起决定作用的特征下面画标记线；确定物料类别，把那些具有相似的主导特征或特殊影响特征的物料归并为一类；对物料分类后，用 A、B、C、D 等表示，编制物料特征表。

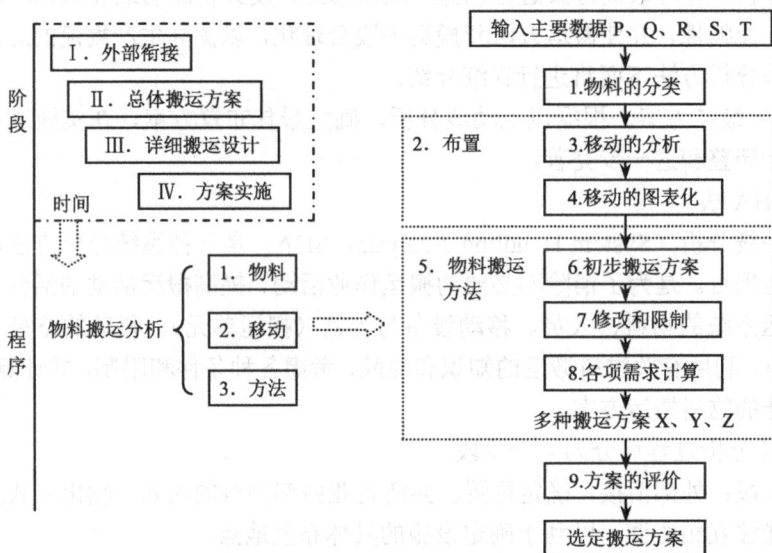

图 5-3　物料搬运系统分析过程

② 布置。对系统布置的分析主要包括以下几方面：每项移动的起讫点（提取和放下的地点）；在规划之前已经确定或大体上规定的路线；物料搬进运出和穿过的每个作业区所涉及的建筑的特点（地面负荷、厂房高度、柱子间距、屋架支撑强度、室内还是室外、有无采暖和有无灰尘等）；物料搬进运出的每个作业区内的工作类型及已布置的情况。

③ 移动的分析和移动的图表化。在分析各项移动时，需要掌握的资料包括：物料的分类、路线的起讫点、搬运路径和具体情况，以及物流量和物流条件。常用的移动分析方法有流程分析法、起讫点分析法、编制搬运活动一览表和各项移动的图表化。

④ 物料搬运方法。这阶段工作主要包括确定搬运路线、搬运设备、搬运单元和搬运方法。搬运路线主要有直线型和间接型两种：直线型路线中各种物料能各自从起点移动到终点，因此各种物料从起点到终点经过的路线最短，当物流量大，距离短或距离中等时，一般采用这种形式是最经济的，尤其当物料有一定的特殊性而时间又较紧迫时更为有利；间接型路线把几个搬运活动组织在一起，在相同的路线上用同样的设备，把物

料从一个区域移到其他区域，适用于距离长而物流量小的情况。SHA 按距离和物流量把搬运设备分为 4 类：简单的搬运设备（距离短、物流量小）、简单的运输设备（距离长、物流量小）、复杂的搬运设备（距离短、物流量大）和复杂的运输设备（距离长、物流量大），根据实际情况选择合适的搬运设备。搬运单元是搬运物料的单位，一般来说，散装搬运是最简单和最便宜的移动物料的方法，当然，物料在散装搬运中必须不被破坏、不受损失，或不对周围环境引起任何危险，散装搬运通常要求物料数量很大，除了散装和单件搬运外，大部分的搬运活动要使用容器或托架，合并、聚集或分批地用桶、纸盒、箱子和板条箱等组成搬运单元。搬运方法选择就是以一定形式的搬运设备与一定形式的运输单元相结合，进行一定规模的搬运活动，以形成一定的路线系统。综合各种作业所制定的各种搬运方法的组合，就形成物料搬运方案。

⑤ 初步搬运方案。编制搬运方案的第一种方法是填写工作表格，列出每条路线上每种（或每类）物料的路线系统、搬运设备和搬运单元。如果物料品种是单一的或只有很少几种，而且在各条路线上是顺次流通而无折返的，那么这种表格就很实用。第二种方法是直接在一切编制的流程上记载建议采用的搬运方法。第三种方法是把每项简易的方法标注在以前编制的物流图或其复制件上，一般来说，这种做法使人看起来更易理解。

⑥ 修改和限制。为了使搬运方案切实可行，还须考虑实际的限制条件进行适当的修改。物料搬运方案中经常涉及的修改和限制内容包括：在前面各阶段中已确定的同外部衔接的搬运方法；既满足目前生产需要，又能适应远期的发展和变化；与生产流程或流程设备保持一致；可以利用现有公用设施和辅助设施保证搬运计划的实现；布置或建议的初步方案，以及它们的面积、空间的限制条件（数量、种类和外廓形状）；建筑物及其结构的特征；库存制度及存放物料的方法、设备；投资的限制；设计进度和允许的期限；原有搬运设备和容器的数量、适用程度及其价值；影响工人安全的搬运方法。

⑦ 各项需求计算。包括：每条路线上每种物料搬运方法的说明；搬运方法以外的其他必要的变动说明，如更改布置、作业计划、生产流程、建筑物、公用设施和道路等；计算搬运设备和人员的需求量；计算投资数额和预期的运营费用。

⑧ 方案的评价。通过以上分析得出的搬运方案可能有多种，因此要对方案进行评价，选择最优方案。对方案的分析评价经常采用成本费用或财务比较法、优缺点比较法和因素加权分析法 3 种方法。费用是经营管理决策的主要依据，因此每个搬运方案必须从费用的角度进行评价，即明确每个方案的投资和经营费用。优缺点比较法是直接把各个方案的优点和缺点列在一张表上，进行分析和比较，从而得到最终方案。多方案比较时，因素加权法是评价各种无形因素的最好方法，其主要步骤是：列出搬运方案需要考虑或包含的因素（或目的）；把最重要的一个因素的加权值定为 10，再按相对重要性规定其余各因素的加权值；标出各比较方案的名称，每个方案占一栏；对所有方案的每个

因素进行打分；计算各方案的加权值，并比较各方案的总分，得分最高的为最优方案。

通过以上步骤完成了总体搬运方案设计，即确定了整个企业内部总的搬运路线系统、搬运设备、搬运单元，在此基础上还须进行搬运方案的详细设计，主要是制定车间内部从工作地到工作地，或从具体取货点到具体卸货点之间的搬运方法。详细搬运方案必须与总体搬运方案协调一致。

在完成总体搬运方案和详细搬运方案的设计后，加上外部衔接和方案的实施两部分，就是用 SHA 法进行物料搬运系统设计的主要内容。

5.2.2　企业生产物流的计划与控制

在规划好的生产物流系统投入使用后，还须对生产物流活动进行有效的计划与控制。计划指导生产物流的实际运作，计划执行的结果通过对物流的监控来考核，并采取控制措施。

1. 生产物流计划

企业生产计划决定了未来一段时间内生产物流开展的具体内容及形式，对企业的整体运作影响很大。因此，生产物流计划工作十分重要，应力求计划合理，具有可行性。

（1）生产物流计划的任务

生产物流计划的目的是更好地为生产提供服务，其任务主要如下：

① 保证生产计划的顺利完成。为了保证按计划规定的时间和数量生产各种产品，要研究物料在生产过程中的运动规律，以及在各个工艺阶段的生产周期，以此来安排经过各个工艺阶段的时间和数量，并使系统内各个生产环节内的在制品结构、数量和时间相协调。

② 为均衡生产创造条件。均衡生产是指企业及企业内的车间、工段等各个生产环节，在相等的时间阶段内完成等量或均增数量的产品。均衡生产的要求为：每个生产环节都要均衡地完成所承担的生产任务，不仅在数量上均衡地生产和产出，各个阶段的物流也要保持一定的比例性，尽可能缩短物料流动的周期，保持一定的节奏性。

③ 加强在制品管理和缩短生产周期。保持在制品、半成品的合理储备，是保证生产物流连续进行的必要条件。在制品过少，会使物流中断，影响生产的顺利进行；反之又会造成物流不畅，延长生产周期。因此对在制品的合理计划既可减少在制品占用量，又能使各个生产环节实现正常衔接与协调，按物流作业计划有节奏地、均衡地组织物流活动。

（2）生产物流计划的内容

生产物流计划主要是对各类物品在企业内部流转的量和时间做出较详细的规划。由于生产物流与企业生产密切相关，生产作业计划与生产物流计划相互影响、相互制约，常常需要将两者结合起来共同制定合理的计划。生产物流计划要考虑生产作业的安排，满足生产需要；同时，为提高生产物流的效率，也可能需要对生产加工作业进行适当的调整，如改变某工序的加工批量和加工时间等。

由于生产物流计划主要关注物流量和物流时间，期量标准是生产物流计划工作非常重要的依据。期量标准是对加工对象在生产过程中的运动进行科学分析和计算，从而确定的时间和数量标准，包括企业内部一切与生产制造和物料流转相关的时间和数量。"期"表示时间，如生产周期、提前期等；"量"表示数量，如一次同时投入生产的在制品数量、仓库在制品数量等。大量流水生产方式的期量标准主要有节拍、流水线作业指示图表和在制品占用定额，单件小批生产的期量标准有产品生产周期表和生产提前期等，成批生产方式的期量标准则主要有批量、生产间隔期、生产周期、在制品占用量等。按期量标准组织生产物流，有利于建立正常的生产秩序，实现均衡生产。

（3）生产物流计划的方法

目前企业生产作业计划和安排的方法主要有 MRP 和 JIT 两种方式。MRP 是一种将库存管理和生产进度计划结合为一体的计算机辅助生产计划管理系统，做到在用的时候所有的物料都能配套备齐，而在不需要的时刻，又不过早积压，从而达到既降低库存，又不出现物料短缺的目的；JIT 是在工序间不设置仓库，前一工序加工结束后，使其立即转到下一工序去，"在需要的时候，按所需的数量，生产所需的产品"，其核心是消除一切无效劳动和浪费。

MRP 系统有强大的信息处理功能，在中长期的生产计划和控制方面拥有很多优势，但由于加工车间的生产环境是动态、易变的，此时周密的计划并不一定有效。而 JIT 在长期计划方面不足，但在执行计划方面有优势，非常适合车间的运作。为了提高生产物流的效率和满足生产需要，可以结合 MRP 和 JIT 两种生产管理方法制定生产作业和生产物流的综合计划，达到合理计划、杜绝浪费的目的。综合计划的制定将 MRP 作为企业的计划系统，用于主生产计划、新产品开发生产计划和物料需求计划管理，将 JIT 作为企业的执行系统，用于拉动式制造过程（含生产供储）的看板控制，其过程如图 5-4 所示。

在 MRP 和 JIT 的混合系统中，采用 JIT 方法按用户订单来编排计划，采用制造物料清单作为倒排计划的依据，使生产中的各个环节都是紧密相联的，可以大大降低在制品和成品的库存量及库存成本，使物料流转时间最大限度地满足生产作业的需要，避免资源浪费。

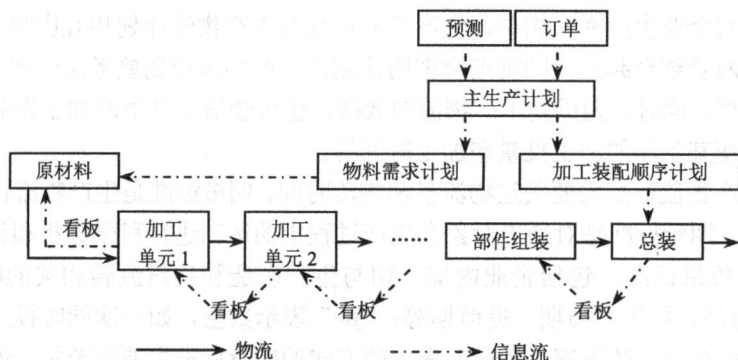

图 5-4　MRP 和 JIT 混合制定生产物流计划

2．生产物流控制

在实际的生产物流系统中，由于受系统内外部各种因素的影响，计划与实际之间会产生偏差，为了保证计划的完成，必须对物流活动进行有效的控制。生产物流控制就是指在生产物流计划执行过程中，对有关产品或零部件的流转进行全面的控制，主要包括生产物流进度控制、在制品占用量控制和偏差的测定与处理。

（1）生产物流进度控制

生产物流进度控制是指对物料从投入生产到成品入库为止的全过程所进行的控制。它包括物料投入进度控制、物料出产进度控制和工序物料进度控制。

① 物料投入进度控制。物料投入进度控制是指控制产品（零部件）开始投入的日期、数量和品种是否符合计划要求，也包括对原材料、毛坯、零部件投入提前期，以及设备、人力、技术措施投入使用日期的控制。搞好物料投入进度控制，可以避免造成计划外生产和产品积压现象的发生，保持在制品正常流转，保证投入的均衡性和齐套性。

② 物料出产进度控制。物料出产进度控制是指对产品（零部件）的出产日期、出产提前期、出产量、出产均衡性和齐套性的控制。做好出产进度控制，可以有效地保证按时、按量、成套、均衡地完成生产计划任务。

③ 工序物料进度控制。工序物料进度控制是指对产品（零部件）在生产过程中经过的每道加工工序的进度进行的控制。主要用于单件和成批生产条件下，对那些加工周期长、工序多的产品（零部件），除控制投入和出产进度外，还必须控制工序进度。

（2）在制品占用量控制

在制品占用量控制主要包括：控制车间内各工序之间在制品的流转和跨车间协作工序在制品的流转，加强工序间检验对在制品流转的控制。一般来说，对于企业生产过程中的在制品物流控制，要基于对生产流程环节的考虑，对其进行分步、分级式的管理。

主要是要做好以下工作：

控制在制品在生产过程中的占用量和储备量。建立在制品各车间占用量定额和储备定额，保证车间连续生产的进行；建立健全在制品和半成品的收发领用制度，以入库单、领料单来严格按计划限额收发在制品；对于车间内部的在制品流转，通过加工路线单等加以控制；建立在制品增减数字管理制度。

及时进行记账核对。及时结清在制品收发账目，妥善处理零件报废、代用、补发等账务处理，并定期对账，做好在制品的清点、盘存工作，确保账实相符、账账相符。

控制因生产流程变化而产生的在制品数量、规格型号的变化情况。对因故发生的报废、返修、回用等现象引起的在制品数量的增减进行及时另账处理，采取一定的措施保证在制品控制体制的严格执行。

对于在制品的管理，主要是要避免生产过量造成的浪费，各道工序保持标准的在制品存量，使各道工序在联动状态下运作，提高在制品的流转率，以减少资金占用，避免对生产面积和仓库容积造成影响。有效地控制在制品占用量，对组织均衡生产、保证产品质量、加速资金周转、降低产品成本和提高经济效益等诸多方面有重要意义。

（3）偏差的测定与处理

偏差的测定与处理是指在生产物流计划实施过程中，按照预定时间及顺序检测计划执行的结果，根据发生差距的原因及程度，采用不同的方法进行处理。

偏差的测定需要采用物流跟踪的方法，即从原材料投产开始到成品出厂，动态收集记录各工序的生产、库存、搬运等实时数据，掌握生产物流的流量、流向及变化。一般来说，企业内部物流业务频繁，物流跟踪的数据量大，实时性强，因此须每天汇总有关数据，绘制"日物流平衡图"或"物流跟踪表"，使其成为生产物流计划滚动制定和调整的依据。因数据处理量大，可以应用相关的信息系统进行管理。

当出现偏差时，须进一步分析原因并积极采取措施进行处理。若由于市场变化导致生产情况有变时，应适当调整生产物流方案，使之与新的生产方式相配合；若由于原有计划不周导致实际生产难以进行或生产物流不畅时，则应重新调整生产作业计划和生产物流计划，使之与实际情况相符。总之，要动态地监督、调配、指挥各种生产资料，及时解决生产中出现的偶发问题，以保证生产作业计划的顺利完成。

5.2.3　企业生产物流的组织形式

从生产物流的基本活动形式可以看出，生产物流管理的关键是要组织好车间与仓库之间、车间与车间之间，以及车间内部的物料流动活动，并做好仓库内部的储存管理工作。企业生产物流组织的具体运作就是围绕这些方面展开的。

1．车间与仓库之间的物流组织

车间与仓库之间的物流活动主要是两者之间的物料搬运转移，包括将车间加工的在制品运至在制品仓库，将在制品从仓库搬至车间用于继续加工，以及将最终成品加工车间生产出来的产成品运至成品库，如图5-5所示。

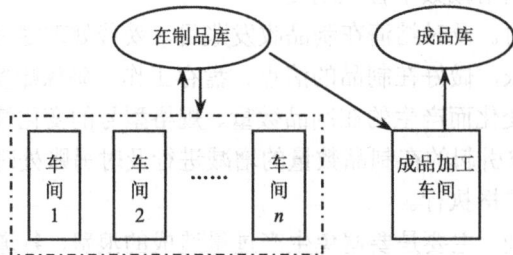

图5-5　车间与仓库之间的物流活动

对车间与仓库之间的物料搬运工作影响最大的是两者之间的相对位置，即布局情况，不仅影响搬运路线，还将进一步影响搬运工具及搬运方法的选择。在进行车间和仓库的布局决策时，应遵循的基本原则是考虑物品的流向及两者之间的距离。仓库不宜离运作的车间太远，否则会大大地增加物流作业量；仓库也不宜离运作车间太近，由于仓库的物流工作较为繁忙，通常要占据相当大的场地面积，如果太靠近车间，又会影响车间的正常工作。

2．车间与车间之间的物流组织

在企业内部往往涉及多个不同功能的车间，车间与车间之间也存在着各种在制品的供与求的关系，从平面布局角度，要考虑车间在制品的流向，原则上要以物流总行程最短为前提来布局车间。在车间之间的衔接方面，要使最先的输入点和最终的输出点就近于仓储位置。

车间与车间之间的物流活动也主要是搬运，不同的生产组织方式将产生不同的搬运路线和搬运量。因此，合理化组织车间之间的物流活动的关键是选择合适的生产组织方式，以形成最优的搬运路线，节省搬运成本。常见的生产组织方式有工艺专业化、对象专业化及成组工艺。不同的生产组织方式下车间布置形式不一，相应的物流路径也有很大的差异。

（1）按工艺专业化形式组织

工艺专业化形式是通过工艺导向布局进行空间安排，把同类生产设备集中在一起，完成相同工艺加工任务。工艺专业化形式主要适用于企业生产规模不大、生产专业化程度低、产品品种不稳定、单件小批量生产的情况。按工艺专业化形式组织生产物流的物流路径如图 5-6 所示。

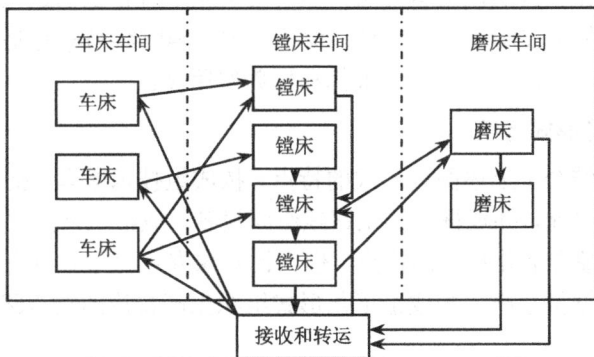

图 5-6　按工艺专业化形式组织的车间布置及物流路径

工艺专业化形式使每个车间只有一种设备，从事同一种工作，产品按工艺流程完成生产就需要流经多个车间，甚至在车间之间多次往返流转，物料搬运工作量大，搬运路线较长且不确定，从而使物流复杂程度高，物流成本也相对较高。但按工艺专业化形式组织生产物流对企业生产的优势是：机器利用率高，可减少设备数量；设备和人员柔性程度高，更改产品和数量方便；操作人员作业多样化，有利于提高工作兴趣和职业满足感。

（2）按对象专业化形式组织

对象专业化形式也叫产品专业化原则或流水线，其特点是把生产设备、辅助设备按生产对象的加工路线组织起来，即每个车间的加工对象单一但加工工艺、方法多样化。在企业专业方向已经确定，产品品种比较稳定，生产类型属于大量、大批生产，设备比较齐全并能有充分负荷的条件下，适宜按对象专业化组织生产。按对象专业化形式组织生产物流的物流路径如图 5-7 所示。

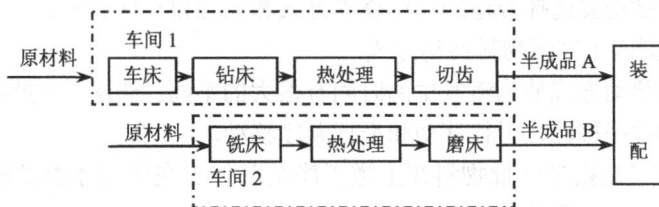

图 5-7　按对象专业化形式组织的车间布置及物流路径

对象专业化形式把某一产品的生产加工作业需要的设施设备集中在一个车间，其优点是：车间与车间之间的物料搬运工作相对简单，搬运量少；总体搬运路径较短，可使用专用设备和机械化、自动化搬运方法；物料流向完全符合工艺过程，物流畅通，存放量少；计划简单，易于控制。其缺点是：设备发生故障时容易引起整个生产线中断，产品设计变化将引起布置的重大调整，维修和保养费用高。

3. 按成组工艺形式组织

成组工艺形式结合了上述两种形式的特点，按成组技术原理，把具有相似性的零件分成一个成组生产单元，并根据其加工路线组织设备。成组工艺形式类似对象专业化形式，因而也具有对象专业化形式的优点，但又比对象专业化形式具有更高的柔性，主要适合于多品种中小批量生产。按成组工艺形式组织生产物流的物流路径如图 5-8 所示。

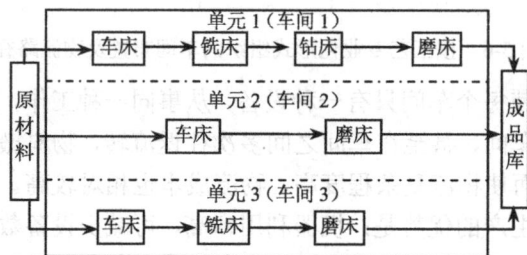

图 5-8　按成组工艺形式组织的车间布置与物流路径

按成组工艺形式组织生产物流的优点是：物流通畅，搬运距离较短，搬运量少；设备利用率高；在满足品种变化的基础上有一定的批量生产，具有柔性和适应性。缺点是：需要较高的生产控制水平以平衡各单元之间的生产流程；若单元间流程不平衡，需要中间储存而增加物料搬运；班组成员须掌握所有作业技能；减少了使用专用设备的机会。

4. 车间内部物流组织

车间内的物流活动主要包括工序之间的物料移动和暂存区的物料储存。要组织好车间内部物流，关键是要选择合适的物料移动方式和加强暂存区管理。

（1）3 种典型的工序间物料移动方式

不同的物料移动方式使物流发生的时间有很大的不同。通常，一批物料有 3 种典型的移动方式，即顺序移动、平行移动和平行顺序移动。

顺序移动方式是指当一批物料在上道工序全部加工完毕后才整批地转移到下道工序继续加工，如图 5-9 所示。

顺序移动方式的优点是一批物料连续加工，设备不停顿，物料整批转工序，搬运量小，便于组织生产。但缺点是不同的物料之间有等待加工、搬运的时间，因而生产周期较长。

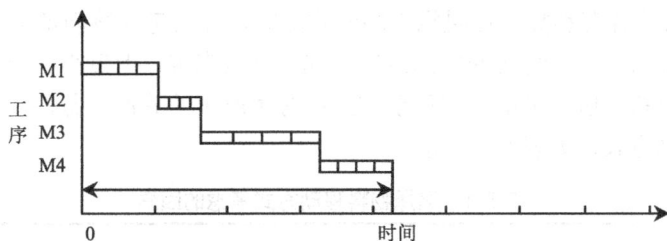

图 5-9　顺序移动方式

平行移动方式是指一批物料在前道工序加工一个物料以后，立即送到后道工序去继续加工，形成前后工序交叉作业，如图 5-10 所示。

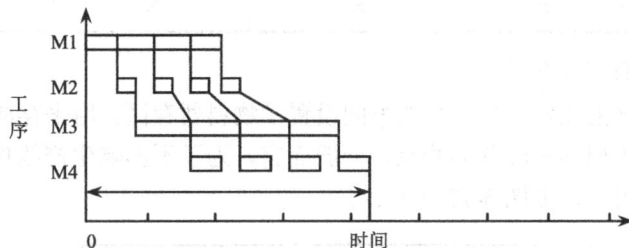

图 5-10　平行移动方式

平行移动方式的优点是不会出现物料成批等待现象，因而整批物料的生产周期最短。缺点是搬运活动频繁会加大搬运量；当物料在各道工序加工时间不相等时，会出现人力和设备的停工现象；只有当各道工序加工时间相等时，各工作地才可连续充分负荷地进行生产。

平行顺序移动方式是指每批物料在每道工序上连续加工没有停顿，并且物料在各道工序的加工尽可能做到平行，如图 5-11 所示。

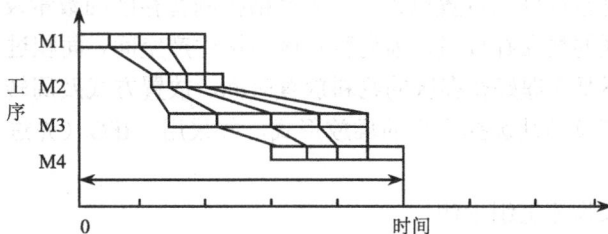

图 5-11　平行顺序移动方式

平行顺序移动方式吸取了前两种移动方式的优点，搬运量小，同时又消除了间歇停顿现象，能使工作地充分负荷，工序周期较短，但安排进度时比较复杂。

3种移动方式各有利弊。在组织工序间物流时，需要考虑物料的大小、物料加工时间的长短、批量的大小及物料的空间组织形式。一般来讲，批量小、物料小或重量轻而加工时间短的物料，适宜采用顺序移动方式；对生产中的缺件、急件，则可以采用平行或平行顺序移动方式，如表5-1所示。

表5-1　选择物料移动方式考虑的因素

物料移动方式	物料尺寸	物料加工时间	物料批量大小	物料空间组织形式
顺序移动	小	短	小	工艺专业化
平行移动	大	长	大	对象专业化
平行顺序移动	小	长	大	对象专业化

（2）车间内暂存区管理

为了保证生产的正常进行，有些车间设置了物料暂存区，用来存放待加工的物料或已完成本车间加工但尚未转移的物品。一般而言，为了不影响生产线作业，暂存区设置在车间的出入口附近，如图5-12所示。

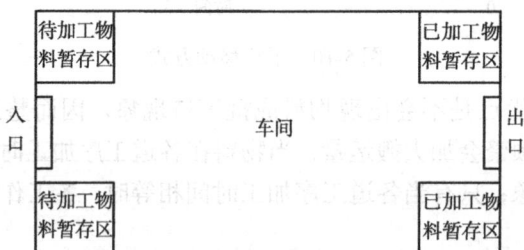

图5-12　车间内暂存区规划

除了合理安排暂存区的位置以外，还应严格控制暂存区的数量及大小，也就意味着要控制进入暂存区的物品存放量，因为暂存区占用生产空间，面积过大会影响生产的顺利进行。另外，还要管理好暂存区的物料放置时间、放置方式及周转顺序等。一般要根据物料的外部特征及品性选择合理的堆放形式，并采用FIFO（先进先出）的方式对物料进行管理。

（3）车间内部物流组织示例

东风日产花都工厂从2005年年初开始以多车型共线混流生产方式，90%的部品都在线边设置了料位，现场物流按照标准包装供给上线，作业人员进行动线装配时附随了大量的如步行、选取部品、弯腰等无附加值动作，存在人工和时间的浪费，成本高、效率低。另外，对现场部品的消耗把握只能依靠供给人员的巡视，存在缺件等待的风险。随着新车型不断导入投产，花都工厂生产线各车型混合程度日渐增强，各车型内饰和底盘式样配置不同，衍生出各种各样的颜色件、差异件，线边的部品料位不断增加，传统的现场物流管理放大了生产线的作业损失，加剧了车间现场的拥挤状况。

为此，花都工厂对生产线现场物流进行了改善。设定的目标是：

- 作业者作业便利化。部品拿取无选择、无步行、无弯腰、无转身；部品线边裸露化、顺序化。
- 物流路线最优化。部品搬运无人化、无停滞、无等待；搬运路线单线化、无交叉、无干涉。
- 在库零化。线边固定库存零化，线边临时库存零化，线边料位面积零化。

花都工厂改善生产线现场物流采取的措施有：通过实现集配区的集中化，将一次供给作业减少；通过实现二次供给以后的无人化，削减供给作业人员；通过实现大部品的同步供给，降低物流损失。

据不完全统计，截至 2009 年年底，东风日产花都工厂开展的现场物流改革创新项目大小累计 312 项，取得了显著的效果：总装部品同步排序集配供给扩大到 90%，二次物流供给 AGV 输送达到 60%，削减人力 74 人/年，显性效益达 370 万元/年，更为难能可贵的是为生产线产能增加 11%提供了有力支撑。

5. 仓库内部的物流组织

在制品仓库及成品仓库的物流组织主要是加强库内物资的储存管理，保证在库物资的质量、提高仓库作业效率、降低仓储管理成本。仓库内部物流组织不当，可能影响在制品的继续加工及产成品的销售。

在制品仓库及成品仓库作业效率低下的主要原因是内部布局不合理和设施设备落后。有些企业库内物资有成百上千种，但仍主要采用手工作业，在进行库内搬运及物料堆码时需要耗费很长时间，并容易产生货损货差。因此，有条件的大中型企业，可以采用自动化仓储，使物料的存放和出料实现完全自动化，这不仅可极大地提高仓储物流的效率，同时还可以减掉大量的岗位而节约成本，其效益是很明显的。由于自动化仓储改造投入相当巨大，一般企业难以承受，因而要提高企业仓储物流效率，还需要在仓储流程等方面进行挖潜创新。

库内物品的货位安排很重要。一方面，要考虑物流路径，如果物料摆放位置不合理，仓管人员在处理一个物料单时常常要多次来回走动，使物流效率降低。另一方面，要考虑存放物料的商品属性，不相容或相互会产生一定影响的物品不能放在一起，同时还要根据物料的保管养护要求选择相应的存放位置。

装卸货区的管理是库内物流组织的关键之一，因为装卸货区的作业效率直接影响仓库与其他作业单位之间的工作衔接。因此，要规划好装卸货区的位置、大小，制定合理的装卸货作业规范和流程，避免堆积在装卸货区的物料停留时间过长，造成拥挤现象。

另外，为了提高物流效率，库内物资要摆放整齐，标识明确，保持过道通畅。

5.3 不同生产类型的生产物流管理

企业的生产类型是生产的产品产量、品种和专业化程度在企业技术、组织和经济上的综合反映和表现。它在很大程度上决定了企业和车间的生产结构、工艺流程和工艺装配的特点，生产的组织形式和生产的管理方法，同时也决定了与之匹配的生产物流类型。不同生产类型的生产物流管理内容和方式会有所不同。

5.3.1 连续性生产、离散性生产与项目型生产的物流管理

根据生产对象在生产过程中运动的连续程度，可以把企业分为连续性生产、离散性生产与项目性生产。连续性生产即前面提到的流程式生产，物料均匀、连续地按一定工艺顺序运动，生产流程具有连续性的特点。加工装配式生产属于离散性生产，产品由离散的零部件装配而成，零部件以各自的工艺过程通过各个生产环节，物料运动呈离散状态。项目型生产是当生产系统需要的物料进入生产场地后，几乎处于停止的"凝固"状态，或者说在生产过程中物料流动性不强。

1. 连续性生产物流管理

连续性生产行业属于过程制造业，其特点有：产品结构比较简单，物料数量和层次较少，设计极少变更；工艺流程采用专用设备或装置，流程和能力都相对固定，工序间连续且能力匹配性强，在最高和最低日产量间波动；当供需变化时，只能靠调整工艺流程参数维持生产，不能中断；物料存储形态多样化，在制品和产成品通常是液体、气体、粉状等，存储通常采用罐、箱、柜、桶等；自动化水平高，生产计划管理严格。另外，还要加强批次跟踪管理，但车间管理相对简单。

连续性生产物流的特征主要有：生产出的产品和使用的设备、工艺流程都是固定且标准化的，工序之间几乎没有在制品储存。

连续性生产物流管理的重点是保证连续供应物料和确保每个生产环节的正常运行。由于工艺相对稳定，有条件采购用自动化装置实现对生产过程的实时监控。

2．离散性生产物流管理

离散性生产是在加工装配式生产中，产品生产的投入要素由许多可分离的零部件构成，各个零部件的加工过程彼此独立。

离散型生产物流的特点是：制成的零件通过部件装配和总装配最后成为产品，整个产品的生产工艺是离散的，各个生产环节之间要求有一定的在制品储备。

离散性生产物流管理的重点是保证及时供料，在零件、部件的加工质量基础上，准确控制零部件的生产进度，缩短生产周期，既要减少在制品积压，又要保证生产的成套性。

3．项目型生产物流管理

项目型生产是指具有项目特征的生产系统，可分为两种类型：一种是只有物料流入，几乎无物料流出的"纯项目型"生产，如建筑工程与安装工程；另一种是在物料流入生产场地后，"滞留"相当长一段时间再流出的"准项目型"生产系统，如大型专用设备、飞机制造等。项目型生产过程的特征是：物料凝固，物料投入大，产品生产周期长，一次性生产，生产的适应性强。

项目型生产物流具有以下特点：生产过程在制品占用大，无产成品占用；物流在加工场地的方向不确定，加工路线变化极大，工序之间物流联系不规律；物料需求与具体产品存在一一对应的相关需求。

项目型生产物流管理的重点是按照项目的生产周期对每阶段所需的物料在质量、费用及时间进度方面进行严格的计划和控制。

5.3.2　备货型生产与订货型生产的物流管理

按照企业组织生产的特点，可以把制造性生产分成备货型生产和订货型生产两种。流程式生产一般为备货型生产，加工装配式生产既有备货型也有订货型。

1．备货型生产物流管理

备货型生产是企业根据市场需求（现实需求和潜在需求），有计划地进行产品开发和生产，生产出的产品不断补充成品库存，通过库存随时满足用户的需求，如轴承、坚固件、小型电机等产品的生产。

备货型生产模式下的生产物流组织形式是推进式生产物流，如图 5-13 所示。

其运作过程中信息流往返于每道工序、车间，而生产物流要严格按照反工艺顺序确定的物料需要数量和需要时间（物料清单表示的提前期），从前道工序推进到后道工序或下游车间，而不管后道工序或下游车间当时是否需要。信息流与生产物流是分离的，信息流控制的目的是要保证按生产作业计划要求按时完成物料加工任务。

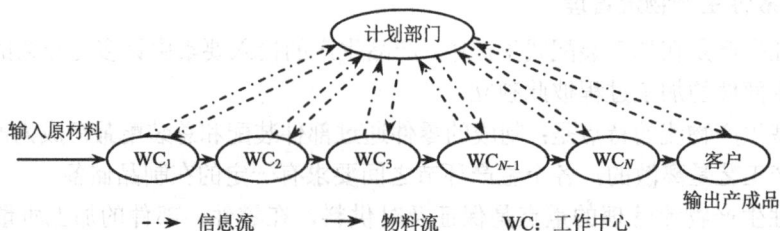

图 5-13　备货型生产模式下的生产物流组织

推进式生产物流管理具有以下特点：在管理标准化和制度方面，重点处理突发事件；在生产物流方式上，以零件为中心，强调严格执行计划，维持一定量的在制品库存；在生产物流计划编制和控制上，以零件需求为依据，执行中以计划为中心，工作的重点在管理部门；在对待库存的问题上，认为市场需求波动是客观存在的现象，因此必要的库存是合理的。

2. 订货型生产物流管理

订货型生产是企业根据用户订单组织产品的设计和生产，企业根据用户在产品结构及性能等方面的要求以合同的方式确定产品的品种、性能、数量及交货期来组织生产，如锅炉、船舶等产品的生产。

订货型生产模式下的生产物流组织形式是拉动式生产物流，如图 5-14 所示。

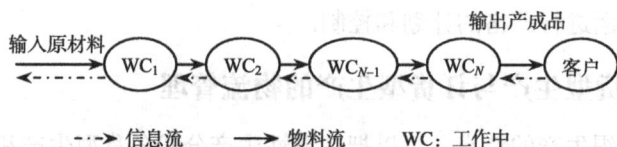

图 5-14　订货型生产模式下的生产物流组织

其运作过程中强调物流同步管理，第一，在必要的时间将必要数量的物料送到必要的地点；第二，必要的生产工具、工位器具要按位置摆放，挂牌明示，以保持现场无杂物；第三，从最终市场需求出发，每道工序、每个车间都按照当时的需要由看板向前道工序、上游车间下达生产指令，前道工序、上游车间只生产后道工序、下游车间需要的数量。信息流与物流完全结合在一起，但信息流与物流方向相反。

拉动式生产物流管理具有以下特点：在管理标准化和制度方面，重点采用标准化作业；在生产物流方式上，以零件为中心，要求前一道工序加工完的零件立即进入后一道工序，强调物流平衡而没有在制品库存；在生产物流计划编制和控制上，以零件为中心，运营看板系统执行和控制，工作的重点在制造现场；在对待库存的问题上（与传统的大批量生产方式相比较），认为基于整个生产系统而言，"波动"不仅是来自外界的必然，更重要的是来自内部的在制品库存。正是库存掩盖了生产系统中的各种缺陷，所以应将生产中一切库存视为"浪费"，要"消灭一切浪费"。库存管理思想表现为：一方面强调供应对生产的保证，另一方面强调对零库存的追求，在不断暴露生产中的矛盾的同时加以革新改进，以降低库存和消灭库存产生的"浪费"为终极目标。

5.3.3　大量生产、成批生产与单件生产的物流管理

根据产品生产的重复程度和工作地的专业化程度，大体可以把生产类型分为大量生产、单件生产和成批生产。实际企业运作中，主要存在单件小批量生产、多品种小批量生产、单一品种大批量生产及多品种大批量生产4种生产类型。

1. 单件小批量生产的物流管理

单件小批量生产是指需要生产的产品品种多但每个品种生产的数量甚少，生产重复度低。其生产过程的特点是：工人以师傅带徒弟的方式培养，个人具有高超技术；生产的组织分散；产品设计和零件制造分散；设备使用通用机器。

单件小批量生产的物流具有以下特点：生产的重复程度低，从而物料需求与具体产品制造存在一一对应的相关需求，物流作业对象复杂；由于单件生产，产品设计和工艺设计存在低重复性，从而物料的消耗定额不容易或不适宜准确制定，物流流量不确定；一般只能采用按功能布置（机群式布置），零件物流路线较长；因生产流程不确定，物流路线也不确定。

单件小批量生产的产品数量单一或不多，一般根据用户的要求，按订货合同组织生产，即采用订货型生产方式，因此可以按照 JIT 的思想制定生产物流计划，根据具体产品的需求情况及生产要求确定产品生产时的物资供给及搬运转移。制定生产物流计划时应侧重产品生产周期和生产提前期等期量指标，合理安排物料在各车间的流动和处理顺序。这方面的最优化问题计算难度较大，一般常用启发式方法，求得最优解。针对单件小批量生产方式的物流不确定性，关键是要做好生产物流的控制工作，加强生产现场的物流监控，针对物流实时数据进行适当的协调和调整。

大型船舶、模具、电站锅炉、化工炼油设备、流水线生产设备、机械型钟表等产品的制造属于单件小批量生产。如造船企业具有按订单生产、物料投入大、生产柔性化等特点，其生产物流流程大体为：原材料（钢板、钢材等）、外购件（柴油机等）、燃料等辅助材料从船厂仓库或船厂的"门口"开始，进入生产线的开始端，再进一步随生产加工过程一个一个环节地流动。在流动的过程中，本身被加工，同时产生一些废料、余料，直到生产加工终结，形成最终船舶产品。由于船舶的生产周期长，有大量的中间产品、

在制品存放在企业仓库或生产车间中，而船舶一旦生产出来即交付船东使用，产成品库存几乎没有。同时物流在加工场地的方向不确定，加工路线变化极大，工序之间的物流联系规律性不强。所以，造船企业生产物流管理的重点在于在制品储存管理、搬运路线及成本的控制。

2. 多品种小批量生产的物流管理

多品种小批量生产是指生产的产品品种繁多而且每个品种有一定的生产数量，生产的重复度中等。其生产过程的特点是：品种数量多但产量有限；产品设计系列化，零部件制造标准化、通用化；工艺过程采用成组技术；运用柔性制造系统使生产系统能适应不同的产品或零件的加工要求，并能减少加工不同零部件之间的换模时间。

多品种小批量生产物流的特点是：生产批量介于单件生产和大量生产之间，一般是制定生产频率，采用混流生产，因此物流量较大；由于产品设计和工艺设计主要采用并行工程处理，物料的消耗定额容易准确制定，单类产品的所需物流量容易计算；但由于产品品种繁多，整体物流流量与流向重复度不高，企业生产物流实际运作情况多变。

由于多品种小批量生产主要采用成组技术及柔性制造方式，生产物流计划需要密切配合企业的生产安排，物流控制则可以采用集中控制（推进式物流）的方式。这要求企业具备较完善的管理信息系统，如 MRP II 管理系统。

服装、装饰品、机床、仪器仪表等产品的生产基本属于多品种小批量生产。例如，服装企业的生产主要包括验布、裁剪、印绣花、缝制、整烫、检验及包装，内部物流量较大且多变，常常需要采用一些较先进的物流设备及物流技术，包括链式输送系统、智能吊挂系统、自动立体仓储系统。链式输送系统主要解决企业内部物料输送工作，提高搬运效率；智能吊挂系统能对生产管理和裁片供应实行智能监控，当服装款式或生产计划有变化时，灵活地控制物流流程而无须转移人员和设备的位置，从而缩短缝制的生产时间、提高设备利用率、自动平衡生产并灵活应对插单、翻单追加生产情况的发生；自动立体仓储系统可以用来解决仓储的信息透明化问题，以降低库存水平、减少仓库面积。

3. 单一品种大批量生产的物流管理

单一品种大批量生产是指生产的产品品种数相对单一，而产量却相当大，生产的重复度非常高且大批量配送。其生产过程的特点是：品种单一但产品数量大；产品设计和零部件制造标准化、通用化、集中化；很强的零件互换性和装配的简单化使生产效率极大地提高，生产成本低，产品质量稳定。

单一品种大批量生产物流的特点是：由于物料被加工的重复度高，从而物料需求的外部独立性和内部相关性易于计划和控制；由于产品设计和工艺设计相对标准和稳定，从而物料的消耗定额容易并适宜准确制定；为达到物流自动化和效率化，强调引入运输、保管、配送、装卸、包装等物流作业中各种先进技术的有机配合；流量和流向重复度高、稳定。

由于生产状态较为稳定，单一品种大批量生产的物流管理相对较为简单，关键是设计一个合理的生产物流系统，对企业内部设施设备进行优化布置。单一品种大批量生产往往采用备货型生产方式，生产物流计划制定较为容易，但实际运作过程中仍然需要加强控制，使生产物流不断处于循环优化过程中。

单一品种大批量生产包括汽车制造、矿物采掘、发动机生产等。例如，发动机生产企业基本采用大批量生产方式，物流形式单一但量很大，常常利用现代化自动物流设备完成大部分物流作业。目前发动机生产线内部工序间的输送已普遍采用龙门式机械手和机动输送辊道，正常工作状态下基本可实现无人值守。随着现代物流输送技术的不断进步，以机器人视觉搬运系统为核心的自动化输送系统也已经开始在国内发动机工厂被应用。机器人视觉搬运系统主要实现对码放在生产线端头托盘上的发动机工件毛坯上线和成品下线的位置偏移测量及自动搬运功能，并自动把工件通过空中电动单轨系统（Electric Monorail System，EMS）传送到装配生产线对应的工序位置。对于新建的大批量生产模式下的发动机工厂，机器人视觉搬运系统仅占全厂工艺设备投资的 2%左右，但其对工厂自动化水平的提升及生产面貌的改观作用却是巨大的。北京现代发动机工厂、华泰汽车鄂尔多斯发动机工厂和北京福田康明斯发动机公司近几年新建的发动机工厂均采用了类似的物流搬运系统。

4．多品种大批量生产的物流管理

多品种大批量生产也叫大批量定制生产，它是以大批量生产的成本和时间提供满足客户特定需求的产品和服务的生产类型。大批量定制生产的基本思想是用大批量生产的效益、成本和质量来生产个性化的产品，使产品生产的成本和质量与批量无关。

多品种大批量生产物流的特点是：由于要按照大批量生产模式生产出标准化的基型产品，并在此基础上按客户订单的实现要求对基型产品进行重新配置和变型，所以物料被加工成基型产品的重复度高，而对装配流水线则有更高的柔性要求，需要在基型组建的生产过程中有效地控制物料；基于快速反应客户需求目标的生产模式可以改善整个物流的成本结构。

多品种大批量生产下的生产物流管理需要建立在科学管理的基础上，事先必须制定科学标准物料消耗定额，然后编制各级生产进度计划，对生产物流进行控制，并且利用库存制度对物料的分配过程进行相应调节。生产中对库存控制的管理与优化基于外界风险因素建立，所以强调风险管理，即面对生产中的不确定因素保持相当的库存，用以缓冲各个生产环节之间的矛盾，保证生产的顺利进行。多品种大批量生产物流一般采用分散控制（拉动式物流），要求企业有严密的管理制度、灵活的管理手段，强调员工的主人翁精神的企业文化。

采用多品种大批量生产的企业大多为模块化作业的装配型企业，如汽车、家电、手机、电脑等生产企业。例如，整机类家电企业使用"小制造、大装配"形式，自己只生产一些关键零部件（一般在 20%左右），而大部分的零部件都由外购、外协得到，在装配车间生产出多种不同的产品，满足顾客的多样化需求。为提高生产物流效率，保证生产的顺利进行，常常需要采用准时生产与物料需求计划相耦合的计划管理模式。对于大量的外购、外协件及自制的零部件，采用 MRP 的备料方式，用以指导各生产车间的加工与装配计划的协调；对自制零配件和条件成熟的配件供应商，采用准时生产（JIT）的备料方式，直接把物料送入装配生产线，以减少零部件库存和流动资金的占用。同时，要采用面向功能的多进程管理体系，设计物流监控系统。在物流布局和回路设计上，选用多种先进输送工具组成多回路运行的物流系统；在自动化仓库库位分配上，以及对自动化仓库出入库、运输任务调度、运输设备状态、缓冲站物料状态和需求情况等要进行合理优化处理，以提高系统的实时性和可靠性。

案例分析 >> 华联印刷的生产物流和成品物流管理

1. 基本背景

印刷业的诸多特点使其在物流方面也具有很多特性，如订单合同额小，订单数量多，每个订单使用的原材料品种多（每个订单都要包括正文纸张、封面纸张、装帧材料等原材料，至少几种），加工工序多（每个订单少则几个工序、多达几十个工序），交货期短（短至1~2 天），成品交付地点各不相同，交付方式也因单而异。北京华联印刷有限公司（简称"华联印刷"）是 2001 年兴建的大型现代化中外合资印刷企业，为国家级定点书刊印刷企业，采用国际先进的技术、设备和管理手段，主要从事高档图书、报纸、期刊、广告、商标、包装装潢、安全印务、数码印刷等其他商业印件的设计、印前制作和印刷、印后加工等，面向北京和中国北方地区，以及欧美、日本、俄罗斯等海外市场，年销售额已逾 3.5 亿元人民币。在印刷品加工价格竞争日趋激烈的今天，能够有效地进行物流管理无疑是降低企业成本最重要的途径之一。

2. 生产布局的合理安排确保了生产物流（纸流）路径最短

华联印刷的生产车间和库房布局是"以装订车间为中心"，这一点在华联印刷大厦设计时就进行了充分的考虑和论证。印刷的主要承印物纸张及其经过印刷和其他加工后的半成品、成品是生产物流管理的主要对象，在生产过程中种类繁多、流动总量巨大，如何使这些原材料、半成品和成品流动的距离最短，使生产流程中的主要物流距离和位置最为合理，是生产物流管理的关键所在。

　　华联印刷的生产车间分布在一二两层楼内。以装订车间为中心的生产布局是指将一层上万平方米的生产车间分为 3 部分：中间部分是生产量最大的平装生产线（胶装和骑马订）；两侧分别是平张纸印刷机和卷筒纸印刷机。这样既有利于调整两侧印刷机的震动平衡，更有利于平装产品流程的便捷。商业轮转印刷机印刷的产品绝大多数为胶装或骑马订装，并且印完的产品已完成了折页，印数大，半成品多。从轮转机收纸部分到胶订机只有一墙之隔，距离不超过 10 米，这样印下来的半成品可随时转移到胶订机做准备，如事先调试好机器，待印帖齐全后，成品很快就能下线。华联印刷大厦的二层生产车间完成包括折页和精装的各工序，并与一层的平张纸印刷处于同一垂直位置。精装装订的产品一般采用平张纸印刷，并且印数相对较小，半成品流量较小，但半成品要经过折页、配页、锁线等几道工序，半成品在车间停留时间较长。虽然需要经过货梯运输，但运输总量不会很大。

　　纸张是印刷的主要承印物，也是在生产物流中主要的货物。在布局上，平张纸库与平张纸印刷车间相连，卷筒纸库与轮转印刷车间衔接，这样虽每月有上千吨的纸张吞吐量，在库房出入货与生产的衔接上仍然是有条不紊的。从整体上看，平张纸卸货台、平张纸仓、平印车间和平装装订依次连成一条线，保证了平张印刷的进纸、存纸、切纸、印刷和装订过程中的物流距离最短；卷筒纸卸货台、卷筒纸仓、轮转车间和平装装订依次连成一条线，确保了轮转印刷车间的进纸、存纸、纸张准备、印刷和装订过程中的物流距离最为合理；平装装订和成品库、成品出货台连成一条线，这样确保了装订后的成品直接入库和出货。

3．对生产物流实施规范化管理

　　生产布局的合理安排确保了生产过程中物流（纸流）路径最短。在此基础上，华联印刷的物流管理以订单为主线，明确每个订单的具体要求，对常规的做法进行规范，保证了企业物流的顺畅和高效。其特点如下：

　　（1）在物流过程中规范对物品的防护

　　上机前的白纸、半成品、成品在上下工序流动过程中，均以塑料薄膜缠绕保护，对整台产品加标志，这种措施使产品在搬运过程中得到防护，牢固而不易倒塌，因此可加快运输速度。此外，因整台产品码放后及时被防护，不存在台上的产品被搬移的可能，例如，整台被破坏将很容易判断并及时清查，这样只须查看整台产品的标志，就能清楚得知产品数量，提高了产品数量清点的效率和准确性。

　　（2）统一定制码放产品用台板

不同车间根据本部门常见产品种类和规格，定制了相应规格的可重复使用的塑料卡板，并分别用不同颜色区分其所属部门。这种方式使得不同工序的半成品与台板相匹配，整齐美观，台板的使用井然有序，减少了台板不合适或找台板耗费无效时间，将无效工作减到最小。

（3）规范产品包装

所有产品在制造加工的同时，均同时加工完成具有明确标志且与产品规格相匹配的成品包装箱，包括产品名称、每箱数量等要素。如属国内运输，则按国内运输的标准制作；如发往国外，则包装箱、卡板按国际标准制作。清晰的标志提高了货物查找的准确率，对成品货物运输体积和重量的估算更为准确，为成品运输提供可靠资料，使运输车辆的准备有据可依。

4. 对成品物流实施外包

在成品物流的运作中，华联印刷的成品物流部门可以说是充当了管理者、调度者的角色，执行者是合作的第三方物流公司。华联印刷将成品物流外包给专业物流公司，目前公司采用的物流公司有3家，每年以招标的形式决定选择合格的物流服务供应商。由于专业化分工越来越细，在快速发展过程中，企业不可能各项工作都亲历亲为，选择专业化的物流公司，公司只对物流公司进行管理，可以更好地达到管理成品物流的目的，公司可以集中精力做好自己的核心业务。

成品运输工作虽为外包，但第三方物流公司在华联印刷成品管理办公室内设立办公点并准备足够的运输车辆，与华联印刷运输调度人员密切配合，根据华联印刷成品出库和送货单，全天候完成运输任务。华联印刷在对第三方物流公司的日常管理上采取很多措施来监控物流公司的服务情况，如提前4小时备好车辆、畅通联络（主要是手机联络）和规范送货单的回单等。

5. 案例简评

许多企业的生产方式已从大批量生产转向精细的准时化生产，这就要求企业的物流系统具有和生产加工体系协调运作的能力，以提高企业敏捷性和适应性。华联印刷首先在生产布局上考虑平张纸库与平张纸印刷车间相连，卷筒纸库与轮转印刷车间衔接，这样使得出入货与生产过程紧密衔接，整个作业流程连成一线，保证了生产物流路径最短；在生产过程中，又针对纸品特点采取相应的防护措施，统一定制码放产品用台板和规范产品包装，进行规范化物流管理，确保了生产物流的高效作业。同时，华联印刷将成品物流以招标的形式决定选择合格的物流服务供应商进行外包，有效地利用了社会物流资源为企业服务，华联印刷这种有"抓"有"放"扬长避短的物流策略，有力地支持了企业生产经营的正常运转和稳步发展。

6．案例延伸思考

（1）华联印刷在生产布局上是如何安排才使得其生产物流路径最短的？其生产物流管理有哪些特点？

（2）根据华联印刷生产物流和成品物流的特点，你认为其原材料的供应物流应该如何组织与其衔接？

练习与思考

1．什么是生产物流？影响生产物流的因素有哪些？

2．企业生产物流管理的主要内容是什么？

3．生产物流系统设计的原则是什么？如何进行生产物流系统的设计？

4．找一家你熟悉的企业，了解企业的生产布局情况，分析其优势和不足之处，并提出改进方法。

5．生产物流计划与控制的主要内容是什么？

6．JIT的中心思想是消除一切无效劳动和浪费。指出企业生产物流活动中可能存在哪些浪费，并思考如何消除这些浪费。

7．分别叙述按工艺专业化、对象专业化及成组工艺组织生产物流的优缺点，并说明其适用条件。

8．什么是推进式生产物流？什么是拉动式生产物流？两种模式有何不同？

9．分析不同类型的企业如何加强生产物流管理。

10．研究一个企业的生产物流，说明这个企业的生产物流的特点是什么。这个企业的生产物流存在哪些问题？有何解决方案？

第6章

企业销售物流管理

学习目的与要求

通过本章学习，理解企业销售物流的内涵、企业销售物流的主要环节及一般流程，了解企业销售物流面临的转变，掌握企业销售物流渠道管理的基本方法、企业销售物流网络规划的方法、企业销售配送合理化的措施，掌握企业销售物流服务的定义、目标及构成要素，理解具有竞争优势的销售物流服务的具体形式。

学习重点与难点

企业销售物流的主要环节与一般流程，企业销售物流网络规划与设计，企业销售物流配送合理化的具体措施，企业销售物流服务能力评价指标。

6.1 企业销售物流概述

销售物流是企业物流与社会物流的又一个衔接点。它通过备货、选择分销渠道和运输配送方式与企业销售系统相配合，共同完成产品或商品的销售任务。

6.1.1 企业销售物流的内涵

企业销售物流是企业生产物流的进一步延伸。当产品从生产线下线之后，须经过仓储与管理、运输与配送、流通加工等一系列销售物流流程，才能送达消费者手中。销售物流对企业运营具有非常重要的作用。

1. 企业销售物流的基本概念

企业销售物流是指企业在出售商品过程中所发生的物流活动。具体是指产品从下生产线开始，经过包装、装卸搬运、储存、流通加工、运输、配送，一直到最后送到用户手中的整个产品实体流动过程。

对企业销售物流概念的理解应包括以下几方面。

（1）企业销售物流具有系统化和一体化特征

企业销售物流是企业为保证本身的经营效益，伴随销售活动，不断将产品转给用户的物流活动，它是订货处理、产成品库存、发货运输、销售配送等物流活动的有机统一，体现出系统化和一体化的特征。

（2）企业销售物流是企业物流与社会物流的另一个衔接点

企业销售物流是联接生产企业和用户的桥梁，是企业物流中除供应物流之外与社会物流相联系的另一个衔接点。销售物流是企业物流活动的一个重要环节，它以产品离开生产线进入流通领域为起点，以送达用户并经售后服务为终点，它与社会销售系统相互配合共同完成企业的分销和销售任务。

（3）企业销售物流是生产企业赖以生存和发展的条件

对于生产企业来讲，物流是企业的第三利润源泉，降低销售物流成本是企业降低成本的重要手段。销售物流成本占据了企业销售总成本的 20%左右，销售物流的好坏直接关系到企业利润的高低，进而直接关系到企业的生存与发展。

（4）企业销售物流具有很强的服务性

企业销售物流从满足用户的需求出发，从而实现销售和完成售后服务，因此企业销售物流具有很强的服务性。在现代社会中，市场环境是一个完全的买方市场，只有满足买方要求，卖方才能最终实现销售。在这种市场前提下，销售往往以送达用户并经过售后服务才算终止。企业销售物流的服务性表现在要以满足用户的需求为出发点，树立"用户第一"的观念，要求销售物流必须快速、及时，这不仅是用户和消费者的要求，也是企业发展的要求。

（5）企业销售物流以实现销售为目的

企业销售物流过程的终结标志着商业销售活动的终结。企业销售物流以实现销售为目的，它的所有活动及环节都是为了实现销售利润，因此物流本身所实现的时间价值、空间价值及加工价值在销售过程中都处于从属地位。

（6）企业销售物流是一个逐渐发散的物流过程

企业销售物流逐渐发散的物流过程与供应物流形成了一定程度的镜像对称，通过这种发散的物流，使资源得以广泛地配置。

2．企业销售物流的作用

销售物流是联接生产企业和终端需求的桥梁，是企业物流的重要组成部分。现代市场条件下，销售物流对企业销售工作的影响日益重要，成为企业销售在市场竞争中的有力武器。它的作用表现在以下几方面。

（1）企业销售物流使产品的价值和使用价值真正得以实现

企业生产的产品如果不通过运输、配送方式送到消费者手中，它只是一种可能的产品。只有通过销售物流，产品的消费才能实现。

（2）企业销售物流是企业可持续发展的保障

企业销售物流是整个供应链的信息反馈点，在企业物流系统中占据重要的地位，其好坏直接关系到生产部门生产的安排和销售额的表现，甚至在很大程度上关系着企业物流系统基本功能的实现。企业的产品只有经过销售才能实现其价值，从而创造利润，进而实现企业价值。销售物流作为企业物流的一部分，其成本占企业销售总成本的20%以上，销售物流直接关系到企业利润的高低。

（3）企业销售物流是建立顾客满意度的保证

销售物流是与消费者直接接触最多的环节，其以产品离开生产线进入流通领域为起点，以送达客户并经售后服务为终点，因此销售物流成为企业物流活动的重要环节之一。销售物流要保证商品价值和使用价值向顾客的转移和实现，其中任何一个环节（运输、仓储或配送等）出现问题都将影响整个供应链的总体表现。另外，销售物流是否能保证商品及时、准确地送到顾客手上，关系到顾客对企业服务的满意程度，随着产品市场由卖方市场向买方市场的转变，只有获得顾客满意度的企业才能在激烈的竞争中拥有核心竞争力。

（4）企业销售物流的好坏影响企业的形象

企业销售物流水平对企业及其产品的形象有重要影响。有效率的储存、运输及送达，使产品适时、适地和适量地提供给消费者，这是销售完成以前的重要工作。这样，在消费者心目中可以树立起企业效率高和信用好的声誉。反之，产品供应不及时，就会影响或降低企业声誉，失去顾客。

（5）合理化的销售物流有利于降低成本和提高企业经济效益

企业销售物流成本包括运输成本、存货成本、管理成本等，它们是构成销售成本的重要组成部分。销售物流成本的降低是"成本经济的最后据点"。降低物流成本，可以进一步降低售价，促使销量上升和利润增加，从而提高企业经济效益。

3．企业销售物流的目标

企业销售物流的目标是追求销售物流的合理化，也就是要做到：

- 在适当的交货期，准确地向顾客发送产品。交货时间和交货的准确性是影响顾客感知服务质量的重要因素。

- 对于顾客的订单，尽量减少商品缺货。缺货水平高低是评价物流服务水平的重要指标。
- 合理设置仓库和配送中心，保持合理的商品库存。产品的库存水平高，产品可得性就高，客户及时服务率增加，但同时会增加企业的库存成本，因此，产品的库存量应合理确定，不能过高也不能过低。
- 合理管理销售物流，使得运输、装卸、保管、包装等强度降低。
- 在企业销售物流管理中，应避免浪费，将企业销售物流成本维持在合理水平。
- 信息是销售物流顺畅运行的基础，保持通畅的信息流动，是有效管理企业销售物流的关键。
- 将销售额信息迅速提供给采购部门、生产部门和销售部门，实现不同部门间的信息共享。

6.1.2　企业销售物流的流程与主要环节

企业销售物流对任何企业均具有非常重要的意义。产品从生产车间到达消费者手中，需要经历一系列销售物流的具体过程。

1．企业销售物流的流程

企业销售物流归根到底是由客户定单驱动的，而物流的终点又是客户。因此，在销售物流运行之前，企业要进行售前的各种市场活动，包括确定客户（潜在客户、目标客户）、与客户的联系、产品展示、客户询价、报价、报价跟踪等。

企业销售物流是企业物流的一个重要环节，它与企业的销售系统相结合，共同完成产品的销售任务。企业管理者首先需要通过市场调查、综合分析，制定企业销售物流计划，通过销售订单管理，完成产品的包装、储存、搬运、流通加工等作业，最后经过运输与配送环节，将产品最终转移到消费者手中。销售物流的整个过程，离不开企业销售物流信息管理及销售物流组织与系统控制。一般情况下的企业销售物流流程如图 6-1 所示。

2．企业销售物流的主要环节

（1）销售物流计划与决策

销售物流的计划制定是企业销售物流运作的基础。企业管理者首先需要通过市场调查、综合环境分析，制定企业销售物流计划，并在计划执行过程中根据实际情况适当修改完善计划。

（2）产品包装

销售包装的目的是向消费者展示、吸引顾客和方便零售。运输包装的目的是保护商品，便于运输、装卸搬运和储存。

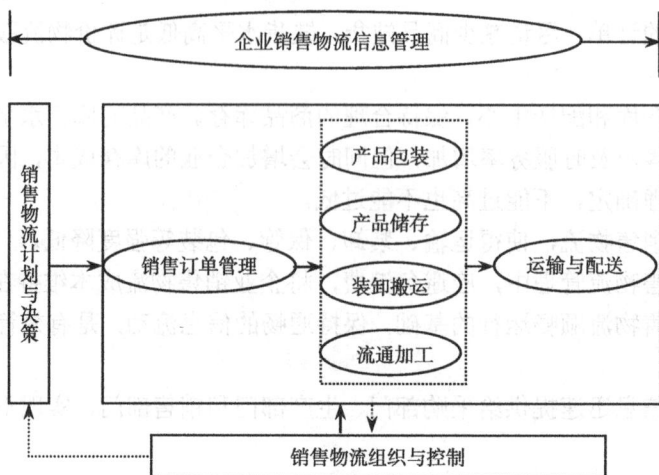

图 6-1　销售物流流程

（3）产品储存

储存是满足客户对商品可得性的前提。

通过仓储规划、库存管理与控制、仓储机械化等，提高仓储物流工作效率、降低库存水平、提高客户服务水平。帮助客户管理库存，有利于稳定客源、便于与客户的长期合作。

（4）货物运输与配送

运输是用专用运输设备将物品从一个地点向另一个地点运送。其中包括集货、分配、搬运、中转、装入、卸下、分散等一系列操作。

配送是在经济合理区域范围内，根据客户要求，对物品进行拣选、加工、包装、分割、组配等作业，并按时送达指定地点的物流活动。通过配送，客户得到更高水平的服务，企业可以降低物流成本，减少城市的环境污染。要考虑制定配送方案，提高客户服务水平的方法和措施。

（5）装卸搬运

装卸是物品在局部范围内以人或机械装入运输设备或卸下。搬运是对物品进行水平移动为主的物流作业。提高装卸搬运效率的途径主要有：提高机械化水平、减少无效作业、集装单元化、提高机动性能、利用重力和减少附加重量等。

（6）流通加工

流通加工是销售物流过程中为方便销售、方便用户、废物利用、提高附加价值而进行的加工活动，是销售物流中最具综合效益的一个重要环节。包括根据需要进行分割、计量、分拣、刷标志、拴标签、组装等作业的过程。在这一环节中要充分考虑流通加工作业与运输配送在销售物流中的衔接。

（7）订单及信息处理

客户在考虑批量折扣、订货费用和存货成本的基础上，合理地频繁订货；企业若能为客户提供方便、经济的订货方式，就能引来更多的客户。

（8）销售物流网络规划与设计

企业销售物流网络，是以配送中心为核心，从生产厂家出发，经批发中心、配送中心、中转仓库，一直到客户的各个物流网点的网络系统。在其规划和设计中要充分考虑市场结构、需求分布、市场环境等因素。

6.1.3　企业销售物流的运作模式

企业销售物流有 3 种主要的模式：生产者企业自己组织销售物流，第三方物流企业组织销售物流，用户自己提货的模式。

1. 自组织模式

这是在买方市场环境下的主要销售物流模式之一，也是我国当前绝大部分企业采用的物流形式。

生产企业自己组织销售物流，实际上把销售物流作为企业生产的延伸或看做生产过程的继续。生产企业销售物流是生产者企业经营的一个环节。而且，这个经营环节是直接面向用户提供服务的一个环节。在企业从"以生产为中心"转向"以市场为中心"的背景下，这个环节逐渐成为企业的核心竞争环节，而不再是生产过程的继续，而是企业经营的中心，生产过程则成为这个环节的支撑力量。

生产企业自己组织销售物流的好处在于，可以将自己的生产经营和用户直接联系起来，信息反馈速度快、准确程度高，信息对于生产经营的指导作用和目的性强。企业往往把销售物流环节看做开拓市场、进行市场竞争的一个环节，尤其在买方市场前提下，格外看重这个环节。

生产企业自己组织销售物流，可以对销售物流的成本进行大幅度的调节，充分发挥它的"成本中心"的作用，同时能够从整个生产者企业的经营系统角度，合理安排和分配销售物流环节的力量。

在生产企业规模可以达到销售物流的规模效益的前提下，采取生产者企业自己组织销售物流的办法是可行的，但不一定是最好的选择。主要原因有 3 条，一是生产者企业的核心竞争力的培育和发展问题，如果生产者企业的核心竞争能力在于产品的开发，销售物流可能占用过多的资源和管理力量，对核心竞争能力造成影响；二是生产企业销售物流专业化程度有限，自己组织销售物流缺乏优势；三是单个生产企业的规模终归有限，即使分销物流的规模达到经济规模，延伸到配送物流之后，就很难再达到经济规模，因此可能反过来影响更广泛、更深入地开拓市场。

2．第三方模式

由专门的物流服务企业组织销售物流，实际上是生产者企业将销售物流外包，将销售物流社会化。

由第三方物流企业承担生产企业的销售物流，其最大优点在于，第三方物流企业是社会化的物流企业，它向很多生产企业提供物流服务，因此可以将企业的销售物流和企业的供应物流一体化，可以将很多企业的物流需求一体化，采取统一解决的方案。这样可以做到专业化和规模化。这两者可以从技术方面和组织方面强化成本的降低和服务水平的提高。在网络经济时代，这种模式是一个发展趋势。

3．用户自提模式

这种形式实际上是将生产企业的销售物流转嫁给用户，变成了用户自己组织供应物流的形式。对销售方来讲，已经没有了销售物流的职能。

6.1.4　企业销售物流面临的转变

销售物流管理问题受到社会的普遍关注，对企业销售过程中的物流、信息流进行高效的协调和集成，是销售物流管理成功的关键。现代管理的转变将对企业销售物流管理的实践活动产生深刻的影响，企业销售物流面临如下转变。

1．从功能管理向过程管理转变

传统管理是将企业的生产经营过程划分为采购、制造、市场营销、配送等活动，且各自独立运行，都有自己的目标和计划，且它们之间的目标计划经常发生冲突。现代管理就是要将这些独自运行的活动有效地集成起来，实现以提高顾客服务水平、以顾客价值最大化为目标进行全过程的管理。而在供应链上，各个合作伙伴的业务也需要从功能管理向过程管理转变。

2．从利润管理向赢利性管理转变

利润只是一个绝对指标，如果企业只追求利润的绝对额，这是很粗放的，也是企业短期行为的直接根源。经济效益是企业整体产出与投入之比，是相对指标，它既考虑了企业的耗费，也考虑了客户需求的满足。这就要求销售过程中的各个方面都要有较好的赢利性。

3．从产品管理向顾客管理转变

在买方市场的环境下，由顾客来主导企业的生产销售活动。顾客是核心，也是市场的驱动力。在销售活动中，顾客是至关重要的。销售物流管理的中心是由生产者向消费者倾斜的，顾客管理就成为销售物流管理的重要内容。

4．从交易管理向关系管理转变

传统的销售管理考虑各环节、各成员之间的关系。关注其眼前的、自身的既得利益，较少考虑整体利益。现代管理的要求是，在以顾客为核心的基础上，对各环节、各成员之间的关系进行协调，使整体的交易成本最小化，收益最大化。

5．从库存管理向信息管理转变

建立在现代信息技术的基础上，现代企业所持有的是"虚拟库存"而不是实物库存，只有在销售的最后环节才交付实物库存，从而可大大降低企业库存，用及时准确的信息来代替实物库存就成为销售物流管理的一个重要方面。

6.2 企业销售物流管理的主要内容

由于直接与客户接触这一性质，企业销售物流对企业物流运作具有非常重要的作用。企业应对自身销售物流进行及时、有效的管理，需要对企业销售物流的重要环节进行重点控制、合理组织，对企业销售物流的网络结构进行有效的规划与设计。

6.2.1 企业销售物流管理的原则与内容

1．企业销售物流管理的原则

企业实施销售物流管理应遵循以下 6 条原则。
- 根据客户所需的服务特性来划分客户群。
- 根据客户需求和企业可获利情况设计企业的物流网络。
- 倾听市场的需求信息，及时发现需求变化并据此安排和调整计划。
- 与渠道成员建立共赢的合作策略。
- 在整个分销渠道领域构筑高效的信息平台。
- 建立整个企业销售物流的绩效考核准则，企业销售物流成效的最终验收标准是客户的满意程度。

2．企业销售物流管理的主要内容

企业销售物流管理主要是抓好运输环节和存货环节的管理。

产品由生产地向消费地的流转是靠运输实现的。运输成本是销售物流成本中最主要的项目。运输决策的科学化，对企业信誉、经济效益均有直接的影响。运输管理决策的目标是进行合理运输，即在一定条件下，以尽可能快的速度、尽可能低的成本，尽可能高效地利用运输工具的容积和载重来组织运输。在选择运输方式时，要尽量减少中转环节。直达运输和集装箱运输就是一种比较好的方式。

运输管理的重点就是从提高企业经济效益的角度出发，运用系统的观点，规划选择合理的运输方案，实现成本和服务绩效之间的最佳平衡。企业为达到减少库存的目标，一般可以通过两种方式来组织生产：一种是按照订单生产，以销定产，最终实现零库存的管理模式；另外一种方式是按照市场预测生产，力求通过准确的市场预测减少不良库存量的管理模式。

评价整个物流系统效率的指标中，存货周转率是一个重要的标难。能否建立起适应市场变化的库存管理系统，并且发挥最佳的效率，是企业追求的目标之一。为此，企业必须按照市场变化的需要，建立柔性生产管理体制，加快生产与销售之间的流通速度；对现有的物流配送网点进行清理，调整网点分布，减少仓库数量，提高大宗商品和大件产品的直送率；建立从原材料的采购物流到销售物流，以及废旧物的回收物流的综合混合型物流运输系统，必须建立一个准确、高效的物流信息系统；为了减少因缺货而流失的潜在客户的比例，要建立一个多频度需求与自动供货系统来管理整个流程，这样可以在小批量生产的同时，以小批量多频度配送的方式减少中间环节，使库存量减小和交货期缩短；建立全方位的物流保障系统，随着生产企业的全球化发展，在最佳地点进行部件的采购、在最佳地点生产，以最快的速度将产品投入消费市场，是物流保障系统追求的目标。

具体而言，企业销售物流管理的内容包括以下几方面。

（1）物流信息与订单管理

订单处理包括订单传递、订单处理、订单分拣与集合。接到订单时首先要检查客户的信用额度、信用记录，以便减少企业的风险。

配合生产管理部门做好生产计划和安排。销售物流部门应结合库存，协同生产管理部门做好订单的生产计划和安排。作为生产型企业要想做到库存、资金运用的合理化，须定期召开生产计划协调例会，制定出每个阶段的生产计划，保证库存及订单的有效性。

设计配送最优方案。销售物流部门依客户要求，结合企业的资源情况计算出配货、拣货、出货的能力及时间，设计最优配送方案。

配合客户制定库存计划，解决订单中的波峰现象，对季节性产品在销售旺季要加强仓库管理及订单管理，减少订单处理中的波峰及波谷现象。

跟踪订单状态，做好订单统计汇总工作。

（2）物流服务及客户管理

- 每日跟踪客户的合同计划完成情况，一旦发现异常要及时与客户沟通。
- 对连续两个月以上未发货的客户，要及时提醒区域经理并上报销售经理。
- 对企业的重点客户要每月与其进行沟通掌握最新动态。
- 分年度、季度，按品种、客户编制销售趋势表，对客户实施动态管理，发现问题及时反馈。
- 对企业直控客户要做好沟通、维护工作。
- 结合销售市场预测分析和计划增量控制额度，分析、预估下月计划完成比例。
- 每日跟踪客户应收账款的回收情况，协助财务部门与客户对账。

（3）销售物流环境分析

企业的销售环境会同时受到宏观和微观两个方面的影响。

企业的宏观环境是企业营销活动的重要外部环境，对企业的营销活动产生直接影响和间接影响。宏观环境包括人口环境、自然环境、政治法律环境、经济环境、科技环境、社会文化环境等。这些环境对企业来说都是不可控因素，企业只能设法适应这些环境，而不能改变环境。

企业市场营销的微观环境包括企业内部环境、供应商、营销中间商、顾客、竞争对手和公众。

① 企业内部环境。企业内部环境包括内部各职能部门及其相互关系。

② 供应商。供应商所供应的原材料的数量和质量将直接影响企业所生产的产品数量和质量，供应商原材料的价格及变动趋势也将直接影响企业的生产和销售。

③ 营销中间商。营销中间商帮助企业促销、销售和配送产品给最终端用户。

④ 顾客。企业可根据顾客需求来细分市场。消费者市场由个人和家庭组成，他们购买产品和服务是为了个人消费，产业市场购买产品和服务是为了进行再加工或者在生产过程中使用。

⑤ 竞争对手。企业的成功在于为顾客提供比其他竞争对手更好的产品质量和服务。因此，营销人员要做的不仅是市场的销售开发与维护，以满足目标顾客的需要，还必须对企业产品进行定位，使本企业产品及服务在顾客心目中形成更有竞争力的优势，以获得更大的战略优势。

⑥ 公众。企业的营销环境也包括各类公众，即金融公众、媒体公众、政府公众、企业公众、一般公众。

6.2.2 企业销售渠道与销售物流

1. 分销渠道类型

企业的销售渠道按其结构一般可以分为以下 3 种形式,如图 6-2 所示。

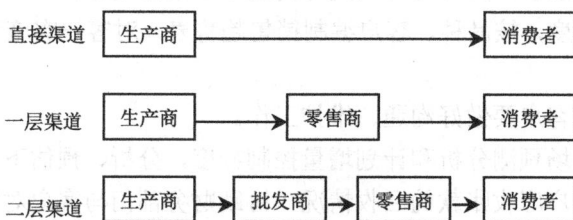

图 6-2 企业分销渠道

（1）直接渠道

直接渠道是生产企业不通过中间环节直接将产品销售给消费者。其优点包括:

- 企业可以对销售过程进行有效的控制。
- 企业可以减少销售费用,控制价格。
- 可以直接了解客户需求及提供增值服务。
- 流通环节少,可直接开展产品配销服务。

（2）一层渠道

一层渠道介于直接渠道与二层渠道之间,一般零售企业多选用一层渠道和二层渠道。

随着国内零售业的发展,我国大型的零售企业相继开发出各具特色的自有品牌。自有品牌的生产方式一般分为两种模式:一是委托生产商制造,二是自设生产基地。卖场中的自有品牌也为一层渠道。

（3）二层渠道

二层渠道最长,参与流通的成员最多。这就意味着企业使用的中间商的流通链长,能使产品的销售市场发展得更大更广。快速消费品企业的销售多选用此种渠道。

不同的产品策略配合相应的价格策略及促销策略,要实现最终将产品交到顾客手中,还离不开一定的销售渠道。某种产品能否成功,还取决于能否及时满足顾客的要求,故销售渠道是否合理、畅通,对产品成功至关重要。不论企业是否利用代理商、批发商及零售商,必须按产品的特征、价格、顾客需求,来综合考虑决定自己的分销渠道,保持从产品下线到交付顾客这一物流过程的畅通快捷。销售物流活动中有关需求量预测、订单处理、包装、运输等环节都与销售渠道策略密切相关。只有将这些环节与营销实行一体化的策略,并严格在各个层次中执行,特别是在那些直接与顾客打交道的环节,努力提高服务质量，才能使营销策略成功地付诸实施。

2．企业销售渠道选择的影响因素

企业销售渠道选择的影响因素主要包括以下方面：

① 产品的市场范围。产品的市场范围广，面向的客户范围广，则更适合于采用中间商覆盖面广的一层或者二层渠道销售物流模式；反之，则适合采用直接销售渠道模式。

② 生产商的产品组合。不同的产品适合于不同的营销渠道。即使同一企业（生产厂家）的相同商品，由于季节、数量、顾客（交易对方）的不同，销售渠道也可能不同。

③ 地理位置。企业的地理位置会影响销售渠道的选择。如果企业的生产基地靠近消费者，可以考虑直接销售渠道模式；若远离，则更适合采用一层或二层渠道销售物流模式。

④ 二级网点。如果生产企业自身的网络覆盖面广，则可采用生产商直接销售渠道模式；反之，则更适合采用一层或者二层渠道销售物流模式。

⑤ 产品销售经验。若生产企业缺乏销售某类产品的经验，可选择将产品经由经验丰富的中间商进行销售的一层或者二层渠道销售物流模式；反之，则可选择直接销售渠道模式。

⑥ 综合服务能力。若生产企业的综合服务能力强，则可采用生产商直接销售渠道模式；反之，则更适合采用一层或者二层渠道销售物流模式。

综上所述，在营销和物流之间有几个关键的交接面。只有将营销策略和销售物流管理实行一体化的战略，协调这些交接面的无缝衔接，才能使企业保持持续性的竞争优势，在企业经营整体上获得良好的绩效。

3．电子商务模式下的企业销售物流

在我国电子商务的实践中，目前企业销售物流主要采取了以下 3 种模式：一是建立自己的配送渠道和设施，依靠自己的能力搞配送，这种方式常用于实力雄厚的大型企业（企业物流自营模式）。例如，京东商城、凡客诚品为代表的电子商务企业选择自建物流模式来提高服务质量。二是委托专业物流配送企业完成商品配送，这种方式目前应用比较广泛（企业物流外包模式）。三是企业与专业物流配送公司联合，即销售企业利用专业物流企业原有配送网络搞联合、协作，共同完成物流配送（企业物流联盟模式）。例如，2012 年 5 月，阿里巴巴集团旗下 B2C 平台天猫与包括邮政速递、顺丰、申通、圆通、中通、韵达、宅急送、百世汇通、海航天天的国内九大物流企业达成战略合作，九大快递企业针对天猫平台定制多项专属服务，包括开通超过 5 000 多条城市间线路的"次日达"与"1～3 日限时达"服务，未来还将陆续开通快捷货到付款，晚间配送、预约时间、上门退换货和消费者自提等服务。同时，天猫还将与这 9 家快递企业实现全方位的

物流数据分享，双方将共享快递物流资源分布、物流作业状态等数据。这也是快递和电子商务两个行业共同摸索社会化物流服务新模式的一种尝试。

在电子商务模式下，许多企业与客户通过因特网进行产品、服务及信息的交换，在网上完成整个业务流程。在这种新的商务模式下企业采用第一种分销渠道，即企业与客户直接进行业务联系，戴尔是一个很好的例子。

20世纪70年代后期，个人电脑市场开始迅猛发展。当时的个人电脑销售模式以间接渠道为主，苹果、IBM、康柏、惠普等众多著名公司都是利用经销商、零售商将自己的产品间接地投放到市场上。戴尔公司却自创立开始就采用了截然不同的经营理念：绕过中间的销售商，以更低廉的价格直接提供产品给顾客。它采用了两个主要方式：第一是个性化直销。在戴尔公司的直销模式下，公司与客户直接发生销售和售后服务关系，中间环节的省略显著降低了客户信息传送的时间，同时有效减少了信息的损耗。由于省略了零售商的环节，客户的售后服务要求通过电话热线直接传送到戴尔公司，而戴尔公司则聘请了数以千计的技术支持人员24小时接听电话，以保证90%的问题可以当场在通话过程中解决，从而极大缩短了售后服务所需的时间和费用，计算机则直接从戴尔送到顾客处，其好处是用顾客自己的钱生产顾客需要的商品。第二是供应商管理的库存。戴尔自己不拥有部件的库存。戴尔在接到顾客订单组织生产时，需要一个部件，付给供应商一个部件的钱。为了保证直销模型的顺利运作，戴尔公司依赖先进的网络信息技术，与供应商实时共享一切重要的客户与生产信息。零部件供应商大多将自己的仓库建在戴尔工厂的附近，以保证生产所需要的零件在几十分钟之内可以运到公司的装配车间，为了维持这种相互信任、高度默契的企业关系，戴尔公司严格挑选供应商，逐步减少供应商数量，同时努力与供应商建立长期合作关系。

戴尔采取直销模式，其物流服务也配合这一销售政策而实施。它的电子销售有8个步骤：

第一步，订单处理。消费者可以打免费电话，也可以浏览戴尔的网上商店进行初步检查。消费者发出网上订单后，戴尔会检查相关情况，再对订单进行分类。采用信用卡支付方式的订单将被优先满足，确认支付完款项的订单才会自动发出零部件的订货并转入生产数据库中，订单也立即转到生产部门进行下一步作业。用户可对产品的生产过程、发货日期和发货状况等进行跟踪。

第二步，预生产。接受订单到正式生产之间有一段等待零部件到货的时间，这段时间叫预生产。

第三步，配件准备。当订单转到生产部门时，所需的零部件清单也就自动产生，相关人员将零部件备齐传送到装配线上。

第四步，配置。组装人员将装配线上传来的零部件组成计算机，然后进入测试过程。

第五步，测试。检测部门对组装好的计算机用特制的测试软件进行测试，通过测试的机器被送到包装间。

第六步，装箱。测试好的计算机被放到包装箱中同时将鼠标、键盘、电源线、说明书及其他文档一同装箱。

第七步，配送准备。一般在生产过程结束的次日完成送货准备，但大订单及需要特殊装运作业的订单可能要花较长的时间。

第八步，发运。将顾客所订货物发出，并按订单上的日期送到指定的地点。戴尔设计了几种不同的送货方式，由顾客订货时选择。一般情况下，订货将在 2～5 个工作日送到订单上的指定地点，即送货上门，同时提供免费安装和测试服务。

从戴尔的例子可以看出：在电子商务时代，物流发展进入集约化阶段，一体化的销售物流不仅提供仓储和运输服务，还必须开展包括配货、配送及各种提高附加值的流通加工服务在内的物流项目服务，此外还可以按客户的需要提供其他服务。

6.2.3　企业销售物流网络规划与设计

企业销售物流网络规划是企业物流管理的重要战略性工作，包括网络布局、销售物流节点设置和配送路线选择，如计划区域内物流节点的数目、网点的地理位置、各网点的规模（吞吐能力）、各网点的进货与供货的关系、计划区域内中转供货与直达供货的比例等。企业销售物流网络的规划是建立在网络分析基础之上的。

1．网络布局

① 企业产品库存状况的分析。通过对企业销售物流系统不同环节的产品库存状态进行分析，找出降低库存成本的改进目标。

② 顾客服务的调查分析。通过调查分析，发现顾客需求和获得市场信息反馈，找出服务水平与服务成本的关系。

③ 运输方式和交货状况的分析。通过分析，使运输渠道更加合理化。

④ 物流信息及信息系统的传递状态分析。通过分析，提高物流信息传递过程的速度，增加信息反馈，提高信息的透明度。

⑤ 合作伙伴业绩的评估和考核。分析的目标是要不断减少物流环节，消除供应链运作过程中不增加价值的活动，提高企业销售物流系统的效率。

2．销售物流节点设置

企业销售物流结点包括区域物流中心、城市配送中心和销售点库场 3 级物流节点，它们与配送路线和信息网络构成企业销售物流网络。有些销售物流突出的企业（如本章最后案例分析中的李宁公司）既要考虑设置区域物流中心（也称一级配送中心），同时还要按不同城市设置城市配送中心（也称二级配送中心）。

（1）区域物流中心的规划

产品区域物流中心是具备集货、分拨中转、储运、流通加工、配送和信息服务等功能的物流节点。一些既有的企业物流中心大多只具有储运功能，而且存在仓库作业面积紧张、设备老化、技术落后等问题，难以适应物流发展的需要。企业在进行销售物流中心的建设时应坚持以下原则。

① 地区设置应当合理，防止形成地域分割，区域物流中心的建设应从宏观上规划和协调，特别要防止为保护地方部门利益而使物流辐射范围重叠，造成资源浪费，形成资源壁垒。

② 规模与地区经济水平和产品市场状况相适应，与产业导向和社会发展相适应，因为一定规模的物流中心需要有相应的产品流通规模作为支撑，规模过大会造成资源闲置，过小则无法获得规模效益。此外，还要参考区域内整个物流业的特点，符合城市规划和交通要求。

③ 战略定位合理，业务模式明确。在规划区域物流中心时，要明确它的战略定位，是销售型还是储存型，采用何种运行体制等。

④ 完善信息网络建设和提高信息化水平。信息化建设是区域物流中心规划的基础。物流中心和其他网点之间必须实现信息共享。

⑤ 充分利用与改造现有硬件设备，硬件建设和软件建设并重。现代产品物流与传统储运在功能上具有继承性，合理的物流并不意味着技术含量越高越好，相比而言，现代化的物流运行机制和管理方式等软技术更为重要，因此要立足于现有设施的改造和利用。

⑥ 考虑其他因素，包括可处理产品的品种数、客户物流业务的特性、客户要求达到的物流服务水平、地价和交通、可能承受的投资额度和可以接受的物流成本等。

（2）城市配送中心规划

城市配送中心是具备配送、中转、信息服务和集货多项功能的物流节点。物流配送的目的是在对客户提供特定服务水平的条件下，实现从产地到最终交货地的产品流通和储存成本的最小化。产品配送是物流的末端输送环节，而且具有很强的信息功能，完善的配送体系和高效的配送水平是物流现代化的重要标志。

在进行城市配送中心的规划时，特别要考虑不同的产品，其流通渠道和物流特性各有不同。同时，规划时可考虑采用共同配送或第三方物流的模式。

3. 配送路线选择

配送路线的选择与优化会直接影响企业销售物流成本。配送路线的选择可以从理论上进行优化。

（1）配送路线目标的确定

目标的选择是根据配送的具体要求、配送中心的实力及客观条件来确定的。由于目标有多个，因此可以有多种选择方法。

- 以效益最高为目标的选择，就是指计算时以利润的数值最大为目标值。
- 以成本最低为目标的选择，实际上也是选择了以效益为目标。
- 以路程最短为目标的选择。
- 以吨公里最小为目标的选择。
- 以配送准确性最高为目标的选择，它是配送中心重要的服务指标。
- 其他，如将运力利用最合理、劳动消耗最低作为优化目标。

（2）配送路线约束条件的确定

一般配送的约束条件包括：

- 满足所有收货人对货物品种、规格、数量的要求。
- 满足收货人对货物发到时间范围的要求。
- 在允许通行的时间内进行配送。
- 各配送路线的货物量不超过车辆容积和载重量的限制。
- 在配送中心现有运力允许的范围内。

（3）配送路线的优化

随着配送的复杂化，配送路线的优化一般要结合数学方法及计算机求解的方法来制定合理的配送方案，目前确定优化配送方案的一个较成熟的方法是节约法，也叫节约里程法。利用节约法确定配送路线的主要出发点是：根据配送中心的配送能力（车辆的多少和载重量）和配送中心到各个用户及各个用户之间的距离来制定使总的车辆运输的吨公里数最小的配送方案。利用节约法制定出的配送方案除了使配送总吨公里数最小外，还满足以下条件：

- 方案能满足所有用户的要求。
- 不使任何一辆车超载。
- 每辆车每天的总运行时间或行驶里程不超过规定的上限。
- 能满足用户到货时间的要求。

实际上配送路线的优化就是采用最优化理论和方法，如线性规划的单纯形法、非线性规划、动态规划等方法建立相应的数学模型，再利用计算机进行求解，最后得出最优方案。

6.2.4　企业销售配送合理化的措施

（1）实行专业化配送

通过采用专业设备、设施及操作程序，取得较好的配送效果并降低配送过分综合化的复杂程度及难度，从而追求配送合理化。

（2）推行加工配送

通过加工和物流配送结合，充分利用本来应有的这次中转，而不增加新的中转求得配送合理化。同时，加工借助于物流配送，加工目的更明确和用户联系更紧密，更避免了盲目性。这两者有机结合，投入不增加太多却可追求两个优势、两个效益，是企业物流配送合理化的重要经验。

（3）实行共同配送

共同配送是由多个企业联合组织实施的配送活动。几个中小型配送中心联合起来，分工合作对某一地区客户进行配送。它主要针对某地区的客户所需物品数量较少而使用车辆不满载、配送车辆利用率低的情况。通过共同配送可以以最近的路程、最低的配送成本完成配送，从而达到合理化。

（4）实行准时配送

配送做到了准时，客户才有资源可用，可以放心地实施低库存或零库存，可以有效地安排接货的人力、物力，以追求最高效率的工作。从许多企业的经验看，JIT 配送系统要求配送中心与客户高度协调，是现在许多配送企业追求配送合理化的重要途径。

（5）实行即时配送

企业完全按照客户提出的时间和商品品种、数量的要求，随即进行配送。为解决客户企业担心供货环节上的不连续性，应大力提升供应保证能力。即时配送是配送企业快速反应能力的具体化，是具备高灵活性的一种应急方式，采用这种配送方式有助于实现保险储备的零库存，是配送企业能力的体现。

在日本，零售业是首先建立销售配送合理化系统的行业之一。便利店作为一种新的零售业迅速成长，现已遍及日本，正影响着日本其他零售商业形式，其销售物流配送具有以下特点：第一，分销渠道发达。许多日本批发商过去常常把自己定位为某特定制造商的专门代理商，只允许经营一家制造商的产品。为了保证有效地供应商品，日本许多物流公司不得不对旧有的分销渠道进行合理化改造，更好地做到与上游或下游公司的分销一体化。第二，频繁、小批量进货。便利店依靠的是小批量的频繁进货，只有利用先进的物流系统才有可能发展连锁便利店，因为它使小批量的频繁进货得以实现。第三，物流配送体现出共同化、混载化的趋势。共同化、混载化的货物配送使原来按照不同生产厂家、不同商品种类划分开来的分散的商品物流转变为将不同厂家的产品和不同种类的商品混合起来配送的聚合商品物流，从而得以发挥商品物流的批量效益，大大提高了配送车辆的装载率。第四，合作型物流配送。在日本，生产企业、零售企业与综合商社、综合物流公司之间基本上都存在一种长期的物流合作关系，并且这种合作关系还随着日本工业生产的国际化延伸到国外。

6.3　企业销售物流的服务管理

无论企业的性质如何，物流客户服务的好坏直接关系到客户对企业客户服务的感知，接受服务的客户始终是形成物流需求的核心和动力。为了保证客户满意，销售物流服务已成为企业销售系统乃至整个企业成功运作的关键，也是增强企业产品差异性、提高产品和服务竞争优势的重要因素。

6.3.1　企业销售物流服务的概念

1．企业销售物流服务的概念

客户服务是由企业向购买其产品或服务的人提供的一系列活动。企业销售物流服务是指企业围绕市场需求，在最有效和成本最经济的前提下为顾客提供满意的产品和服务的活动。包括及时向客户提供实时而准确的产品输送服务，这是一个广泛满足客户的时间和空间效用需求的过程。

物流服务水平将对企业经营绩效产生重大影响：物流服务水平直接影响顾客对企业客户服务的感知，从而对企业销售额产生直接影响；另外，物流服务水平的高低与物流成本的投入息息相关，一般来说，更好的物流服务水平需要更高的物流成本作为支撑，但随着物流成本的不断增加，物流服务水平将达到临界点，不可能无限制提高。

2．企业销售物流服务的目标

（1）提高销售收入

销售物流服务通常是企业物流的重要要素，销售物流活动能提供时间和空间效用来满足客户需求，是企业物流功能的产出或最终产品。所以，提高客户服务水平，可以增加企业销售收入，提高市场占有率。

目前，存在着这样一种不断发展的趋势，即期望通过服务使产品差异化，通过为客户提供增值服务从而有效地使自己与竞争对手有所区别。在许多情况下，客户对企业所提供的服务水平的变化与对产品价格的变化一样敏感。一般来说，提高客户服务水平，可以增加企业的销售收入，提高市场占有率。

（2）提高客户的满意度

客户服务是由企业向购买其产品或服务的人提供的一系列活动。一般来说，客户关心的是购买全部产品，不仅仅是产品的实体，还包括产品的附加价值。销售物流服务就是提供这些附加价值的重要活动。良好的销售物流服务能提高产品的价值和附加价值，更能提高客户的满意程度。

销售物流服务是一种增值产品，增加购买者所获得的效用。从本质上来说，销售物流功能体现在买卖交易的最后阶段，客户服务水平在交易进行时自动产生。

（3）留住老客户，争取新客户

留住客户的战略在企业的管理中越来越重要，它和公司利润率之间有着非常高的相关性。一方面留住客户就是留住了业务，另一方面摊销在老客户中的销售、广告成本比较低，为老客户的服务成本相对较少，而且满意的老客户会提供更多的推荐。

贝恩咨询公司的研究显示，服务质量、留住客户和公司利润率之间有着非常高的相关性。物流领域高水平的客户服务能吸引客户并留住客户，对于客户来说，频繁地改变供应来源会增加其物流成本及其风险。

（4）降低企业销售物流成本

物流管理要求以最小的总物流成本产生最大的时间和空间效用。企业非常重视采取各种创新性的方法来降低物流成本。因此，从管理的角度来看，客户服务水平对物流系统起着制约作用，运输、仓储、订单处理等各项物流成本的增加或减少都依赖于客户所期望的服务水平。因此，为了保持在市场中的竞争优势，企业所做的每项降低物流成本的决策都必须考虑其所维持的客户服务水平。物流管理者必须全面衡量客户需求、服务水平和服务成本的关系，需要在客户服务水平、总物流成本及厂商的总利润之间进行对比分析。

综上所述，提高企业销售物流的客户服务水平是提高企业竞争优势的重要途径，企业的销售物流服务与产品质量、质量管理具有同等重要性，应引起企业管理者的高度重视。

6.3.2　企业销售物流中的客户服务内容

（1）产成品包装

包装是企业生产物流系统的终点，也是销售物流系统的起点。产品的包装通常分为内包装和外包装，也就是销售包装和运输包装。销售包装是与产品直接接触的包装，是企业销售工作的辅助手段，许多生产企业都通过销售包装来进行新产品的推销工作或企业形象的宣传工作。产品的运输包装在产品的运输过程中起到保护作用，避免运输、搬运活动中产生产品的碰撞、雨淋等毁损现象。产品包装，尤其是产成品的运输包装在销售物流过程中将起到便于保护、仓储、运输、装卸搬运的作用。因此，在包装材料、包装形式上，既要考虑储存、运输等环节的方便，又要考虑材料及工艺的成本费用。

（2）产成品储存

无论是生产企业还是服务企业，要想将自身为客户提供的服务维持在一个比较高的水平上，为保证客户需求能够得到及时、足量的满足，就必须留有一定的产品库存。这是因为任何企业的生产经营活动都存在着一系列的不确定因素和需求的波动，这些不确定因素和需求的波动影响着企业经营活动的稳定性和持续性，因此绝大多数企业都是通过保留一定数量的产品库存来避免这些不确定因素所带来的经营风险。如果消费者对企业产品的消费需求是明显的周期性或季节性变化，企业要保证生产的持续性和产品供给的稳定性，产品库存的重要性和必要性就更加突出了。

（3）订单处理

为使库存保持最低水平，客户会在考虑批量折扣、订货费用和存货成本的基础上，合理地频繁订货。企业为客户提供的订货方式越方便、越经济，越能影响客户，如免费电话服务、预先打印好的订货表，甚至为客户提供远程通信设备。客户非常关心交货日期，希望供货方能够将订单处理与货物装运的进程及时通知客户，特别当与预期的服务水平已经或将要发生偏差时更是这样。随着计算机和现代化通信设备的广泛应用，电脑订货方式被广泛采纳，企业跟踪订货状态的能力也大大提高，使得客户与供应商的联系更加密切。对于购买生产线产品的工业客户来说，了解订货与装运状态虽然重要，但它们最关心的还是保持生产原料的可靠的连续供应，因此它们更关心交货日期的可靠性。

（4）销售渠道的选择

正确运用销售渠道可使企业迅速及时地将（产品传送到客户手中，达到扩大商品销售、加速资金周转、降低流通费用的目的。

（5）发送运输

运输方面的服务包括：运输速度快，及时满足客户需要；运输手段先进，降低运输过程中的商品损坏率；运输路径合理，尽可能缩短商品运输里程；运输线路选择合理，减少重复装卸和中间环节；运输工具使用适当，根据商品的特性选择最佳运输工具；运输时间合理，保证按时将商品送到指定地点或客户手中；运输安全系数高，避免丢失、损坏等情况发生。

（6）装卸搬运

客户希望在物料搬运设备方面的投资最小化，例如，客户要求供应商以恰当尺寸的托盘交货，也可能要求将特殊货物集中在一起装车，这样它们就可以直接再装运，而不需要重新分类。

6.3.3 企业销售物流服务的构成要素

企业销售物流服务的构成要素包括时间、可靠性、沟通性和便利性。

1. 时间

目前很多企业对物流服务要求的标准水平，已经从"97-3"，提高到"98-2"，其含义是：97%的企业要求物流服务的时效从 3 天（72 小时），提高到 98%的企业要求时效为 2 天（48 小时）。很多企业接到生产指令后，从原材料供给到送达供应商手中，周期仅仅为 48 小时。

对企业销售物流而言，时间要素主要受以下几个变量的影响：订单传送、订单处理、订货准备、订货装运。企业只有有效地管理与控制这些活动，才能保证订货周期的合理性和可靠性，才能提高企业的客户服务水平。

① 订单传送时间是指从客户发出订单到卖方收到订单的时间间隔。客户通过供应商的销售代表、直接邮寄、打电话、发传真或者采用电子设备（如 EDI）向供货方订货。

② 订单处理时间是指处理客户订单并准备装运的时间。这一功能涉及客户资信调查、销售记录的处理、订单移交到仓库，以及装运文件的准备。订单处理可以通过有效地利用电子数据处理设备来同时进行其中各项工作。

③ 订货准备时间是指挑选订货并包装以备装运的时间。从简单的人工系统到高度自动化系统，不同的物料搬运系统对订货的准备有不同的影响，准备时间会有很大变化。挑选与包装时间主要受如下因素影响：系统的自动化程度、客户订货的复杂性、分拣设备的大小及复杂性、是否托盘化或者托盘尺寸是否匹配。

④ 订货装运时间是指从将订货装上运输工具到买方在目的地收到订货的时间间隔。运输时间的长短与下列因素有关：装运规模、运输方法、运输距离。货物的全部运输时间对距离的依赖性要比对运输方式的依赖性小。

2. 可靠性

"97-3"和"98-2"除了上面讲的时间外，还有一个意思就是差错率由 3%下降到 2%，也就是说目前供应商要求制造企业的供货差错率低于 2%。因此企业在销售物流整个过程中要考虑货物的安全性，保证产品在预定的时间、以足够的数量及承诺的质量送到供应商手中。

可靠性是指根据客户订单的要求，按照预定的提前期，安全将货物送达客户指定的地方。对客户来说，在许多情况下，可靠性比提前期长短更重要。

（1）提前期的可靠性

提前期的可靠性对于客户的库存水平和缺货损失有直接影响。可靠的提前期可以减少客户面临的供应不确定性。如果生产企业能向客户保证预计的提前期，加上少许偏差，那么该企业就使其产品与竞争者的产品明显区别开来，企业提供可靠的提前期能使客户的库存、缺货、订单处理和生产计划的总成本最小化。

（2）安全交货的可靠性

安全交货是企业销售物流系统的最终目的，如果货物破损或丢失，客户不仅不能如期使用这些产品，还会增加库存、生产和销售成本。收到破损货物意味着客户不能将破损的货物用于生产或销售，增加了缺货损失。为了避免此情况，客户就必须提高库存水平，这样，不安全交货使得买方提高了库存成本。

（3）正确供货的可靠性

当客户收到的货物与所订货物不符时，将给客户造成停工待料损失或不能及时销售产品。企业销售物流领域中，订货信息的传送和订货挑选可能影响企业的正确供货。因此，为了做到正确供货，在订货信息传递阶段，使用电子数据交换（EDI）系统，可以大大降低出错率。

3．沟通性

当前供应商与企业之间的关系，已经由原来的短期买卖关系转变为长期合作伙伴关系，双方追求的是一种"双赢"的关系。企业和供应商要达到"双赢"就需要双方都尽心尽力地为销售产品努力。因此，企业与供应商之间要经常沟通，沟通的便利性直接影响销售的状况。

与客户沟通是监控客户服务可靠性的关键手段。设计客户服务水平必须包括客户沟通。沟通渠道应对所有客户开放并准入，因为这是企业销售物流外部约束的信息来源。没有与客户的联系，管理者就不能提供有效及经济的服务。然而，沟通必须是双向的。卖方必须能把关键的服务信息传递给客户。例如，许多客户需要了解装运状态的信息，询问有关装运时间、运输路线等情况，因为这些信息对客户的运行计划是非常必要的。

4．便利性

便利性是指服务水平必须灵活便利。从企业销售物流服务的观点来看，所有客户对企业销售物流服务有相同的要求，有一个或几个标准的服务水平适用于所有客户是最理想的，却是不现实的。例如，某个客户要求所有货物用托盘装运并由铁路运输，另一位客户要求用汽车运输，不用托盘，或者个别客户要求特定的交货时间。因此，客户在包装、运输方式、承运人和运输路线及交货时间方面的需求都不尽相同。为了更好地满足客户需求，就必须确认客户的不同要求，根据客户规模、区域分布、购买的产品及其他因素将客户需求进行细分，为不同客户提供适宜的服务水平，这样可使物流管理者针对不同客户以最经济方式满足其服务需求。

总的来说，企业的产品只有经过销售才能实现其价值，从而创造出利润，实现企业的价值。因此提供优质的企业销售物流服务，和供应商相互配合与合作，才能真正达到双赢。

6.3.4 企业销售物流客户服务能力关键评价指标

企业销售物流客户服务能力是指销售物流服务的基本水准，也是客户服务最基本的方面。根据前述企业销售物流客户服务能力的构成要素分析，企业销售物流客户服务能力的关键评价指标包括可得性、作业绩效和时效性。

1. 可得性

可得性指当客户需要货物时，物流企业拥有的存货能够不断地满足其需要的能力。可得性可以通过各种方式来实现，最基本的方法是按照预期的客户订货进行存货储备。

可得性一般可用缺货频率、供应比率、订货完成率 3 个绩效指标来衡量。

（1）缺货频率

缺货频率指缺货发生的概率。当需求超过产品可得性时，就会发生缺货。缺货频率是用来衡量一种特定的产品需求超过其可得性的次数。将全部产品所有的缺货次数汇总起来，可以反映企业实现其基本服务承诺的状况。因此，可以说缺货频率是衡量存货可得性的起点。

$$缺货频率 = \frac{缺货次数}{用户要求次数} \times 100\%$$

（2）供应比率

供应比率是用于衡量缺货的程度或影响大小的比率。供应比率一般是按照客户服务目标予以区分的，用于对缺货程度的衡量，就可以构成企业在满足客户需求方面的跟踪记录。供应比率高，客户会感到满意，也充分体现企业的物流服务水平。

$$供应比率 = \frac{满足要求数量}{用户要求数量} \times 100\%$$

例如，一位客户订货 50 个单位产品，只有 47 个单位产品可得，那么订货供应比率为 94%。要能够有效地衡量供应比率，一般在评估程序中还要包括在一段特定时间内对多位客户订货的完成情况进行衡量。同时，供应比率还可用来衡量特定产品提供的服务水准。一般来说，供应比率高，客户会感到满意；反之，则不满意。

（3）订货完成率

$$订货完成率 = \frac{按期交货次数}{总交货次数} \times 100\%$$

订货完成率是衡量企业拥有一个顾客所预定的全部存货时间的指标，以某一客户的全部订货作为衡量对象。它把存货的充分可得性看做一种可接受的完成标准。可以说，缺货频率、供应比率均为零缺陷，则订货完成率就为客户享受完美订货的服务提供了可能性。

将以上 3 个衡量指标结合在一起，就可以判断、识别一个企业满足客户期望的程度，成为评估可得性水平的基础。

2．作业绩效

作业表现为物流企业从客户订货到产品交付使用的全部运作过程。作业一般通过速度、一致性、灵活性、故障恢复能力来衡量所期望的完成周期。

① 速度指从客户订货开始到货物实际到达的时间。

② 一致性指物流企业必须随时按照递送承诺加以履行的物流处理能力。

③ 灵活性指处理异常（一次性改变装运交付地点、供给中断等）的客户服务需求的能力。

④ 故障恢复能力物流服务要有能力预测服务过程中可能出现的故障或服务中断，并有适当的应急计划来完成恢复服务。当实际的服务故障发生时，应启动应急计划。应急计划还应包括客户期望恢复标准的确认和衡量服务一致性的方法。

3．时效性

企业销售物流服务活动中还包括能否迅速提供有关物流作业和客户订货状况的精确信息，包括订单按时送达率和投诉 24 小时处理率等。

① 订单按时送达率是指按时送达的订单数占订单总数的比例。应在与客户约定的时间内将订单送到，给客户留下良好印象。

② 投诉 24 小时处理率是指企业在 24 小时内处理完毕客户投诉的比例。针对客户投诉，首先寻找自身原因，分析责任所在，在 24 小时内提供给客户满意的解决方案。

另外，客户服务能力的一个重要组成部分是持续改善。物流管理人员应关心如何尽可能少地发生故障，以完成作业目标。而完成作业目标的一个重要方法就是从发生的故障中吸取教训，改善作业系统，以防止故障再次发生。理想的企业销售物流服务水平要求达到：适当的质量、适当的数量、适当的时间、适当的地点、适当的价格、良好的印象。

6.3.5　创造竞争优势的企业销售物流服务

创造竞争优势的企业销售物流服务的一个重要手段是提供增值服务。提供增值服务的主要领域是：以客户为核心的服务、以促销为核心的服务、以制造为核心的服务和以时间为核心的服务。

（1）以客户为核心的服务

以客户为核心的服务由以下活动构成：处理客户向制造商的订货、直接送货到商店或顾客家里、持续提供递送服务。这类专门化的增值服务可以被用来有效地支持新产品的推广，以及基于当地市场的季节性配送。

（2）以促销为核心的服务

以促销为核心的增值服务最为突出的是销售点展销。它可以来自多个不同供应商的产品，并组成一个多结点展销单元，以便适合特定的零售商所需。在有选择的情况下，以促销为核心的增值服务，还对储备产品的样品进行特别介绍和宣传，甚至进行直接邮寄促销。

（3）以制造为核心的服务

以制造为核心的增值服务是通过独特的产品分类和配送来支持制造活动。例如，一家仓储公司备有6种不同的纸箱来包装一种肥皂来配合制造商各种不同的促销方案和不同等级的贸易要求。这些增值服务都是把产品最终定型一直推迟到接收客户订单为止。

（4）以时间为核心的服务

以时间为核心的增值服务，包括专业人员在递送以前对存货进行分类、组合和排序。以时间为核心的增值服务中典型的方式是准时生产（JIT）。在准时生产条件下，供应商向位于装配厂附近的仓库进行日常的配送，一旦某时某地产生需要，该仓库就会对多家卖主的零部件进行分类、组合和排序，然后递送到生产线上去，其目的是要在总量上最大限度地降低在装配厂搬运和检验的次数。总之，以时间为核心的增值服务主要特征是排除不必要的仓库设施和重复劳动，以期最大限度地提高服务速度。

案例分析 >> 李宁公司的销售物流管理

1. 基本背景

李宁公司成立于1990年，经过多年的探索，已逐步成为国际领先的运动品牌公司。李宁公司采取多品牌业务发展策略，除自有核心李宁品牌（LI-NING）外，还拥有乐途品牌（LOTTO）、艾高品牌（AIGLE）、新动品牌（Z-DO）。此外，李宁公司控股上海红双喜、全资收购凯胜体育。截至2009年年底，李宁公司店铺总数达到8 156家，遍布中国1 800多个城市，并且在东南亚、中亚、欧洲等地区拥有多家销售网点。在李宁公司的一次物流项目招标活动上，国内知名的大型物流公司悉数到场，它们满怀激情地希望找出李宁公司的物流薄弱环节，从中攫取商机。但当它们看到李宁公司的物流成本后，满腔的热情顿时消失殆尽，失望而归。李宁公司物流总监茍卫有一个形象的比喻："精心编制的物流成本控制手册就是我们的宪法，按照这些原则和措施去指导我们的物流操作实践，李宁公司的物流绩效怎能不优秀，即使和专业的第三方物流公司比，我们也毫不逊色。"

2. 李宁公司销售物流管理的特点

（1）寻找合适的合作伙伴

李宁公司选择的物流服务商都是一些中等规模的物流公司或运输公司，其基本原则是"不找最大，只找最适合"，这是从过去多次的合作中摸索出来的经验。在最初开始选择承运商的时候，李宁公司最看重的是规模和品牌。但随着合作的深入，物流部门逐渐发现，规模太大的承运商不仅费用高，而且可能因为等级多削弱了管理力度。另外由于它们自身规模大，李宁公司的货物在其中的比例并不占优势，李宁公司所受到的重视程度也与其期望值相去甚远。后来，李宁公司选择一些中等规模的物流运输公司合作，这种情况就得到很大程度的改进。李宁公司的货物备受重视，物流公司在服务上尽心尽力，李宁公司趁机在物流承运合同中加上一条：无论什么情况，李宁公司的货物优先发送。

与李宁公司合作的主要承运商有 10 家左右，分为两类：一种是专线承运商，一种是物流公司。在货量大的地区，由李宁公司自己管理指挥承运商；如果货量不大或者承运商的能力不够，就会找一个专业物流公司做代理，代理商下面还有一些承运商，以此来应对李宁不同的区域市场需要。

（2）销售地入仓

李宁公司在全国共有两个一级配送中心，一个位于北京五里店，总面积 25 000 平方米，负责长江以北地区；另一个在广东三水，总面积 12 000 平方米，负责长江以南地区。全国共 13 个分公司，各自下辖的仓库是二、三级配送中心。集中起来，李宁公司的仓储面积共有 50 000 平方米左右。为了集中网络优势促销售，李宁公司一边把全国 13 个分公司的物流储运部整合起来，设配送中心进行统一管理，一边推行按销售地入仓的做法。产品出厂后直接送到相应销售地的配送中心，然后通过分拣、分销出去，而不再走以前的通过生产地的仓库再入配送中心的路线。

（3）以关键指标考核销售物流质量

无论是承运商还是物流代理公司都必须接受李宁公司严格的质量考核，共有 5 个关键质量考核指标，分别是：准时提货率、及时正点率、货损货差率、服务态度及完美回单率（在要求时间内传回记载经销商、专卖店收货信息的单据）。针对专线承运商，李宁公司物流部会亲自监控每个指标的完成，而对于代理公司，则做整体考评。

所有物流承运商都要把它们的信息管理系统与李宁公司物流部进行对接，及时反馈它们关于运输监控的信息，必须每天报报表，包括货单号、提货时间、发货时间、在途时间、长途运输中不同地点的报告和事故分析原因。与此同时，李宁公司物流部有运输追踪部，专门负责电话追踪经销商、专卖店，把自己得到的信息与承运商反馈数据统一整理。依据这些数据资料，李宁公司按月给承运商打分，把数据报表向承运商公布，针对其不足限期整改，并实行末位淘汰制度。现在与李宁公司合作的承运商不仅有招标入围的，还有曾经被淘汰后又提高自身水平再次得到李宁公司认可的。而李宁公司的销售物流在业内也受到广泛的赞许，赢得了广大经销商的信赖：只要货款到账，货物就一定会安全正点送到。

3. 案例简评

服装产品具有生命周期短、更新换代快的特点，因此，缩短物流供给周期、提高响应速度是服装制造企业生存的关键所在，而有效的销售物流管理就成为快速响应市场需求变化的支撑。李宁公司在销售物流环节采取了一系列的"组合拳"策略：挑选最适合的物流公司长期合作、严格控制，按销售地入仓调整产品物流流程；制定完善的指标体系，定期对物流供应商进行考绩。这些策略符合李宁公司的规模和在不同地区产品销售特点的要求，因此收到了良好成效。

4. 案例延伸思考

（1）李宁公司是著名的品牌公司，为何在选择物流供应商时不是选择与其规模品牌"门当户对"的物流企业，而是选择一些中等规模的物流供应商？

（2）李宁公司制定的 5 个考核指标对于不同企业是否有普遍适用性，为什么？

练习与思考

1. 简述企业销售物流的概念、作用和具体目标。
2. 简述企业销售物流渠道管理的主要内容。
3. 简述企业销售物流的基本流程。
4. 简述企业销售物流管理在企业经营管理中的地位与作用。
5. 企业销售物流客户服务能力关键评价指标有哪些？
6. 企业销售物流服务的构成要素有哪些？
7. 电子商务企业的销售物流模式有哪几种？各有何特点？
8. 通过上网找出一个企业的销售物流配合产品营销的成功运作案例，并说明该企业销售物流的特点。

第 7 章

企业逆向物流管理

学习目的与要求

　　本章将围绕企业逆向物流管理展开讨论，主要介绍企业逆向物流的内容及管理重点。应理解企业逆向物流产生的原因、种类及特点，掌握不同作业对象的逆向物流管理的流程、关键作业及处理方法，熟悉两种不同类型企业的逆向物流管理内容和管理方法。

学习重点与难点

　　企业逆向物流的种类，企业逆向物流分类管理中的流程、关键作业及处理方法。

7.1 企业逆向物流管理概述

　　企业的供应物流、生产物流和销售物流促使物料从上游供应商向下游消费者流动，构成了企业的正向物流体系。但从供应链的角度看，完整的物流系统应由正向物流和逆向物流两部分组成。过去很多企业管理者出于经济利益考虑往往只重视正向物流，而忽视了沿着供应链相反方向流动的逆向物流。随着可持续发展理念的形成及人们环保意识的增强，企业开始重视产品、包装材料及废弃物等的回收和再利用过程，也逐渐意识到逆向物流也是供应链的一个重要组成部分，逆向物流管理水平的高低将直接影响企业乃至整个供应链的竞争力，供应链的整体绩效在很大程度上也要受逆向物流管理的影响。

7.1.1 企业逆向物流管理的内涵

1. 企业逆向物流的概念

企业逆向物流是指物品从供应链下游向上游的运动所引发的企业物流活动。促使物品向供应链上游运动的原因有很多种，处理的方式方法也各异。企业逆向物流管理就是企业对与其相关的各项逆向物流活动进行合理、有效的组织与控制，主要涉及以下内容：处理如损坏、季节性变动、再储存、残次品、召回或冗余库存等引起的回流物品，循环利用包装材料与重复使用各类容器，修复、再造与刷新产品，废弃设备的处理，危险物料的处理，价值的恢复等。

2. 逆向物流对企业经营活动的影响

现在越来越多的企业意识到逆向物流是开展竞争的有力武器，逆向物流活动对企业的营运模式会产生重大影响，主要表现在以下方面：

（1）对企业经济效益的影响

在竞争激烈的今天，各企业竞争优势的重要来源之一就是产品服务。对于最终顾客而言，逆向物流能够确保不符合订单要求的产品及时退货，有利于消除后顾之忧，增加对企业的信任感和回头率，从而扩大企业的市场份额。另外，由于废旧产品价格低、来源充足，回购加工或再制造可以大幅度降低企业的物料成本，增加企业效益。

（2）对企业社会效益的影响

目前，出于可持续发展的要求，国家制定了很多相关法律，对物品废弃后的处理方式及防止可能对环境造成的影响等方面做出了相应规定。企业通过实施逆向物流管理，有效减少废弃物的排放量，为改善人类环境承担更多的社会责任，同时也将提高企业自身的形象。

（3）对企业成本的影响

逆向物流作为一项物流活动，也会使企业支付额外的运营成本，会有管理成本、运输成本、仓储成本、加工及信息成本发生。如果企业采取将逆向物流活动委托给专业物流企业，则须支出物流委托费用。

3. 企业逆向物流管理的目标与基本原则

企业逆向物流管理的主要目标是通过对逆向物流活动的计划、实施和控制，节约资源和成本，为企业增加价值，同时减少环境污染，改善企业形象。

为实现上述目标，企业逆向物流管理应遵循的原则包括3条。

（1）加强逆向物流流量控制

虽然对逆向物流系统进行规划和设计可以达到为企业节约成本、创造利润的目的，但这并不意味着进入逆向渠道的产品越多越好。原因在于：第一，逆向物流资产占用投资大、资产专用性强，企业投进去的资金不易撤回或转向其他投资；第二，过多的回收产品运作可能会影响正向物流的正常运行；第三，企业为吸引顾客和占据市场，采取过于宽松的退货政策，会导致消费者滥用其手中的退货权利，对企业控制成本反而不利。

因此，企业必须对逆向物流的流量进行有效控制和规划。

（2）建立合理的逆向返回渠道

物品从供应链下游向上游的转移过程中会产生运输、仓储和流通加工等一系列活动，从而产生相应的成本，如果物品逆向返回的渠道过长或过于复杂，势必会造成企业成本的增加。同时，物品返回渠道不合理往往会推迟企业对返品的处理时间，降低返品再利用的价值或损害客户的利益。因此，企业应合理选择物品从供应链下游流向上游的路线、途径或流转通道，使企业逆向物流渠道中的物品能够快速、顺畅流动。

（3）有效处理和利用返回物品

为了实现逆向物流的积极意义，企业须对逆向渠道返回的产品进行妥善处理，使返回物品恢复功能或被再利用。例如，IBM 公司在欧洲实施了产品回收计划，对回收的废旧计算机部件和元器件进行测试，好的部件和元器件被修整后有 82%被再利用，不能再用的将被妥善处置。

7.1.2　企业逆向物流产生的原因

企业逆向物流的形式多样，其形成的原因也较为复杂，主要集中在以下几方面。

（1）企业产品质量问题

当企业售出的产品存在质量问题时，消费者会要求退货，由此产生产品从最终消费者向制造企业返回的现象。同时，为提升品牌价值，维护企业形象，企业有时也会将售出的有瑕疵的产品主动召回，如汽车召回行为。目前，美国、日本、欧洲、澳大利亚等国家和地区对缺陷汽车召回都已经形成了比较成熟的管理制度，产品召回行为已迅速蔓延到手机、数码产品、家电和日用品等行业。

（2）企业销售物流不当

在企业通过销售物流活动将产品送达下游企业或最终客户的过程中，由于订单处理有误或货物拣选出现问题，有可能造成运送产品种类或规格错误，运送数量有差错，递送对象错误等，使原本没有质量问题的产品产生回流。随着直销、电视购物和网络销售等新的分销渠道出现，这种产品回流现象越来越多。

（3）产品附加物的必要处理

为了方便产品销售和流通，包装成为产品的一种主要的有形附加物，包括工业包装和商业包装。工业包装主要指在流通过程中所使用的产品载体，包括集装箱、托盘、集装袋及其他包装容器；商业包装是直接与产品接触、面向最终顾客的包装物，具有促进销售的作用。工业包装即产品载体大部分都属于可以重复利用的物品，因而在完成产品流通后往往需要及时返回；商业包装一般采用纸、塑料、金属、玻璃等包装材料，具有可再生性，有的企业为了降低生产成本，提高资源再利用率，也会主动将企业销售出去的商业包装回收并循环利用。

（4）产品再利用的价值

企业售出的产品在被最终顾客消费过程中，可能出现产品故障问题，需要返回处理，通过维修活动恢复其使用价值。同时，企业产品在顾客手中结束其寿命周期后，一些部件或材料仍具有再利用或循环使用的价值，也会沿供应链逆向返回，如机械产品的零部件。企业对这些返回物资进行妥善处理，可以有效降低企业成本，提高竞争力。

（5）社会道德感的驱动

企业的产品被最终顾客消费以后，有些并不具备很明显的再利用价值，但若不进行有效的处理，可能对环境造成很大的破坏，如一些电子产品。企业出于社会责任感，也可能主动承担将这些废弃产品回收并进行集中处理的活动，从而为企业建立起良好的社会形象。

7.1.3 企业逆向物流的种类与特点

从企业逆向物流形成的原因可以看出，若按物品的种类划分，企业逆向物流可以分为未使用产品的逆向物流、已使用产品的逆向物流和产品包装逆向物流 3 类，其中每类又包括了各种不同形式的逆向物流，如表 7-1 所示。

表 7-1 企业逆向物流的种类

类　别	主要形式	主要原因	举　例
未使用产品的逆向物流	下游客户退货	产品质量问题，销售物流不当	有瑕疵的衣服，衣服尺寸错误
	产品召回	产品存在缺陷	企业对尚处于流通环节的汽车进行召回
已使用产品的逆向物流	产品维修或产品召回	产品存在故障或缺陷	使用中出现故障的家用电器
	废弃产品的循环利用	产品具有再利用价值	机械产品的零部件
	废弃产品的最终处理	社会道德感的驱动	废旧电池
产品包装逆向物流	工业包装返回	可以重复使用	托盘，集装袋，条板箱
	商业包装循环利用	属于再生资源	纸质包装、玻璃瓶

关于产品方面的逆向物流主要根据产品有没有被消费者使用进行分类，未使用产品的逆向物流指产品尚处于流通环节或已到达消费者手中但并未使用，因各种原因需要逆向返回，主要包括来自批发商、零售商和最终客户的退货及企业对问题产品的主动召回；已使用产品的逆向物流是指最终消费者使用产品之后所产生的产品返回，有的是消费者在使用过程中发现产品故障，在保修期内将产品返回生产企业进行维修，有的是企业主动将顾客使用中频繁出现故障或发现存在隐患的产品召回，更重要的部分是企业对被消

费者使用后的废弃产品进行回收处理。另外，企业逆向物流还包括了对产品包装的回收利用，主要是对工业包装的重复使用和对商业包装的再生循环利用。

企业逆向物流趋向于反应性的行为与活动，其中实物和信息流动很多是由供应链尾端的成员或最终消费者引起，因而具有以下几方面的特点。

（1）不确定性

企业逆向物流发生的时间、地点和数量难以事先确定，而且发生的地点分散、无序，不能集中一次向上游转移，因而具有高度的不确定性。顾客退货中往往客户处于主动地位，企业处于对客户需要的响应地位，为了提高客户满意度，企业经常非经济批量回收，甚至单件产品回收，计量经济学中的一些复杂的预测技术并不容易应用到返回物品的管理上。

（2）复杂性

企业逆向物流的处理系统和处理方式复杂多样，要根据回收品的数量和质量，产品的性能和结构区别对待，不同处理手段对恢复资源价值的贡献差异显著。进入企业逆向物流系统的物品本身也具有混杂性，往往不同种类、不同状况的废旧物资混杂在一起，造成了企业逆向物流处理的复杂性。

（3）缓慢性

只有随着生产、销售规模的不断扩大，企业逆向物流才会在不断汇集的情况下形成较大的流动规模。废旧物资、回流产品的产生也往往不能立即满足某些需要，它需要经过加工或再制造等环节，甚至只能作为原料或零部件回收使用，这一系列过程耗费时间较长。同时，回收品的收集和整理也是一个较复杂的过程。这些都决定了企业逆向物流具有缓慢性的特点。

（4）价值非单调性

价值非单调性由企业逆向物流产生的原因和种类多样而造成。例如，在顾客退货和企业产品召回行为中，退货和召回产品从消费者手中流向经销商和制造企业，这其中产生的运输、仓储、检验和处理等费用都会冲减其价值，所以具有价值递减性；而报废的回收品，对于消费者已经没有任何价值，但如果回收以后可以再利用，则回流制造企业处理后就能实现价值再造，所以具有价值递增性。

（5）高成本性

投资于逆向物流的资产具有高度的专用性，如建立回收商品处理中心、建立逆向物流信息系统等，企业只能将这些资产应用于对逆向物流的管理中，使得逆向物流的成本较高。另外，回收产品通常缺少规范的包装，又具有不确定性，难以充分利用运输和仓储的规模效益。同时，许多物品需要人工检测、判断和处理，极大地增加了人工费用，同时效率低下。这些原因使得逆向物流具有高成本性。

7.1.4 企业逆向物流与正向物流的关系

逆向物流和正向物流是一个完整物流系统的两个子系统,两者相互连接、相互作用、相互制约,共同构成了社会物流循环系统,如图 7-1 所示。

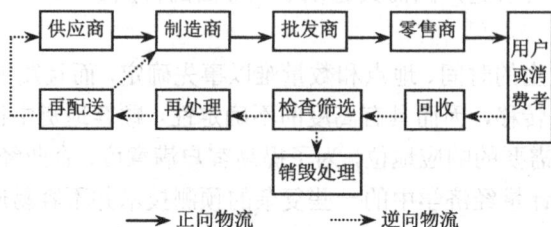

图 7-1 完整物流系统结构

企业逆向物流是在正向物流运作过程中产生和形成的,没有正向物流,就没有逆向物流;逆向物流流量、流向、流速是由正向物流属性决定的。如果正向物流利用效率高、损耗小,则逆向物流必然流量小、成本低,反之则流量大、成本高。在一定条件下,正向物流与逆向物流也可以相互转化,正向物流管理不善、技术不完备就会转化成逆向物流;逆向物流经过再处理、再加工、改善管理方法制度,又会转化成正向物流,被生产者和消费者再利用。

但企业逆向物流作为企业价值链中特殊的一环,与正向物流相比,有着明显的差异,如表 7-2 所示。

表 7-2 企业逆向物流与正向物流的差异

比较项目	企业正向物流	企业逆向物流
预测	比较简单、容易	较为困难
分销模式	一对多	多对一
产品质量	均一	不均一,差异较大
产品包装	统一	不统一,且多已损坏
运输目的地、线路	比较明确	不明确
产品处理方式	明确	不明确,依产品而定
价格	相对一致	不一致,决定因素复杂
服务速度的重要性	广泛重视	经常被忽视
分销成本	相对透明,可由会计系统监控	多为隐性的
库存管理	统一	不统一

续表

比较项目	企业正向物流	企业逆向物流
产品生命周期	可控的	比较复杂
供应链中各方的协调和磋商	比较直接和容易	比较困难
营销方式	有现成模式	没有现成模式，受多种因素影响
操作流程	比较透明，便于实时控制	透明度较低，不便控制

从企业物流系统可持续发展的角度看，不仅要考虑物流资源的正常和合理使用，发挥正向物流主渠道作用，保持系统的革新与发展，同时还要实现物流资源的再使用（回收处理后再使用）和再循环（不用的物品处理后转化成新的原材料或产品使用），做好逆向物流管理工作。

7.1.5 企业逆向物流管理的意义

近些年国外媒体纷纷报道各行业的知名企业将逆向物流纳入企业发展的战略规划中，使之成为新的降低成本、提高利润的出发点，在其逆向供应链的规划和运作上带来可观的经济价值和环境效益。这些主动性行为不仅减少了进入供应链的废弃物品，更重要的是降低了这些公司的运营成本，从而揭示出企业逆向物流的战略作用。

（1）改善和提高顾客价值，增强战略竞争优势

在当今顾客驱动的经济环境下，顾客价值是决定企业生存和发展的关键因素。企业通过逆向物流可提高顾客对产品或服务的满意度，赢得顾客的信任，从而提高其竞争优势。对于顾客（最终消费者）来说，逆向物流的成功运作能够确保不符合订单要求的产品及时退货，保证有质量问题的商品能够及时被召回，增加其对企业的信任感及回头率；另外，如今企业都处在一定的供应链条之上，独立的企业很难生存和发展，需要用供应链的思想来运作企业。对于供应链上的下游企业来说，如果上游企业采取较为宽松的退货政策，则下游企业的经营风险减少，有助于企业间的相互合作和信任，促进企业间战略联盟的形成，从而增强企业的竞争优势。

（2）降低物料成本，增加企业效益

减少物料消耗、提高物料利用率是企业成本管理的重点，也是企业增效的重要手段。传统管理模式的物料管理仅仅局限于企业内部的物料，不重视企业外部废旧产品及物料的有效利用，造成大量可再用资源的浪费。在企业逆向物流系统中，废旧产品的回购价格低、来源充足，企业回收后直接对其进行再加工，或是将其分拆成零部件后投入再生产，就可以大幅度降低企业的物料成本。特别是随着经济的发展，在资源短缺日益严重的情况下，资源的供求矛盾将更加突出，企业逆向物流的这种优越性将越来越醒目地显

现出来。

（3）提高事故透明度，完善企业质量管理体系

逆向物流在改善企业质量管理体系上也具有重要地位。ISO 9001:2008 企业质量管理体系标准将企业的质量管理活动概括为一个闭环的 PDCA 活动（计划、实施、检查、改进），逆向物流的活动恰好处在检查和改进两个环节上。对此，ISO 9001 的要求是对不合格品进行控制，采取有效的纠正措施持续改进，同时制定预防措施防止不合格品的再次发生。从这次的改进到下一次的计划和研发，逆向物流是承上启下、作用于两端的。通过逆向物流信息系统，退货中发生的产品质量和服务质量问题不断传递到企业的管理层，增加了企业潜在事故的透明度，将有利地推动企业不断改进质量管理体系，从系统上根除隐患，并最终达到提高产品质量的目的。

（4）改善环境行为，塑造企业形象

随着人们生活水平和文化素质的提高，环境保护意识日益增强，顾客对环境的期望越来越高，不仅考虑自己目前的生活状况和条件，而且开始密切关注人类后代的持续繁衍和发展。能否顺利地进行可持续发展战略，是企业向顾客、社会承诺和负责的社会伦理和道德尺度。通过逆向物流战略，企业能够减少最终废弃物的排放，减少产品对环境的污染及资源的消耗，符合时代潮流和环保法律的要求，有利于改善企业的环境行为，提高企业在公众中的形象、增强其核心竞争力。

7.2 企业逆向物流的分类管理

不同类型的企业逆向物流形成原因不同，返回的路径不一致，处理方法也各异。因此，为组织好企业逆向物流的计划与控制工作，需要对企业逆向物流进行有效的分类管理。

7.2.1 未使用产品的逆向物流管理

未使用产品逆向物流主要包括下游客户退货和产品召回两种形式，返回对象属于较完整的产品，其中部分产品可能存在质量瑕疵。对于这些产品的处理方式可以多样且不需要太复杂，关键是要降低产品返回的物流费用。

1. 未使用产品逆向物流产生的具体原因

下游客户退货是指企业的顾客将不符合订单要求的产品退回给上游供应商，包括来自批发商、零售商和最终客户的退货。

　　批发商和零售商将产品退回的原因主要集中在：库存产品的有效期即将过期或已经过期，按规定批发商或零售商不能再销售该产品；库存产品的包装已过时，过时的包装可能会影响产品销售业绩，批发商或零售商更愿意销售新颖包装的产品；批发商或零售商要求把过季未销售完的产品退回；库存商品已被新版本商品替代，随着新产品的旺销，要求退回旧产品；库存中的产品已被新的法规禁止使用，批发商或零售商要求退回原来产品，如被禁用的药品等；某些产品库存过多，影响批发商或零售商的库存费用和流动资金占用，批发商或零售商会根据市场需求与销售状况调整库存水平；批发商或零售商由于各种各样的原因退出销售行业或破产。

　　最终客户将产品退回则主要有以下几方面的原因：购买产品的功能或质量未能满足客户需要；产品的规格或数量等与订单不符；客户因为交货延迟而要求退货；某些客户滥用一些零售商承诺的"无因退货"销售政策。

　　产品召回是指制造商将已经流入市场的产品收回，其典型原因是所售出的产品被发现存在缺陷。若不将缺陷产品召回，有可能对消费者的生命、财产安全或环境造成严重损害。例如，燃气灶存在缺陷可能会引发火灾，儿童玩具过于坚硬或锋利可能会危害儿童身体，汽车刹车制动管设计问题可能致使车辆在正常行驶中制动突然失效。有些产品还处在流通环节或虽已到达消费者手中但尚未被使用，就被发现存在质量瑕疵或安全隐患，而被企业主动召回。

　　根据美国物流协会统计，产品退回率由于行业不同，存在很大差异。美国各行业的产品退回率如表 7-3 所示。

表 7-3　美国各行业产品退回率

产　业	百　分　比	产　业	百　分　比
杂志出版	50%	光驱	18%～25%
图书出版	20%～30%	印刷品	4%～8%
图书分销	10%～20%	订单销售计算机	2%～5%
贺卡	20%～30%	广告销售	4%～15%
目录零售商	18%～35%	汽车业	4%～6%
电器分销商	10%～12%	消费性电器	4%～5%
计算机制造商	10%～20%	家用药品	2%～3%

　　一般来说，采用直销模式的企业产品退回率要高于采用其他销售模式的企业。对于一个直销公司来说，退回率可能达到 35%，平均水平大概是 25%。但例外的是，"为订单而生产"的直销商的产品退回率要低于采用传统模式销售的制造商的退回率。

2．未使用产品逆向物流的主要流程

未使用产品因其具有完整性，往往会直接沿供应链逐级逆向返回，但不排除越级返回的情况，其逆向物流基本路径如图7-2所示。

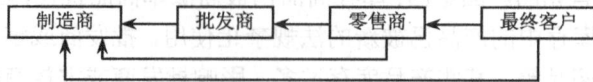

```
制造商 ←—— 批发商 ←—— 零售商 ←—— 最终客户
```

图7-2　未使用产品逆向物流基本路径

未使用产品的退货源和目的地不同，逆向物流的路径会有差异。来自批发商的退货直接返回给制造商；零售商的退货可以直接返回给批发商，直接返回给制造商，也可以先返回给批发商，再由批发商返回给制造企业，共3种路径；来自最终客户的退货路径则更多，可以直接返回给零售商、直接返回给制造企业，也可以先返回给零售商，再由零售商返回给批发商，或者经由零售商、批发商，最后到达制造企业手中。产品召回可能由制造企业直接收回，也可能通过零售商、批发商逐级返回。

未使用产品的返回往往与企业自身管理和技术问题及销售政策相关，容易达成产品返回的一致意见，返回流程较为简单，如图7-3所示。

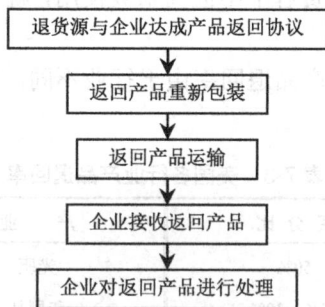

```
退货源与企业达成产品返回协议
        ↓
    返回产品重新包装
        ↓
    返回产品运输
        ↓
    企业接收返回产品
        ↓
  企业对返回产品进行处理
```

图7-3　未使用产品逆向物流主要流程

退货源与企业达成产品退回协议后，若产品包装已撕毁则须将产品进行重新包装，采用企业上门取货、退货源送抵企业或交由物流公司等方式将产品返回，其中的物流费用由退货源和企业协商处理，企业收到退货产品后对其进行适当的处理。

3．未使用产品逆向物流管理的关键作业

未使用产品逆向物流的流程虽较简单，但为了降低逆向物流的成本，企业需要建立科学、合理、公平、高效的产品退回机制，其中起始点控制、产品退回周期控制和资产恢复是逆向物流管理的关键作业。

（1）产品退回物流起始点控制

产品退回物流起始点控制就是在产品退回的入口对退回产品进行审查与控制。一方面是产品退回量的控制，要防止一些不合要求的产品进入退回渠道，如杜绝客户滥用退货政策，同时要积极采取措施避免一些不必要的产品退回，能够就地解决和通过其他途径弥补的尽量不将产品退回，如电子商务中商家常游说顾客将规格有误的产品赠与他人。另一方面是产品退回方式的控制，也就是对产品退回时间和批量的把握。有的产品需要即时返回，而有些产品可以积累到一定批量后再返回，批量累积的时间长短将对企业逆向物流成本产生很大的影响。如许多零售商先累积客户退回的产品，然后每隔一段时间大批量地运送到制造企业那里，可以大大降低退回产品的运输成本，但同时也将延缓制造企业对退回产品的处理时间。因此，企业需要根据实际情况确定合适的产品退回方式。

（2）缩短产品退回处理周期

在未使用产品逆向物流管理方面比较成功的企业大多是那些能够比较好地在退回产品的入口上进行控制，同时也能够缩短与退回产品的转移和处置有关的回流周期的企业。企业压缩退回产品处理周期的困难，一部分在于如何缩短退回产品从退货源返回企业的物流时间，与物流主体、运输工具选择等密切相关；另一部分在于对退回产品如何进行及时处理，各种不同原因的退回产品，其处理方式也不同，同时还常常会有一些例外情况，企业员工有时很难对这些退回产品做出处理决定，使得产品退回处理的周期变长。因此，企业需要通过优化回收物流运作方式和制定合理的退回产品处理方案来缩短整个产品退回处理周期。

（3）对退回产品实行资产恢复

资产恢复就是对退回的瑕疵产品、过剩产品、过时产品等进行分级和处理，以达到降低处理成本和提高产品回报率的目标，也就是尽可能地恢复产品的经济价值，使退回产品能重新进入市场。对许多企业而言，资产恢复已经变成一项重要的商业活动。

4．未使用产品逆向返回的处理方法

由于退回产品的特性和原因多种多样，企业对退回产品的处理方法也不尽相同。常见的处理方法有以下几种。

（1）作为新产品再次出售

如果退回产品并无质量问题，属于错发错运等原因造成的返回，企业可以直接让其再次进入流通市场，如将其送至商店作为新产品再次出售。但在某些产业，有规章、法律及其他方面的明确规定，凡是客户退回的产品，就不能当做新产品出售。例如，在美国的小家电销售市场中，通常实行"无因退货"的销售政策，零售商接受退货后，对无缺陷产品只能实行折价销售。

（2）打折出售

企业对退回的产品可以通过让利的方式打折出售，让顾客更容易接受产品的二次销售。比起其他的处理方式，打折销售方式有许多优点，如处理速度更快、能有效避免售货纠纷等。但打折出售也伴随着较大的风险和代价，对许多企业来说，可能会损失企业的声誉和市场地位。

（3）通过二级市场销售

当企业不能自己售完某产品，也不能通过折扣商店出售时，企业还可以选择通过二级市场销售。二级市场经营公司主要由专门从事低价购买清仓或处理产品的企业构成，产品销售价格有时只有原价的1/10。据统计，在美国就零售产品而言，二级市场销售的平均价格只有零售商价格的17%。二级市场的经营公司通过自己的商店出售，或直接卖给其他的减价产品零售商。

（4）进行重造、整修后再出售

针对因质量问题而退回的产品及企业主动召回的存在缺陷的产品，企业需要先对返回的产品进行重造或整修，恢复其应有的质量和功能，然后让其再次流入市场或直接返回给顾客。很多企业对召回产品进行升级改进后再次返回给零售商或最终消费者。

（5）捐赠给慈善机构

如果退回产品不存在质量问题或虽有瑕疵但仍然可以使用，零售商和制造商可能会决定把这些产品捐赠给慈善机构。此时，企业通常不收任何费用，然而企业可以因此获得税收优惠，同时也为企业创造良好的社会形象，提升企业形象这一无形资产。

7.2.2 已使用产品的逆向物流管理

已使用产品的逆向物流主要包括两种情况，一是最终客户使用企业产品过程中的产品维修和产品召回，二是最终客户使用企业产品之后的废旧产品回收利用。前者的主要目的是维护客户的利益，提高客户满意度；后者的目的是提高资源利用率，降低企业成本。被最终客户消费以后的废旧产品大多形态各异，利用价值不一，因此回收处理的难度相对较大。

1. 已使用产品逆向物流的主要流程

两种不同类型的已使用产品逆向物流产生的原因和目的不同，其流程也不一样。产品维修和产品召回的流程较为简单，往往是直接返回给制造商进行维修处理，如图 7-4 所示。

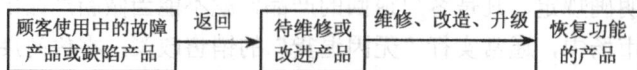

图 7-4 产品维修和产品召回的基本流程

　　如果产品在顾客使用过程中无法按照设计要求工作，企业就需要对其回收并维修。返回的物品有两种类型，保修的和非保修的。客户需要自行付费解决非保修产品维修问题，所以对企业来说，真正的问题在于保修期物品的回收。维修的目标是减少维修成本，节约产品维修时间和延长产品使用寿命。产品召回则是企业主动回收已投入使用但存在缺陷或安全隐患的产品，并对产品进行改造升级。因此，已使用产品逆向物流的流程之一就是对故障产品或缺陷产品进行回收并做适当处理，使之恢复使用价值或实现功能完善。一般在通过此流程后又会转向正向物流，即企业将恢复功能的产品再次递送给最终客户，使之重新投入使用。

　　企业产品经最终客户使用后会结束其寿命周期，形成废旧产品，为了提高资源利用率，企业可以对其进行回收利用。废旧产品返回需要经过回收、整理、分类加工、最终处理等多项作业，其基本流程如图 7-5 所示。

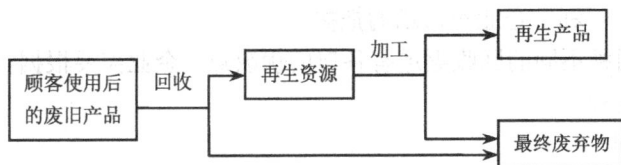

图 7-5　废旧产品逆向物流基本流程

　　从客户终端返回的废弃产品，有些经过加工处理可以再生利用，即属于再生资源，企业对这部分产品要进行进一步的加工处理；而有一部分产品回收后可利用价值不大或加工处理成本很高，需要直接按废弃物处理。企业对再生资源进行分类加工后生成再生产品，同时对加工过程中产生的废弃物进行最终处理。

2．已使用产品逆向物流管理的关键作业

　　产品维修和产品召回的逆向物流工作较为简单。但废旧产品逆向物流操作难度相对较大，由于已结束使用寿命的产品往往价值偏低，企业在开展此类逆向物流活动时必须关注回收处理工作的效率和成本，产品的收集、分类整理和加工处理是其中的关键作业。

　　（1）产品的收集

　　由于废旧产品来自分散的终端客户，产品收集工作量非常大，回收渠道建设非常重要。按照是否经过中间商，废旧产品的回收渠道可以分为直接渠道和间接渠道两种。

　　直接渠道是指废旧产品从消费领域转移到生产领域的过程中，不经过任何中间环节，由顾客直接将产品返回给企业。

　　其优点是：顾客和企业直接接触，企业能及时、全面地了解顾客的需求，了解产品完成生命周期的真正原因，有利于企业及时加强企业管理，改进生产方式，提高产品质

量；有利于企业及时把握市场脉搏，提高市场占有率；同时，由于没有中间环节，可以大大缩短流通时间。

其缺点是：因为单个顾客所形成的逆向物流的流量较小，频率高，所以企业必须增加专门人员、设施等进行处理，这会导致企业费用的增加。

间接渠道是指废旧产品从消费领域转移到生产领域的过程中，经过至少一个中间环节，而不是由顾客直接将产品转运给企业。

其优点：企业不必花费大量的人力、物力、财力去直接面对大量的单个顾客，只需要选择合适数量的中间环节进行交易，由它们来面对各种各样的单个顾客的诉求，借助于中间环节的力量完成企业逆向物流。

其缺点：由于逆向物流中加入了中间环节，回购产品的价格会有所上升；对一些技术性较高的产品，中间环节难以提供较好的服务；由于企业面对的是中间环节，不能直接了解顾客需求，不利于企业对市场的把握。

可以看出，两种不同的回收渠道有各自的优缺点，企业需要根据实际情况选择合适的废旧产品收集途径。

（2）分类整理

分类整理是企业对收集回来的废旧产品进行检验和归类，确定回收产品是否具有再次使用的可能性，以及如何使用。该环节需要对回收品的功能进行测试分析，并根据产品结构特点及产品和各零部件的性能确定可行的处理方案。对回收产品进行检测、分类和评级是一项费时费力的劳动密集型工作。很多大型企业采用以质量为标准，并辅之以感应器、条形码和其他的高科技工具用于自动追踪和测试来简化这一流程。企业应充分考虑回收产品的质量、形状或其他变量，做出对回收产品如何处置的决定，缩短其再次流回市场的时间。

为了提高分类整理的效率，并方便后续的加工处理活动，若企业的废旧物品回收量较大，可以考虑建立返品集中处理中心。目前很多跨国企业的配送中心都设有专门的返品集中地，逆向物流流程上的所有返品会先被送到这里，经过分类、处理后，再送到最终的归属地。通过建立集中处理中心使企业最有效实行专业化和规模化处理返品。因为集中处理中心一般会配备经过专业培训的员工，他们拥有该领域的专门知识，可以说是分拣专家，能迅速对返品进行分类并为每件产品找到最佳处理方法，使企业从事返品分类整理的人员需求最小化，降低逆向物流中的人力资源成本。

（3）加工处理

回收的废旧产品可以由企业自己处理，也可以交由其他企业处理，两种方式具有各自的优缺点，企业同样需要根据实际情况采用合适的处理方式。

企业自己处理是企业自身对返回的废旧产品进行加工处理，对返回的产品中任意一个部件和任何可以再次使用的产品零件进行再利用，并对其中的废弃物进行最终处理。

其优点是：企业直接面对自己生产并被消费过的产品，能够及时准确地了解本企业产品的弱点及容易损耗的部分；企业可以在可能的情况下，通过分拆、再制造、再利用等最大限度地利用回收来的已使用产品，减少原生资源使用量，降低生产成本；对于技术含量较高的产品，由企业来处理，便于企业对技术的保密；企业对逆向物流过程具有一定的控制权，可以减少逆向物流流通时间。

其缺点：为了使逆向物流有效实施，企业必须投入大量的人力、物力、财力，去配备必要的设备、专门人员等。由于逆向物流的不确定性，企业无法准确预测回收物品的数量，给企业的产品及其零部件的库存管理带来较大困难；由于逆向物流的复杂性，会导致人力资源成本上升。

交由其他企业处理是指废旧产品由企业回收，但由其他企业来进行处理，最终的产品和物资不再由企业使用。

其优点：企业既直接面对自己的产品，能够及时准确地了解本企业产品的弱点及容易损耗的部分，又不必为了使逆向物流有效实施，投入大量的人力、物力、财力。

其缺点：企业必须不断使用原生资源，不利于企业降低生产成本。

3. 已使用产品返回的常用处理方法

对于返回的产品，除了处理方式很关键外，处理方法也很重要。前面提到过，对于使用过程中因出现故障和发现缺陷而返回企业的产品，最主要的处理方法是进行维修或改进、升级，从而恢复产品的功能。而对于使用后返回的废旧产品，因其可能同时包含可循环利用的再生资源和无利用价值的废弃物，需要综合采用多种处理方法。

（1）再生资源的加工方法

再生资源的形式多样，涵盖钢铁、纸、木材、塑料、玻璃等，常见的处理方式是清洗拆分后再利用、维修再制造和回炉处理。

① 清洗拆分后再利用。许多到达使用寿命的产品（尤其是机械设备）可以分解为若干个零部件，企业往往先对这些产品进行清洗和拆分，其中部分零部件可能状态良好，可以直接再次使用，它们会被放置在零件仓库中供维修使用。

② 维修再制造。缺乏部分功能但仍处于可用状态并且可以实现功能恢复的设备或零部件，可以通过维修和重新制造后放到仓库中以备再次使用。设备功能再生的生产制造成本低于制造新品的制造成本。企业运用有效的整修过程，可以最大程度上降低整修成本，并且将整修后的成品返回仓库。

③ 回炉处理。对于那些不能经过简单处理直接利用的物品，企业可以采用回炉处理的方法，形成新的产品或变废为宝，提取有价值的物资。例如，对废钢铁进行气割、

剪切、破碎、打包压块、分选等加工作业，重新用于炼钢、铸造、制造农具或小五金产品；将玻璃制品按一定配料比例与混合料一起投入炉内重新熔制；从回收的废弃塑料中提炼柴油和汽油。

（2）最终废弃物的处理方法

如果企业没有找到合适的替代方法对回收产品进行处理，并且产品再利用的价值不高，就需要对回收物品按最终废弃物进行处理。常见的处理方式主要有以下几种。

① 掩埋或堆放。若最终废弃物对地下水无毒害，容易被大自然净化分解，企业可以将其运至政府指定的规划区域，直接倾倒堆放或进行掩埋。这是一种低成本处理方法，但要遵守相关条例和规定，违规操作可能给社会造成污染，损坏企业形象。

② 焚烧。焚烧是指在一定区域用高温焚毁最终废弃物，主要适用于有机物含量高的物品。焚烧可以有效防止污染及病菌、虫害滋生，但对处理对象有要求，要防止焚烧过程中对大气造成严重污染。

③ 净化处理。净化处理是指用特殊的机械设备对废弃物进行处理，以减少对环境的危害。其优点是可以避免产生占用土地、污染空气等不利影响，而缺点是投入比较大，相比前两种处理方法，净化处理成本要高很多。

7.2.3 产品包装的逆向物流管理

产品包装的逆向返回一般是为了再使用或再循环，是企业的一种主动行为。企业将随产品流通或销售的包装容器、辅助材料等进行回收，以重复使用或经过修复、改制后再次使用，以达到节约资源、降低企业成本的目的。

1. 产品包装逆向物流的主要流程

为了保护产品和方便储运，企业在产品流通过程中会采用一些强度较大的包装容器或集装用具对产品进行保护或形成相应的储运单元，即进行工业包装。这些工业包装往往可以重复使用或经过简单处理后再次投入使用，如集装箱、托盘、条板箱等。为了提高这些包装物的利用率，企业常常会在将产品送达目的地后立即将工业包装返回，然后做适当的处理，其基本流程如图7-6所示。

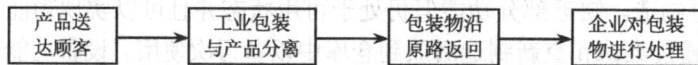

产品送达顾客 → 工业包装与产品分离 → 包装物沿原路返回 → 企业对包装物进行处理

图7-6 产品工业包装逆向物流基本流程

产品的商业包装是直接与产品接触的包装物，其作用除了保护产品外，更重要的是促进销售。有些企业也会对产品的商业包装进行回收处理，常见的原因有两个：一是商业包装上印刷了很多企业的相关信息，避免被用做他途、损坏企业形象；二是对包装材料进行循环利用，提高企业资源利用率。对于企业而言，很多商业包装回收利用的价值并不大，因此在回收之前往往要进行慎重的判断，确定商业包装回收种类后再进行收集、整理作业，如图 7-7 所示。

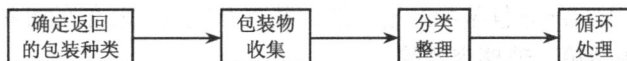

```
┌─────────┐      ┌───────┐      ┌───────┐      ┌───────┐
│ 确定返回 │─────▶│ 包装物 │─────▶│ 分类  │─────▶│ 循环  │
│ 的包装种类│      │ 收集  │      │ 整理  │      │ 处理  │
└─────────┘      └───────┘      └───────┘      └───────┘
```

图 7-7　产品商业包装逆向物流基本流程

2．产品包装逆向物流管理的关键作业

因为产品包装的回收利用价值不一，且来源分散，企业逆向物流管理的关键是要确保返回合适的包装物并进行高效回收。

（1）确定返回的包装种类

从包装材料的角度考度，企业通过回收来重复使用或循环利用的包装主要包括以下几种：

① 纸包装。包括瓦楞纸箱、硬纸板箱、纸夹板、各类纸袋、各类纸盒、纸浆模塑制品、蜂窝纸板制品、纸托盘等。

② 木包装。包括普通木箱、框架木箱、胶合板箱（桶）、纤维板箱、运输包装木制托盘等。

③ 塑料包装。根据我国国务院环境保护行政主管部门制定、调整并公布的废弃塑料制品强制回收利用目录的要求，凡列入回收目录的塑料包装或容器可回收利用；未列入回收目录的则禁止回收利用，均按包装废弃物的办法处理。

④ 金属包装。包括薄钢板桶、镀锌铁桶、铝桶、铁塑复合桶等。

⑤ 玻璃包装。包括各类玻璃酒瓶、饮料瓶、罐头瓶、医药瓶等。

（2）提高包装收集的效率

包装随产品分散到全国各地、各行业及最终消费者，回收难度相当大。但就商品来说，商品包装与商品流向是一致的，企业可以通过以下几种方式对包装物进行回收：

- 门市回收。企业设立回收门市部进行回收。
- 上门回收。企业定时定点到各回交单位进行回收。
- 委托回收。企业委托其他单位或个人进行代收。
- 柜台回收。零售、批发商场（店）在出售商品时折价向顾客回收。
- 对口回收。大宗专用包装由进货单位或用户直接把包装交回给经营单位或生产厂家。
- 周转回收。各生产厂家、商品经营部门内部使用的包装周转箱（桶），采取一定的制度或经济手段组织定向周转回收。

3．产品包装返回的主要处理方法

企业回收包装物的目的是进行重复使用和循环利用，因而主要有以下几种处理方法。

① 直接再利用。部分包装物经过清洗、整理和花费比较低的维护费用即可直接再利用，如托盘、周转箱、玻璃容器等。

② 包装改制。企业可以对受到一定程度破损的包装物进行修复，或改变包装物的形状和尺寸，重新制作成不同规格的包装产品。

② 循环再生。将重复利用价值不大的包装物进行回炉加工，以回收包装作为原材料生产其他产品。例如，将塑料包装熔解后生产成企业可以利用的其他塑料制品。

7.3 不同企业的逆向物流管理

虽然从运作对象上说企业逆向物流主要包括未使用产品逆向物流、已使用产品逆向物流和产品包装逆向物流3种类型。但对于不同企业，逆向物流运作的形式和具体内容会有所不同。下面分别以连锁零售企业和汽车制造企业为例说明流通性企业和生产性企业逆向物流运作的不同之处。

7.3.1 连锁零售企业的逆向物流管理

随着零售业的竞争日益激烈，为了在竞争中谋求发展，很多连锁零售企业都在不断加强对企业物流的管理，甚至把物流管理作为企业的核心竞争力来建设。除了重视正向物流的顺畅运作，很多零售企业已意识到逆向物流活动对企业的重要影响，积极采取了一系列措施加强逆向物流管理。

1．连锁零售企业逆向物流的主要内容

连锁零售企业处于产品制造商和最终客户之间，要经常面对商品从消费者—门店—配送中心—商的各种形式的逆向物流，其主要形式和内容可以归纳为以下几种。

① 顾客—门店。包括3种情形：由顾客退回不符合质量要求的商品到门店，经维修后返还顾客或直接换货给顾客；由顾客退回（包括投诉退回和主动召回）不符合需求的商品到门店，货款还顾客，商品返仓；由门店回收顾客废旧商品或包装。

② 门店—配送中心。包括两种情形：由门店返回滞销但尚可销售（无质量问题）的商品到企业配送中心，由企业配送中心根据不同门店的需求，进行二次配送；由门店返回不可销售的商品，根据商品的可退换情况，返给供应商或在企业配送中心就地销毁。

③ 门店—供应商。由门店直接将商品返给供应商，这些主要是由供应商直接配送到门店的商品，如生鲜、蔬菜、瓷器等。

④ 配送中心—供应商。包括 3 种情形：配送中心将滞销商品退给供应商，调换适销商品或退货；配送中心将残缺商品或不符合质量标准的商品返回供应商，调换质量完好商品或退货；供应商主动召回有问题商品，经处理后供应零售商或退还货款。

这些逆向物流流程和内容组成了连锁零售企业逆向物流的基本框架，如图 7-8 所示。

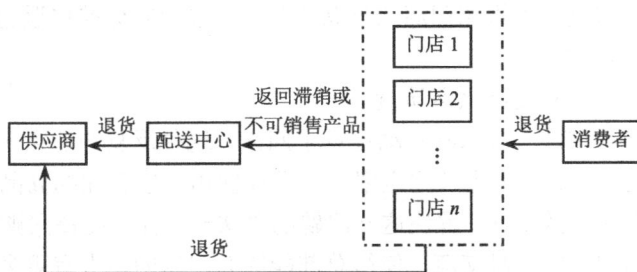

图 7-8　连锁零售企业逆向物流流程

2. 连锁零售企业逆向物流管理的有效做法

寻找行之有效的逆向物流控制方法，充分发挥逆向物流的积极意义，克服逆向物流的消极影响，建立逆向物流系统是连锁零售企业逆向物流管理的关键。成功企业在这方面的做法主要以下几种。

（1）控制返仓库存

在连锁零售企业的配送中心或门店的后仓，常常有很多因供应商召回、质量问题、保质期临近等而返仓或者退货的商品占据着大量的库存空间。大量的库存空间被这类物品占据，会使得连锁零售企业仓储费用和资金成本上升。

减少返仓的做法包括：一是加强内部的管理考核，定期考察和评估每个单品采购后返仓的空间大小及其处理情况；二是进行合同约束，减少逆向物流费用。多数情况下连锁零售企业会在签订的合同中与供应商协商关于返货的处理问题。例如，在零售商向供应商下达返货通知单后 7 天内，供应商须及时办理返货，7 日后未办理的，零售商可以向供应商收取一定的滞纳金甚至自行处理，其费用计入供应商的相应费用之中。

（2）制定返仓商品处理标准

当配送中心面对众多门店的返货时，存在繁重的商品分拣工作。在这些返回的商品中，有可以二次销售的商品，也有无法销售需要返给供应商的商品。有些管理混乱的门店甚至将不同品类的商品混装在一个包装中，为配送中心人员的分拣带来了巨大的负担。有些商品因为返仓分拣时间过长而导致商品过期无法销售，给企业带来经济损失。

对于返仓商品的管理，应设置相应的标准。

① 限制金额和数量。对于一些数量较少或者金额很小的商品，如果进行二次运输返仓，费用过高，可不作返仓处理。

② 分类存放。大型零售企业商品种类繁多，将可再次配送的商品和残损返厂的商品分别包装，大大提高返仓商品的处理效率，保证部分商品能够在有效期内快速流转。

③ 门店标准化返仓管理。因为零售企业配送中心人员有限，一个配送中心的人员往往需要面对数十家甚至上百家门店的返仓商品。加强门店标准化返仓管理，将会极大提高配送中心的作业效率。

（3）加强信息交流和提高采购质量

有些门店进货，过几天就原封不动地返了回来，这种反复的清点—验收—储存，产生大量运输和配送费用。商品无效配送率的上升往往由零售企业的商品配送总部统一管理安排与门店要货不一致引起。解决这一问题的办法一方面要提高采购人员的商品分析能力，增强总部与门店的信息交流，使得总部能够对门店的需求有更多的认识，减少采购商品与门店需求的差异缝隙；另一方面就是建立零售企业内部的科学管理架构。

（4）成立返品中心

连锁零售企业为了提高返货处理效率，按照专门化和集约化的原则，仿照正向物流管理中的商品调配中心的形式，采用逆向思维，分区域设立"返品中心"以集中处理返品业务。

在美国，大型零售公司累计在全美国各地设立了近百个规模不等的返品中心。如沃尔玛、凯玛特、Universal、宜家、Target 等公司都有自己的返品中心。此外，一些规模较小的连锁商业公司则采取几家合伙的形式，设立返品处理中心。

这些返品中心的主要功能是：接收系统内各零售店的所有返品；对返品进行甄别，按照返品的实际状况把它们分为可整修后重新销售、可降价批发销售、可向生产厂家退货、可做慈善捐赠用（在美国慈善捐赠可抵减税收）、可做废品利用及无利用价值等几类，并做相关处理，返品处理中心内设有相当规模的再生工厂，把可整修后重新销售的返品进行整修、包装后重新融入正向物流销售；对返品涉及的资金往来进行统一结算；对各厂家、各销售店、各类商品的返品状况，以及产生原因和返品的变动趋势信息进行综合统计分析，并及时向总部提交相关报告。

7.3.2　汽车制造企业的逆向物流管理

目前，汽车作为大众化的交通工具被广泛地应用于人们的生产和生活之中，国内外汽车制造企业的数量不断增加。除了生产出各类适应消费者不同需求的汽车外，产品召回、退货及废旧汽车的回收处理等也逐渐成为各汽车制造企业管理的重点。

1．汽车制造企业逆向物流的主要内容

对于汽车制造企业而言，其逆向物流主要包括以下几方面。

（1）汽车召回

汽车召回是将那些出现了缺陷，威胁消费者安全的车辆返回到制造企业，对产品存在的缺陷进行维修、改进。该制度的实行有利于汽车制造企业整体绩效的提高。汽车作为一种复杂的机电一体化产品，在设计和制造的过程中出现缺陷是难以避免的，但其性能和质量的可靠性直接关系到消费者的人身安全。因此，汽车制造企业需要采用主动召回缺陷产品的方式来保护消费者的权益，同时为企业建立良好的形象。

（2）汽车退回

在大规模生产及运输、储存等物流环节都有可能造成汽车的质量瑕疵，如零部件缺失、油漆被刮花等，顾客在购买以后发现此类问题可以申请退货。汽车制造企业在不能就地解决问题时需要将汽车产品返回，并承担相应的物流成本。

（3）报废汽车的回收处理

任何一种产品都有其使用年限，汽车在经过一定时间的运行之后，其零部件磨损程度很高，废气排放量变大，安全性能变差。无论从保护人身安全角度，还是从保护环境角度出发，都必须对达到使用年限的汽车进行报废。为了提高资源利用率，一些汽车制造企业会对使用后的报废汽车零部件进行回收处理，对汽车零部件进行维修再制造或对金属材料进行循环利用，降低企业的经营成本。

在我国，汽车使用实行强制报废制度，报废汽车的拆解必须由专门的拥有商务部门批准资质的汽车拆解回收企业处理，这些企业与汽车制造企业在零部件回收利用等方面有业务合作关系。

2．汽车制造企业逆向物流管理的成功经验

在市场竞争日益激烈的环境下，企业建立一个快速、高效和低成本的逆向物流系统势在必行。对于制造企业而言，加强逆向物流管理不仅要做好回收利用工作，关键还要通过产品优化设计等减少逆向物流量的产生。目前国外先进的汽车制造企业已有一些成功做法。

（1）为分解而设计

包括宝马汽车制造商在内的一大批厂商正在研究新的方法，用可分解的思想设计产品，也就是从产品设计阶段开始就充分考虑产品结构的可拆装性、可维修性、可回收性、可重复利用性、组件的兼容性及产品的持续适用性，从而增强产品的可回收性，减少产品在整个生命周期中对环境的污染。宝马的战略目标是：设计出一种面向分解的汽车，当产品生命周期结束时，企业可以将汽车回收后分解，然后把分解后的部件投入到新车的生产线中。

（2）延长产品生命周期

为了延长产品生命周期，许多汽车制造企业正在采用模块化的设计技术并使用标准化的产品接口。由大量标准化零部件组装而成的产品可以方便地进行升级，而不是废弃，仅仅用新部件替代过期部件就可以达到这样的目的。同时，以老型号产品中的标准化部件和模块为基础进行新产品的设计制造，使企业有机会利用老型号产品中的零部件。企业分解一种老型号产品时，就有很多机会把老部件重新应用到新产品中。

（3）回收利用更多有用物品

众所周知，汽车产品中使用了大量的金属材料，车辆报废后这些材料仍有再利用的价值，很多汽车制造企业正在研究如何从报废汽车中提取更多的钢铁、铝、铜等有用材料。甚至一些目前被当做无用品处理的残余汽车材料，如橡胶挡风雨条、泡沫坐垫、合成塑料和玻璃等，汽车制造企业也在积极考虑如何把这些物品回收和再利用。

（4）建立逆向物流网络

目前很多汽车制造商正在加强逆向物流网络建设的投资，着手建立能快速收回物品、结构合理且能有效降低企业成本的逆向物流网络，使企业的逆向系统与正向物流具有同样的效率。当逆向物流网络较复杂时，一些企业也开始寻求与专业物流企业的合作，通过业务外包来加强逆向物流管理。

案例分析 >> 逆向物流反击战——飞利浦减少产品退货的策略

1. 基本背景

荷兰皇家飞利浦电子公司（飞利浦）1891年成立于荷兰，总部设在阿姆斯特丹。历史上，该公司曾对世界家电工业的发展做出过重大贡献。飞利浦以生产家用电器、军用和民用通信设备、医疗设备、电脑、仪表和显示系统著称，从人造卫星、"阿波罗"登月飞船到最新的航天飞机，都有飞利浦的产品。飞利浦在世界150个国家和地区建有分公司或工厂，达数百家，是世界上最大的跨国电子公司之一，在2010年销售收入达25.42亿欧元。飞利浦产品品种丰富，且每年的销售量很大，但退货率也很高，甚至比行业平均退货率还要高。为了处理这些退回来的产品，飞利浦和其零售商都付出了巨大的成本，再加上由这些退货现象衍生出来的索赔、反索赔等问题，飞利浦每年都会因此造成几千万美元的损失。为此飞利浦近年来在退货管理方面进行了大刀阔斧的改革。

2. 飞利浦退货管理改革的做法与措施

（1）从源头上加强退货管理

对于退货问题，飞利浦传统的做法是，为了应对因退货产生的运输量的增长，设计逆向物流的工作流程，以便更有效率地沿供应链逆向把这些退货送回去。但当退货量越来越大，退货带来的负面影响越来越明显时，飞利浦逐渐意识到有效的逆向物流流程管理虽然有利于减少损失，但对减少飞利浦在每个退货流程操作点上所丢失的利润却毫无帮助，因此转而在减少退货上做文章，在货物进入逆向物流供应链之前，就努力阻止退货现象的发生，从源头上加强退货管理。

（2）深入调查退货原因

要真正认识有关退货的各种情况，不仅要知道处理了多少退货，而且还要清楚这些产品是为什么被退回的，飞利浦专门对零售商和消费者进行了深入调查，结合公司内部情况，发现造成退货的原因主要集中在以下几方面。

① 零售商无节制的退货政策。在调查中他们发现，零售商对 2/3 的退货都进行了退款处理。出现这个问题的主要原因包括：零售商没有使用修理商服务的意识；零售商的销售人员没有受到很好的培训，不能让消费者很好地明白产品的性能和好处；零售商制定的退货期限过长。

② 消费者的错误习惯。飞利浦曾和一家大型零售商合作，就那些超过退货预算的产品种类在这家零售商的顾客中进行了有奖问卷调查。结果有超过 75% 的顾客承认，他们知道其所退回的产品实际上是没有什么质量问题的。产生这种现象的一个主要原因是，在零售商非常开放、几乎毫无节制的退货政策的怂恿下，人们逐渐养成了一种把货物"退回去"的习惯。并且大部分消费者在没有购货发票时仍然得到退款处理的现象，也起到了推波助澜的作用。在销售现场传递的这种错误信息，助长了消费者肆无忌惮的退货风。

③ 公司内部的问题。首先，飞利浦内部没有人员专门致力于退货的管理，也没有非常清楚的退货管理规定和程序，公司从未对总的退货成本进行过集中的统计，没有在公司内部跨部门之间或与零售商合作推行过任何退货解决方案。其次，公司缺乏一种通用退货衡量体系，公司各部门对按哪个时间段进行测量和如何对退货进行分类，不能达成一致意见。再次，产品的包装或者使用说明书也有问题，调查表明，飞利浦的产品包装缺乏透明性，使用说明书不能很好地说明产品如何使用。除了产品的复杂性和技术问题之外，一些产品的硬件制造商和其他的软件或服务提供商之间的配合也存在着问题，使得说明书使用起来非常困难。

当然，还存在一些其他原因，例如，因为对有些产品不能提供上门维修服务，或者是能够提供上门服务的独立服务提供商在逐渐减少。另外，调查显示，有 10% 的退货实际上是商品在被偷走之后又被退回来，以换取现金。

（3）成立专门的退货管理部门

1998 年，飞利浦成立了专门的退货管理部门，并任命具有丰富销售经验的人员担任部门主管，原因是他们认为退货是市场销售的逆过程，而且经常是由不恰当的市场销售决策引起的。在高层领导的直接干预下，2001 年飞利浦在公司内部建立了一个跨部门的退货管理协作团队，并制定了一些相应的退货衡量标准。

（4）对退货进行分类管理

飞利浦退货管理协作团队将有缺陷产品退货和其他原因的退货（如承运商损坏、库存平衡失误及订单失误等原因造成的退货）区别开来。退货报告都是按照经销商、产品种类和型号分类做出的。为了使退货的各项数据显得更直观和立体一些，这些数据和总的销售额、退货趋向及整个公司的销售率等数据都体现在一张图表中，这样就很容易看出任何退货率的变化。报告还包括退货率和减少退货的目标百分比，这些数据使得协作团队的工作目标和成效一目了然。退货管理部门将这些退货信息向销售、服务、财务和产品部门及高级管理层进行传达。为了保持退货报告的连续性，让公司中的任何人，不论在世界上的任何地方，只要能够接触到这些报告，就会看到同样的数据，飞利浦安装了 SAP 信息系统。这样连贯持续的退货管理报告，让一些主要部门的人员在收到这些报告的同时，也都接受了相应地减少退货的责任和目标。例如，产品经理要注意自己负责产品的退货率，销售部门则会注意全部产品的退货率。另外，SAP 系统将退货报告细分到型号和经销商的层面，其嵌入式适应功能使得退货管理部门可以出具月度或具体日期的退货报告，这些报告出来之后就提供给财物和物流部门，以便他们做出销售预测和库存计划。

（5）加强与零售商、服务商的合作

飞利浦意识到要减少退货，必须提高公司内外的协调性，加强公司内部和外部的合作，因此特别重视与零售商和服务商的紧密合作。公司的做法是努力让零售商看到好处，让服务商看到利润。

1）让零售商看到好处

飞利浦积极采取措施提高产品服务。一是着手努力改善产品的售后服务，如增加网上的服务支持、对电话咨询中心的服务进行改进等；二是在产品的包装盒内填加"阻止性"说明书，引导消费者在把商品拿回到零售商店之前，先和制造商联系，鼓励消费者通过直接接触制造商去解决产品问题；三是使用 IEP（初始体验预测表），IEP 是新产品设计团队所使用的一种工具，其中涉及 25 个调查问题，可以帮助新产品设计人员预测消费者使用新产品的各种体验，通过这种工具，飞利浦的新产品在研发阶段，就可以在设计新产品的操作、包装和使用说明时，充分考虑到末端消费者的需求，非常有利于提高飞利浦产品的易用性，从而减少电话咨询中心的呼叫次数，提高消费者的满意度，继而减少无缺陷产品的退货量。

这些措施带来的好处也鼓励了零售商积极采用新的方法和技术防治退货，它们为减少退货和逆向物流的流量做出了一些调整：一是强化退货规定的管理。例如，把有关的退货规定张贴在商场里非常明显的位置，提出"重新进货费用"的概念；强化实施"退货必须携带发票且必须在规定的退货期限内退货"的规定；向顾客提供制造商和本地服务商的联系方法，并且事先声明并非在各种情况下都接受退货；减少退货期限。二是改善销售系统。新销售系统可以按顾客、信用卡号码甚至产品的序列号对商品进行跟踪，以便于零售商能够确保退回来的商品是顾客在自己的商场购买的，并对那些反复退货的人进行跟踪；此外，许多退货柜台的电脑也开始显示商品及其主要部件的照片，以方便店员对退货加以辨认，这些系统为零售商提供了强有力的证明材料，使得它们可以拒绝那些不合理的或具有欺骗性的退货。

2）让服务商看到利润

在得到零售商支持的同时，飞利浦也把服务商"拉拢"进了阻击无缺陷产品退货的统一战线。随着消费类电子产品升级换代不断加快，再加上这类产品的不易维修性，服务商也需要扩大自己的服务范围，以增加营业收入。因此，服务商很乐意通过对服务网络进行改造，为飞利浦公司提供一些额外的服务，如退货产品的试验，为零售商进行程序调试；和飞利浦及其零售商一道，为购买复杂电子产品的顾客提供安装服务，如家庭影院系统和大屏幕电视类产品；帮助飞利浦分析某件产品的质量问题，新产品进入市场遭遇失败的原因及顾客在产品操作方面存在的问题等；帮助飞利浦实施"当日反馈制"，为购买高价产品的消费者及时提供上门服务，预防成本高昂的产品发生退货现象；在得到飞利浦的认可后，提供"以旧换新"、"保修"的服务模式；在有质量问题的产品实际被返回到飞利浦之前，替换的产品已经被运到了服务商那里。通过提供诸如此类的解决方案，服务商就可以变成处理制造商退货的"一站式商店"。并且通过这种服务网络的改造，服务商有能力在退货舞台上扮演一个巡视、废品回收和进行调解的中间商角色，以防止高科技产品沿供应链逆向回到飞利浦。

3. 案例简评

在产品生命周期不断缩短和销售方式多样化的今天，产品的退货现象越来越普遍，由此造成企业逆向物流工作量不断增加，在企业物流中的地位越来越突出。尽管大部分企业都把退货服务看做推动新的销售渠道及销售额增长所必须付出的成本，但若退货量过大且得不到恰当处理，将直接影响企业的形象和经济效益，如何加强退货管理是企业必须面对的一个重要问题。飞利浦及时调整管理思路，重点不再是如何组织逆向物流，而是在分析退货原因的基础上，从退货源头上加强退货管理，在企业内部各部门加强沟通与互动，并与零售商、服务商建立良好的合作关系，共同努力减少退货现象发生，这一做法对许多企业都具有很好的借鉴意义。

4. 案例延伸思考

（1）你认为飞利浦公司在减少退货方面还可以采取哪些措施？

（2）对于不可避免的退货情况，飞利浦公司该如何处理？

练习与思考

1. 什么是企业逆向物流？企业逆向物流产生的原因主要是什么？

2. 企业逆向物流与正向物流相比，有何不同之处？

3. 企业逆向物流主要有几种类型？有何特点？

4. 未使用产品退回的基本路径和流程是什么？

5. 未使用产品逆向物流管理的关键作业是什么？如何对返品进行处理？

6. 简述已使用产品逆向物流管理的流程、关键作业及返品处理方法。

7. 试举例说明企业对使用过的废弃产品的回收和利用。

8. 请说明企业回收利用产品包装的意义及管理重点。

9. 流通性企业和生产性企业在逆向物流管理方面有何不同？

10. 我国企业应如何加强逆向物流管理？

第 8 章

企业物流绩效管理

学习目的与要求

通过本章的学习认识到有效衡量物流绩效对企业物流管理的重要性，了解物流绩效衡量的有关内容，掌握从企业物流经济效益、物流运作质量、物流服务水平及物流发展能力4个方面建立企业物流绩效评价指标体系，熟悉运输与仓储绩效管理的关键指标及其应用，理解和掌握标杆管理法和平衡计分卡的基本原理及应用。

学习重点与难点

标杆管理法和平衡计分卡的应用，企业物流绩效指标体系的构成和评价程序，企业物流绩效评价的标准和方法，企业物流绩效管理的重要性。

8.1 企业物流绩效管理概述

企业物流绩效管理是企业物流管理步入更加规范轨道的重要保障和举措。在企业物流运作过程中进行有效的物流绩效管理，对降低企业物流成本和提高物流效率，以及促进企业物流资源的合理配置和优化都是非常必要的。

8.1.1 企业物流绩效管理的内涵

1. 企业物流绩效管理的概念

（1）企业物流绩效

从管理学的角度看，绩效是组织期望的结果，是组织为实现目标而展现在不同层面上的有效输出。一般意义上的绩效是业绩和效率的统称，包括活动过程的效率和活动的结果两层含义。就企业而言，业绩是指企业及其经营者在管理过程中所取得的成果或做出的贡献；效率是指获取经营业绩所包含的能力大小和节奏快慢的程度。绩效强调的是投入（包括有形投入和无形投入）与产出（包括社会产出和经济产出）的关系，投入产出比例越高，绩效越大。绩效存在于现在（正在进行的活动、执行的现状）或过去（表现为各种成绩），绩效是可以观察和衡量的。但绩效不存在于将来，现在的绩效将影响或部分地预示将来的绩效。

迄今为止，对于物流绩效这一概念尚未形成统一的界定，各方面对物流绩效提出了多种不同的衡量尺度，包括效力、效率、质量、生产率、创新性、利润率及预算性等。一般认为物流绩效是指物流活动中一定量的劳动消耗和劳动占用与符合社会需要的劳动成果的对比关系，即投入与产出比较。

企业物流绩效是指企业依据客户物流需求，在组织物流运作过程中的劳动消耗和劳动占用与创造的物流价值的对比关系，或者是物流运作过程中企业投入的物流资源与创造的物流价值的对比，如图8-1所示。企业物流绩效既是企业物流行为及其行为过程的表现，也是企业实现物流价值和经营效益的反映。

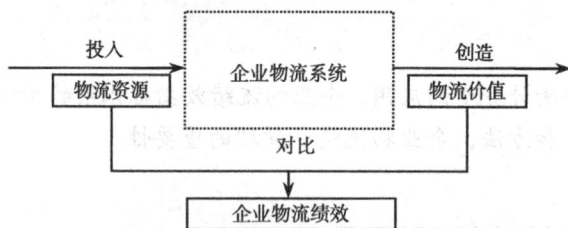

图 8-1　企业物流绩效概念

（2）企业物流绩效管理

绩效管理是指组织全体成员成功地实现工作目标的管理方法，以及促进成员取得优异绩效的管理过程。它以绩效为核心，将企业各项业务管理、各个部门管理、公司战略管理、技术创新管理等各环节有机地结合在一起，以确保经营者、管理人员、员工等个体利益与公司整体战略利益保持一致。绩效管理强调的是对过程的监控，通过对行动过程中各项指标的观察与评估，保证战略目标的实现。

企业物流绩效管理是以提高物流绩效为目的，通过制定绩效计划、计划实施、运用考评制度进行考评等步骤，最终达到绩效提高的循环管理过程。它针对的是知识、技能和人的管理，它既解决了人力资源管理问题，又是企业战略管理的重要组成部分。

2．企业物流绩效管理的意义

企业物流管理者的使命是尽可能高效地根据客户的需要和要求向客户提供产品和服务，是正确的商品或服务在正确的时间、良好的状态到达正确的地点，同时对企业做出最大的贡献，其根本目的是在尽可能低的总成本条件下，实现既定的客户服务水平。在市场竞争日益激烈的情况下，企业物流管理者为了有效地对资源进行监督和配置，就要有效地实施企业物流绩效管理，把物流使用的资源、物流工作的效果与设定的目标进行比较，从而可更好地为实施物流战略提供决策的依据。许多企业开始认识到，物流运作效率直接影响企业的竞争力，对物流工作实施绩效管理，有利于企业相关利益方综合了解企业的经营状况和发展趋势，有利于企业建立健全激励和约束机制。

企业物流绩效管理的意义主要表现在以下几方面。

（1）促进企业物流战略目标的实现

企业物流绩效管理体系将企业的物流总体战略目标进行分解和平衡，通过确定关键绩效指标并将其转化为可衡量的指标，分解到各个业务单元，然后层层分解到每个员工，对企业、部门、员工以这些指标进行检验与监控，可以有力地促进企业物流战略目标的实现。

（2）为管理者对员工进行指导、培训和激励提供条件

通过对企业部门、员工绩效的管理，可以使企业管理者及时准确地掌握员工的工作状态及其需要，从而制定相应的指导、培养方案，从物质到精神方面对员工进行激励，帮助企业做出加薪、聘用、升职、降级、调整和培训等正确的决定。

（3）对企业的物流活动进行监督和控制

企业物流绩效管理可以追踪物流活动任务目标的完成程度，并做出不同层次的度量，从而对已发生的物流活动的过程及其结果进行评价，为管理者提供关于物流工作效果的真实信息。绩效管理可以对物流活动过程加以控制，管理者就可以在发生重大损失之前纠正错误，改进物流程序，使其进入正常状态。

（4）有利于正确引导企业的经营行为

企业物流绩效管理可以全面、系统地剖析影响企业目前经营和长远发展的诸多因素，促使企业避免短期行为，并注重将企业的近期利益与长远目标相结合。绩效管理的过程就是对企业的经营过程和结果进行价值判断的过程，通过对各种指标的测算，可以反映企业经营管理的状况；并将测算的指标值与历史状况、战略规划管理目标、同行业发展水平进行全方位的比较，从而客观、全面、公正地判断自身的赢利能力、发展潜力和综合竞争能力，并据此制定或修改今后的市场战略。

总之，开展企业物流绩效管理有利于企业强化管理，提高企业的经营管理能力和综

合竞争力。企业只有把绩效管理工作与强化经营管理有机地结合起来，才能更好地迎接未来的挑战，使企业保持长久的竞争优势。

8.1.2 企业物流绩效管理的原则

现代企业进行物流绩效管理必须遵循 3 个原则。

（1）追求物流绩效与满足顾客需求的统一

企业物流绩效是在满足顾客需求的前提下产生的，顾客需求是企业从事物流服务的基础，直接决定和影响着现代企业的物流绩效。因此必须通过企业的物流服务才能满足双方通过专业化、现代化的物流服务，达到降低成本、提高经营管理水平，建立一种长期合作关系，实现利益"双赢"的目的。

（2）近期物流绩效与长期物流绩效的统一

企业不仅要重视近期的物流绩效，更要重视长远的物流绩效。物流技术设备的采用需要一次投入相当的资源，而作用是缓慢和长期的。另外，企业与客户之间建立的是一种战略的、专业化的物流服务合作关系，需要企业将近期物流绩效与长期物流绩效统一。

（3）物流绩效与社会效益的统一

企业的物流活动不仅要考虑经济因素，更要考虑政治因素和社会因素。企业在物流活动中，需要充分考虑物流对环境的影响，减少对环境的破坏与污染，实现物流绩效与国家法规、产业政策的统一，实现物流绩效与社会效益的统一。

8.1.3 企业物流绩效管理的流程

企业物流绩效管理是一个完整的系统管理过程，通常可以看做一个流程循环，企业物流绩效管理包括的环节如图 8-2 所示。

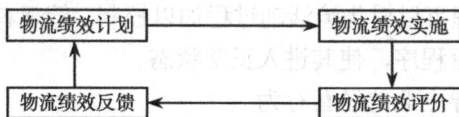

图 8-2　企业物流绩效管理的流程

（1）物流绩效计划

物流绩效计划是物流绩效管理流程中的第一个环节，制定物流绩效计划时，需要根据企业物流战略目标制定出企业的物流绩效目标。在此阶段，需要考虑的问题很多，如衡量的目的、衡量的方法、衡量的尺度、绩效的目标水平、数据来源、谁来衡量。管理者和员工之间需要在绩效目标上达成共识，共同投入和参与是进行企业物流绩效管理的基础。

（2）物流绩效实施

制定绩效计划后，各项工作就应该按照计划来实施。在工作过程中，管理者要及时与主要负责人进行沟通，及时掌握物流系统运营情况，对于发现的问题应及时予以解决，并对物流绩效计划进行调整。在整个绩效期间内，管理者需要不断地对员工进行指导与反馈。

（3）物流绩效评价

物流绩效评价是整个物流绩效管理的主要任务环节。在绩效评价期结束时，依据预先制定的计划，对整个物流系统进行有效的度量和评价，以及对未来的策划进行指导。

（4）物流绩效反馈

完成绩效评价后，主管人员将评价结果反馈给物流系统各个环节的主要负责人并与相关人员进行沟通，增强企业相关人员对存在问题的认识和促进工作的改善，确保绩效系统运作的效率与效果。

8.2 企业物流绩效评价

企业物流绩效评价是实施绩效管理的前提，绩效管理的初态是企业的绩效评价。企业物流绩效管理是以绩效为核心的新型管理形式，企业经营管理活动及企业经营管理的改进都要以绩效为基础和依据进行。对企业物流绩效进行客观、公正和全面的评价，是科学实施企业物流绩效管理的基础。

8.2.1 企业物流绩效评价的概念

绩效评价的历史悠久，在西方工业领域，罗伯特·欧文斯最先于 19 世纪初将绩效评估引入苏格兰，美国军方于 1813 年开始采用绩效评价。通常，绩效评价是指运用运筹学和数量统计方法，采用特定的指标体系，对照统一的评价标准，按照一定的程序，通过定量、定性分析，对一定经营期间内的经营效益和经营者的业绩，做出客观、公正和准确的综合评判。

2012 年世界银行针对全球 155 个国家和地区的物流服务、海关、边境管理及基础设施进行综合调查，公布了物流绩效指标前 10 名的国家和地区，依次为新加坡、中国香港、芬兰、德国、荷兰、丹麦、比利时、日本、美国及英国，中国大陆则比 2010 年的排名进步 1 名，升至第 26 名。这份由世界银行针对全球货运承揽业与快递业者进行的全球物流绩效指标调查评比结果也被视为一国贸易竞争力的重要参考指标。

企业物流绩效评价是企业根据自身的物流战略规划和发展目标，在一定时期内，利用一定的方法，根据预先确定的评价指标体系和评价标准，对反映企业物流历史的、当前的和未来的发展状况的有关指标进行综合分析，对企业物流水平和发展状况进行全面的系统评价的过程。企业物流绩效评价是对物流业绩和效率的一种事后的评估与度量，以及事前的控制与指导。

8.2.2　企业物流绩效评价体系的构成

企业物流绩效评价体系属于企业管理控制系统的一部分，与企业的行为控制系统、人事控制系统共同构成企业控制系统，合理有效的物流绩效评价体系主要由以下几个基本要素构成。

1．物流绩效评价主体

物流绩效评价主体是指由谁来进行物流绩效评价。从理论上讲，所有的企业利益相关者都可能出于某种目的而关注企业的物流绩效，故物流绩效评价主体可以包括企业经营管理者、政府相关部门、社区、民众及环境保护组织等。物流绩效评价主体负责构造物流绩效评价系统，包括物流绩效评价模型的选择、评价指标体系的建立、评价标准的设定等问题。

2．物流绩效评价客体

绩效评价的客体是相对于评价主体而言的，是指实施评价行为的对象，即对谁进行评价。具体到物流绩效评价，则指物流绩效评价实施的对象，也就是企业的物流系统，即由参与企业物流活动全过程的所有物流要素为了实现企业物流目标而形成的整体。物流绩效评价系统的运行是以其评价对象为单位来进行信息收集和信息分析的，并且评价结果会对评价对象的未来发展方向产生影响。

需要注意的是，在确定企业物流绩效评价客体时，对物流管理人员和作业人员的评价是一个不可忽视的问题。物流管理人员是物流管理的主导力量，物流作业人员是物流运作的具体执行者，物流绩效目标的实现是以物流管理人员和物流作业人员的投入为前提的。

3．物流绩效评价目标

物流绩效评价的目标是整个评价体系设计和运行的指南和目的，它是整个物流绩效评价体系的中枢，没有明确的评价目标，整个评价体系将处于混乱状态。企业物流绩效评价的目标服从和服务于企业目标。

4．物流绩效评价指标

绩效的衡量依赖于指标。绩效评价指标是指对评价客体的哪些方面进行评价。通常，绩效评价体系所关注的是评价对象与企业目标的相关方面，即所谓的关键成功因素。相应地，物流绩效评价指标体系是与企业物流有关的成功关键因素的具体体现，也包括财务指标和非财务指标。

5. 物流绩效评价标准

评价标准是判断被评价对象绩效优劣的基准。评价标准的选择与评价目的密切相关，同时也需要参考特定绩效期间内所要达到的绩效目标。具体到物流绩效评价，则可以根据企业选定的评价标准，参照物流绩效目标来进行设定。在通常情况下，物流绩效评价标准是对应每项绩效指标而对物流绩效目标进行的具体表述，是物流绩效目标的量化表达。

物流绩效评价标准一般可以分为 4 类。

① 计划（预算）标准。计划（预算）标准是物流绩效评价的基本标准。它是指以事先制定的计划、预算和预期目标为评价标准，将物流绩效实际达到的水平与其进行对比。该标准反映物流绩效计划的完成情况，在一定程度上代表现代企业的经营管理水平，但该标准主观性较强，要科学合理地制定才能取得较好的激励效果。

② 历史标准。它以历史同期水平或历史最好水平为衡量标准，将物流绩效实际达到的水平进行纵向比较。这种比较能够反映物流绩效指标的发展动态和方向，为进一步提升物流绩效提供决策依据。历史标准的评价结果缺乏横向可比性，具有排他性。

③ 客观标准。它以国际或国内同行业绩效状况作为评价本企业物流绩效的标准。采用这一评价标准，评价结果较为真实，具有横向可比性，便于了解企业所处的位置，有助于企业制定物流发展战略。

④ 顾客标准。它以顾客对企业物流运作服务的评价和满意程度衡量企业的物流绩效。顾客的满意程度是评价企业物流运作服务水平的关键要素，是企业改进和提高物流水平的主要依据。

6. 物流绩效评价方法

这是现代企业物流绩效评价的具体手段。有了绩效评价指标和评价标准，还须采用一定的评价方法来建立评价模型，以对评价指标和评价标准进行实际应用。没有科学、合理的评价方法，其他要素就失去本身存在的意义。

7. 物流绩效分析报告

对企业物流进行综合绩效评价得出的结论性文件即分析报告。它通过将被评价对象的评价指标实际数值状况与预先确定的评价标准进行比较，通过一定的方法，确定企业物流绩效的绩效水平，并且分析它与预期绩效的差距和产生差距的原因。

以上各要素之间相互联系、相互影响、互为前提，构成一个结构严密、层次分明和目标明确的评价系统。物流绩效评价主体根据评价目的，确定评价的客体和评价的内容，并对企业物流战略目标进行分解，形成绩效目标体系，以此为基础选择能够充分反映评价内容的评价指标，根据绩效目标确定各评价指标对应的评价标准，然后采用与之相适应的评价方法进行分析和判断，以获得所需的评价结果和评价结论。

8.2.3　企业物流绩效评价的指标体系

企业物流绩效评价的核心是确定评价指标体系，评价指标体系必须科学、客观、合理，尽可能全面地反映影响物流绩效的所有因素。但是，要建立一套既科学又合理的绩效评价指标体系在实践中却常常顾此失彼。为此，必须按照一定的原则去分析和判断，才有可能较好地解决这一问题。

目的性原则：指标体系要紧紧围绕绩效评价这一特定的目的进行设计。由于物流本身已经包含了运输、储存、搬运、包装、流通加工、配送、信息处理等基本功能，再加上企业自身的管理、规模等方面，如果不遵循一定的目的性，则提取出的指标不仅无法反映企业物流绩效水平，而且也不利于分析。

系统性原则：指标体系要包括企业物流绩效所设计的各个方面，使之成为一个系统。企业是一个包含众多因素的共同体，必须采用系统设计的思想、系统评价的原则来建立物流绩效指标体系。

科学性原则：指标的设计必须科学，这包括物流绩效指标体系结构的拟定、指标的取舍、公式的推导等都要有科学依据。只有坚持科学性原则，利用指标体系得到的关于绩效评价的原则才可靠。

可操作性原则：指标要求定义明确、概念清楚，尽量避免有歧义，能与现行统计资料很好地对应。同时物流绩效指标的内容不应该过于烦琐，如果指标的数量众多，不仅不利于操作，更不利于分析和说明问题。

企业物流绩效评价是一个复杂系统工程，提出一个适用于所有企业的物流绩效评价指标体系不仅不太现实，更无必要。企业可根据业务性质和行业领域的不同确定不同的物流绩效评价指标。这些指标可分为质量、财务绩效、客户基础、时间基础、成本、柔性、独立性、创新性、学习能力和企业内外部视角，从类型上可分为财务指标与非财务指标两大类，不同的指标类型体现了企业物流绩效评价的侧重点不同。常见的企业物流管理绩效的指标内容如表 8-1 所示。

表 8-1　常见的企业物流绩效评价指标

指标类型	包含内容说明
财务指标	企业物流总投资
	库存对收益和损失的反映，包括采购价格变动分析
	库存总投资
	相对于预算的绩效情况
	已销库存费用和持有库存费用
运作指标	库存周转率
	库存准确率
	采购物品质量
	企业物流的反应速度
	企业物流的总体服务水平
	相对于目标的绩效情况
营销指标	库存可用性、缺货、订单丢失和备份订单
	服务和保修费用
	销售导致的过时物品
	销售预测准确性

　　根据物流绩效评价指标体系的基本原则，综合企业物流活动过程的复杂性和形式多样性的特点，可从企业物流经济效益、物流运作质量、物流服务水平和物流发展能力 4 个方面建立企业物流绩效评价指标体系。

1. 物流经济效益指标

　　物流经济效益指标与物流资产利用、赢利或收益、成本控制等方面有关。在理论上，任何物流活动都可以通过企业的财务报表反映出来。但由于企业物流活动的各项费用散布在多个会计科目中，仅仅通过财务报表很难实现对物流活动经济效益的评价。因此，还需要其他指标进行补充。

　　（1）物流资产收益率

　　这个指标指企业在一定时期内的净利润与平均物流净资产的比例，它体现了投资者投入物流方面的自有资本获取净收益的能力，反映了物流方面的投资与报酬的关系。其计算公式为：

$$物流资产收益率 = 净利润 \div 平均物流净资产 \times 100\%$$

其中　　　　　　　净利润（税后利润）= 利润总额 − 应交所得税

平均物流净资产：企业年初物流资产所有者权益与年末物流资产所有者权益的平均数。

通常情况下，物流净资产收益率越高，企业自有物流资本获取收益的能力越强，物流方面的运营效益越好，对企业投资者及债权人的保证程度也就越高。

（2）物流资产报酬率

物流资产报酬率是指企业一定时期内获得的报酬总额与物流资产总额的比例，在无法获得精确财务数据的情况下，也可以简单地用企业利润除以物流资产价值。该指标表示企业包括物流净资产和负债在内的全部物流资产的总体获利能力，是评价企业物流资产运营效益的重要指标。其计算公式为：

$$物流资产报酬率=息税前利润÷平均物流资产总额$$

其中
$$息税前利润=净利润+所得税+利息费用$$
$$平均物流资产总额=（期初物流资产+期末物流资产）÷2$$

通常情况下，物流资产报酬率越高，物流系统投入产出的水平越好，企业的物流资产运营越有效。

（3）物流资产周转率

物流资产周转率是指企业一定时期营业收入净额与平均物流资产总额的比值。它是综合评价企业全部物流资产经营质量和利用效率的重要指标。其计算公式如下：

$$物流资产周转率（次）=营业收入净额÷平均物流资产总额$$

当投资建设企业物流系统时，该指标可适时地反映该项物流投资的投资效益。一般情况下，总资产周转率越高，周转速度越快，企业全部物流资产的管理质量和利用效率越高。该指标不但能够反映企业本年度及以前年度总物流资产的运营效率及其变化，而且可以发现与同类企业在物流资产利用方面存在的差距，促进企业提高其物流资产利用效率。

（4）物流流动资产周转率

物流流动资产周转率是指企业在一定时期内营业收入净额与平均物流流动资产总额的比值。该指标也是评价企业物流资产利用效率的主要指标。其计算公式如下：

$$物流流动资产周转率（次）=营业收入净额÷平均物流流动资产总额$$

其中　$$平均物流流动资产总额=（物流流动资产年初数+物流流动资产年末数）÷2$$

通常，这一指标越高表明企业物流流动资产周转速度越快，利用率越高。流动资产相对节约，可以起到增强物流企业赢利能力的作用。

（5）不良物流资产比率

不良物流资产比率是指企业年末不良物流资产总额占年末资产总额的比例，是从企业资产管理的角度对物流资产运营状况进行的修正。计算公式如下：

$$不良物流资产比率=年末不良物流资产总额÷年末资产总额×100\%$$

其中，年末不良物流资产总额是指企业物流资产中难以参加正常经营运转的部分，包括 3 年以上应收物流账款、积压商品物资和不良物流投资等。年末资产总额是指企业资产总额的年末数。

不良物流资产比例主要反映企业资产的质量。一般情况下，该指标越高，表明企业用于物流方面的不能参加正常经营运转的资金越多，资金利用率越差。物流不良资产率等于 0 是最佳水平。

（6）物流资产增长率

物流资产增长率是指企业本年总物流资产增长额与年初物流资产总额的比例。其计算公式为：

$$物流资产增长率=本年物流资产增长额÷年初物流资产总额×100\%$$

其中　本年总物流资产增长额=年末物流资产总额–年初物流资产总额。如果是负数则用"–"表示。

物流资产增长率是评价企业本期物流资产增长情况的指标。这一指标越高，表明企业在一个经营周期内物流资产经营规模扩张的速度越快。

（7）物流成本率

物流成本率是指企业报告期物流成本总额与报告期销售额的比例。其计算公式为：

$$物流成本率=报告期物流成本总额÷报告期销售额×100\%$$

物流成本率是物流成本考核最直接的衡量指标，物流成本率越低，说明单位销售额所消耗的物流成本越低。

2．物流运作质量指标

企业物流运作的过程包括多个物流环节和物流活动，但不同的物流项目，其物流运作过程和环节会有很大的区别。因此，要全面建立一个物流运作质量指标体系是比较困难的。一般可从运输、仓储两个主要方面来评价物流运作质量。

（1）运输活动绩效评价

运输是实现整个商品交易过程必不可少的重要阶段。对运输活动进行绩效评价时，可按以下评价标准来选择评价指标：

● 运输、取货、送货服务质量良好，即准确、安全、迅速、可靠。

- 能够实现门到门服务且费用合理。
- 能够及时提供有关运输状况、运输的信息及服务。
- 货物丢失或损坏，能够及时处理有关索赔事项。
- 认真填制提货单、票据等运输凭证。
- 与顾客长期保持真诚的合作伙伴关系。

当然，在进行具体的绩效评价时，并非完全按上述标准选择，可根据运输活动的特点及运输活动评价标准，选择以下评价指标来对运输活动进行评价。

1）运输效率指标

① 车（船）完好率。报告期运营车（船）完好总天数与报告期内运营车（船）总天数的比例。

② 车（船）利用率。车（船）利用率是衡量车（船）等运输工具的容积和载重是否充分合理利用的一项经济指标。提高车（船）利用率，就能以较少的车（船）装载更多的货物，以达到减少亏吨、节约运费和充分利用运力的目的。因此而节约的运费，可使委托方受益。由于多装满载而省的运力，为社会带来了经济效益和节能环保效益。车（船）利用率可用车（船）容积利用率或车（船）载重利用率两个指标来反映。

车（船）容积利用率=实际装载货物的体积÷车（船）容积×100%

车（船）载重利用率=实际装载货物的重量÷车（船）核定载重量×100%

2）运输服务质量与安全性指标

① 准时运输率。准时运输作业次数与运输作业总次数的比值，计算公式如下：

准时运输率=准时运送次数÷运输总次数×100%

该指标反映了商品实际运达时间符合预定运达时间的运输作业次数，是评价物流作业质量的指标。准时运输率越高，表明运输作业在时间方面满足顾客需求或实现对顾客承诺的能力越强。

② 运输作业事故频率。报告期内运输过程中出现事故的次数与运输工具完成总里程数之比。该指标反映了企业运输活动的安全作业绩效，指标值越小，表明企业运输作业的安全程度越高。

运输作业事故频率（次/公里）=报告期内事故次数÷报告期内总行驶公里数

3）运输成本与效益指标

运输成本与效益指标可以用运输费用水平来表示，运输费用水平是指企业将 1 吨的货物运输 1 公里的距离所需要花费的费用，可以用报告期内运输总费用与评价周期内运输周转量的比值来表示。运输总费用包括司机的工资、福利、汽车的汽油消耗、汽车通行费用、汽车的维修与折旧费用及应分摊的管理费用等。

$$运输费用水平=运输总费用（元）÷运输周转量（吨公里）$$

（2）仓储作业绩效评价

仓储活动的各项考核指标是仓储管理成果的集中反映，是衡量仓储管理水平高低的尺度，也是考核评估仓储中心各方面工作的重要手段。评价仓储作业绩效的指标具体包括：

1）仓库面积利用率

仓库面积利用率是指仓库的可利用面积与仓库建筑面积的比值。该指标反映了仓库资源的平面利用程度，可粗略地反映仓库资源的利用情况。

$$仓库面积利用率=仓库可利用面积÷仓库建筑面积×100\%$$

2）仓容利用率

仓容利用率是指报告期内库存商品的实际数量或容积与仓库额定数量或容积之比。该指标反映了仓库资源的空间利用程度，能比较准确地反映仓库资源的实际利用情况。

$$仓容利用率=库存商品实际数量或容积÷仓库额定数量或容积×100\%$$

3）仓储设备完好率

仓储设备完好率是指报告期内仓储作业设备完好台数与同期投入使用的仓储设备总数之比。该指标反映了仓储作业设备正常运营的情况，也从一个侧面反映了仓储作业设备维护保养方面的绩效。

$$设备完好率=仓储作业设备完好台数÷投入使用的仓储作业设备总数×100\%$$

4）仓储设备利用率

仓储设备利用率是指报告期内投入运营的仓储作业设备的实际工作时数与额定工作总时数能力之比。该指标反映了仓储作业设备的利用效率，指标值越大，说明对仓储作业设备的利用程度越高。

$$仓储设备利用率=投入运营仓储设备的实际工作时数$$
$$÷投入运营仓储设备的额定工作时数×100\%$$

5）仓库吞吐能力实现率

仓库吞吐能力实现率是指报告期内仓库实际吞吐量与设计吞吐量之比。该指标动态地反映了物流系统的仓储能力和质量水平。

$$仓库吞吐能力实现率=评价周期内仓库实际吞吐量÷仓库设计吞吐量×100\%$$

6）进发货准确率

进发货准确率是指报告期内仓库准确进出货总量与仓库吞吐总量之比。该指标反映了仓储作业，尤其是进发货作业的准确程度。

$$进发货准确率=（报告期内总吞吐量-报告期内出现差错总量）$$
$$÷报告期内仓库总吞吐量×100\%$$

7）库存周转率

库存周转率是反映企业库存商品的周转速度和仓储作业效率的重要指标。该指标对于分析和评价仓储绩效有重要意义。该指标值越大，说明库存商品的流通越快，物流效率越高。在实践中，评价仓储绩效时，该指标的计算公式如下：

$$库存周转率=使用数量÷库存数量×100\%$$

需要注意的是，使用数量并不等于出库数量，因为出库数量中包括一部分备用数量。

此外，也可以以金额来计算库存周转率：

$$库存周转率=使用金额÷库存金额×100\%$$

同样道理，式中的使用金额也不等于出库金额。当需要计算特定期限之内的库存周转率时，需要使用下列公式：

$$库存周转率=报告期内的出库总金额÷［（期初库存金额+期末库存金额）÷2］×100\%$$

3．物流服务水平指标

企业物流服务质量的结果主要通过物流服务水平来反映。而物流服务水平的最终结果则是通过顾客服务水平来反映的。顾客服务是考察一个企业满足客户需求的相对能力。现代市场竞争激烈性决定了企业必须充分利用自己的物流资源，以客户的利益为出发点，及时迅速地反映企业能为客户做出服务的能力，尽可能满足客户个性化和多样化的需求，为企业拓宽客户来源范围。顾客服务水平决定了企业能否留住现有顾客及吸引新顾客的能力，顾客服务水平直接影响企业所占市场份额和物流总成本，并最终影响其赢利能力。评价物流服务质量主要有以下指标。

（1）顾客满意度

顾客满意度指标虽是一个定性指标，却是物流服务质量中最重要的指标。它用于评价顾客对企业的物流服务是否满意及满意的程度，是企业赢得客户、留住客户、提高市场份额的关键因素之一。在具体评价实践中，通常需要对该指标做进一步分解，使其覆盖物流服务的各个方面，并且通过设计问卷和量表，对顾客进行调查，得到一定的指标值。

（2）一致性

一致性也是定性指标，指企业的物流服务在时间和速度方面与顾客预期或要求之间的差异或者是企业的物流服务在时间和速度方面的实际水平与承诺水平之间的差异。这一指标比单纯的时间和速度类指标更能够反映物流服务满足顾客需求、使顾客满意的程度。因为基本的物流服务水平必须建立在达到客户期望和满足客户需求的基础之上，但在很多情况下，企业所面对的是具有不同物流服务需求的顾客，并不是所有的顾客都需要或者希望最快的速度、最短的时间周期。所以，尽可能地满足顾客的要求、兑现企业的承诺比一味地加快速度或缩短周期更重要，也更有意义。

（3）缺货频率

缺货频率指缺货发生的概率，可以将全部产品所发生的缺货次数加以汇总，或者根据商品类别进行统计。当需求超过货品可得性时就会发生缺货，缺货频率用于反映需求超过可得性的概率。对于企业而言，缺货会影响顾客的购买，有可能使其转向其他零售商完成购买行为。此外，较高的缺货频率还有可能影响企业形象。

（4）灵活性

灵活性也属于定性指标，指企业应对特殊顾客服务需求和处理突发性事件的能力，可以用成功满足顾客特殊需求的次数占顾客特殊需求总量的比例和成功处理突发事件的次数占突发事件总数的比例来衡量。灵活性指标可反映企业物流系统的"随机应变"能力和为顾客提供真正高质量物流服务的能力。

4．物流发展能力指标

企业物流发展能力指标与企业的长期物流绩效有关，具体包括以下评价指标。

（1）物流市场实力

评价企业在物流市场实力大小的因素有很多，其中最能反映企业物流市场实力的主要指标是物流市场增长率。

物流市场增长率是指企业本期物流收入与前期物流收入的差额与前期物流收入之比，它反映了企业在物流市场中的发展速度，其计算公式为：

物流市场增长率＝（本期物流总收入－前期物流总收入）÷前期物流总收入×100%

（2）适应外界物流环境的能力

适应外界物流环境的能力也称为市场应变能力，是定性指标，指企业能够随时根据市场供求情况的变化、消费倾向的改变和技术革新进展而及时调整库存结构和配送路线的能力，它是企业在复杂的物流环境中得以取胜的关键。企业要提高自身适应外界物流环境变化的能力，就要充分利用现代信息网络，及时收集市场信息，准确捕捉市场机会，同时要借助先进信息系统与用户进行充分的信息交流，满足客户日益突出的个性化要求，以使企业对外界物流环境变化随时掌握，为企业制定相关计划提供信息和依据。由于该指标比较难以用具体的数值来衡量，在评价时，可采取专家打分等方法进行原始数据的统计收集。

（3）物流信息水平

企业物流信息水平也是定性指标。物流信息不仅对物流活动具有支持保证的功能，而且具有连接整合整个供应链，使其活动效率化的功能。物流信息水平主要包括硬件的配备水平、软件先进程度、信息活动主体的水平和信息流量等指标。该指标的原始数据收集方法与前面的适应外界环境能力指标相同。

（4）企业凝聚力

企业凝聚力指企业培养企业文化，使企业群体建立共同的价值标准、道德标准和精神信念，从而形成的凝聚力。企业凝聚力可用企业文化认同度和员工忠诚度两个指标来反映。企业文化认同度是企业在长期的实践活动中所形成的，并且为企业所有成员普遍认可和遵循的具有企业特色的价值观念、团队意识、行为规范和思维模式的总和。良好的企业文化能增强群体的凝聚力。企业文化认同度的计算公式如下：

企业文化认同度=认同本企业文化的员工人数÷期末员工总人数×100%

员工忠诚度反映员工是否对企业忠诚，可用员工稳定程度来表示，体现企业对员工的吸引力和员工对企业未来发展前景的看好程度，进而影响员工是否努力及努力的程度。

员工忠诚度=自动离职或跳槽的员工人数÷期初员工总人数×100%

（5）物流员工能力素质

该指标为定性指标，指企业物流从业人员在学习、创新和团队合作方面的能力。为了便于进行计算和对比，可以考虑以十分制或百分制对该指标进行量化。也可以考虑以各学历层次的员工人数占物流人员总数的比例、获得国家相关职业资格认定的员工人数占员工总数的比例作为参考指标或替代指标。

（6）物流员工培训率

企业每年培训物流人员数量占物流人员总数的比例。该指标在一定程度上反映了企业对物流人员能力提高的重视程度，因而从一个侧面反映了企业的软性学习环境。

8.2.4　几种常见的企业物流绩效评价的方法

企业物流绩效评价方法是企业物流绩效评价的具体手段，主要是将构建出的指标体系中的评价值经过计算，得出企业综合的绩效指标值。合适的评价方法对最终得出客观、准确的绩效结论非常重要。以下介绍几种常用的对复杂指标体系进行计算评价的方法。

1. 层次分析法

该方法是 20 世纪 70 年代由美国著名运筹学家 T.L.Saaty 提出的，是一种将评价者的定性判断和定量计算有效结合起来的物流绩效评价方法。其基本原理是根据物流系统具有多层次的特点，用相对量的比较，确定多判断矩阵，取其特征根所对应的特征向量作为权重，最后综合出总权重，按此进行优先程度排序，得到各物流单元的绩效排序。该方法可靠性高、误差小，其不足之处就是评价的物流对象不能太多（一般不多于 9 个）。目前广泛应用于物流规划（如物流设施选址）和物流服务供应商选择等方面。

2．模糊综合评价法

模糊数学评价方法是 20 世纪 60 年代由 L.A.Zadeh 首先提出来的。它是用数学方法研究和处理具有"模糊性"现象的物流绩效问题（模糊性是指在物流绩效评价中，涉及的评价因素较多，既有定性的又有定量的，各因素间还有层次之分），基本原理是利用模糊集和隶属度函数等概念，应用模糊变换原理，采用定性和定量相结合的方法从多个方面对事物隶属度进行整体评价。由于模糊综合法可以较好地解决综合评价中的模糊性，该方法也广泛应用于物流绩效评价中。

3．数据包络分析法

数据包络分析法是由美国著名运筹学家 Charles 和 Cooper 等人首先提出的以相对效率概念为基础发展起来的一种效率评价方法。它能直接估算多个决策单元效率之间的相对关系，即相对有效性。数据包络分析法是一种非参数的经济估计方法。由于不需要预先估计参数，在避免主观因素和简化算法、减少误差等方面有着不可低估的优越性，它不仅能比较各决策单元的相对有效性，并且可以对绩效不佳的单元指明改善的方向和程度。因此，应用领域也很广泛，如船舶业的绩效评价、港口绩效评价等。

4．灰关联分析法

借助关联分析技术进行综合评价，这是灰色系统综合评价中的最主要方法，由于其概念明确、计算简单，在评价实践中也经常被采用。但这种方法也存在一些需要进一步探讨的问题。灰色关联度只是对距离的一种"相对测度"，取值大小没有绝对的意义，只有排序的意义。作为评价方法虽然可靠性不是很强，但可用来确定权重等因素。

8.3　企业物流绩效管理方法

8.3.1　企业绩效管理方法的发展历程

在不同的时期，根据生产经营特点及所处的社会经济环境不同，企业绩效管理方法大不相同，从其产生发展历程看，大致可以分为 3 个阶段：以杜邦分析法为代表的财务绩效管理阶段，以全面质量管理为代表的全面绩效管理阶段，以平衡计分卡为代表的平衡绩效管理阶段。

1. 财务绩效管理阶段

财务绩效管理模式产生于 20 世纪初的生产管理阶段，当时巨大的市场空间使规模经济成为企业制胜的"法宝"。企业的目标主要是通过提高生产效率来追求利润最大化。由于不断地通过外部融资来扩大生产规模，所以，企业最为关心的是以投资报酬率为核心的财务指标。

财务绩效管理阶段较为典型的方法是"杜邦分析法"，该法利用几种主要的财务比率之间的关系来综合分析企业的财务状况，它最早由美国杜邦公司使用，故名"杜邦分析法"。杜邦分析法是一种用来评价公司赢利能力和股东权益回报水平，从财务角度评价企业绩效的经典方法，其基本思想是将企业净资产收益率逐级分解为多项财务比率乘积，这样有助于深入分析和比较企业的经营业绩。

杜邦分析法在企业管理中发挥了巨大的作用，同时也奠定了财务指标在绩效评价指标中的主导性地位。但从企业绩效管理的角度来看，杜邦分析法只包括财务指标方面的信息，不能全面反映企业的实绩，对短期财务结果过分重视，忽略了企业长期的价值创造，并且财务指标反映的是企业过去的经营业绩，无法满足信息化时代企业绩效管理的要求，局限性很大，在实际运用中必须结合企业的其他信息加以分析。

2. 全面绩效管理阶段

在全面绩效管理阶段，针对单一财务指标评价的诸多缺陷，理论界和实业界提出了新的评价模式，力图从不同角度对财务模式进行修正。1960 年，美国著名专家菲根堡姆提出全面质量管理（TQM），就是指一个组织以质量为中心，以全员参与为基础，通过实现顾客满意和本组织所有成员及社会受益而达到长期成功的管理途径。在全面质量管理中，质量这个概念和全部管理目标的实现有关。

1979 年美国施乐公司率先执行标杆管理，并学习日本企业以 TQM 推动全面质量管理。该方法是将企业各项活动与从事该项活动最佳者进行比较，从而提出行动方法，以弥补自身的不足，是对企业各方面、各环节的绩效改进。1982 年，美国思腾思特公司提出了经济增加值指标 EVA，EVA 是一个综合的财务管理度量系统，能够用于资本预算、财务计划、目标设定、业绩度量、股东交流和业绩报酬等方面。该方法虽然克服了传统财务指标没有考虑机会成本的缺陷，实现了企业绩效评价从会计利润到经济利润的转变，但仍是一种以财务指标为核心的绩效管理方法，具有一定的局限性。1986 年摩托罗拉公司提出六西格玛方法，该方法是一种统计评估方法，核心是追求零缺陷生产，防范产品责任风险，降低成本，提高生产率和市场占有率，提高顾客满意度和忠诚度。

在全面绩效管理阶段，影响较为广泛的绩效管理方法有全面质量管理、标杆管理和经济增加值方法等。

3. 平衡绩效管理阶段

20 世纪 80 年后期，随着外部竞争的加剧和顾客需求的复杂多变，企业所面临的外部环境更加不稳定，实施以提高企业核心竞争力和增强企业灵活性为目标的战略管理成为时代对企业的要求。同时，企业管理理论中出现了利益相关者的理论概念。利益相关者理论认为，任何一个企业都有许多利益相关者，如投资者、管理人员、供应商、分销商、员工、顾客、政府部门、社区等。因此，企业不单纯是为资本所有者谋利益，而且要为利益相关者谋利益。按照这种逻辑所构建的绩效评价体系，评价主体应扩展到包括股东、债权人、管理者、员工、供应商、消费者、政府在内的众多利益相关者。在这种多元主体观念的指导下，企业绩效评价开始追求不同利益相关者之间的平衡，以及企业长期目标和短期目标之间的平衡。

平衡绩效管理阶段是以非财务指标来补充财务指标的不足。20 世纪 80 年代末，提出了业绩金字塔模型，以弥补传统绩效评价指标的不足。该模型强调了企业总体战略与绩效指标之间的联系，根本目的是借助界定成功领域的绩效指标来设计企业的管理控制系统。

与业绩金字塔相比，另一种从战略管理角度强调绩效指标之间因果关系的方法——平衡计分卡（BSC），对企业业务活动的描述更为广泛，也更具操作性。该方法由罗伯特·S·卡普兰和戴维·P·诺顿提出。卡普兰和诺顿于 1992 年、1993 年和 1996 年发表于《哈佛商业评论》的 3 篇论文构建了平衡计分卡的基本框架。随后在 1996 年出版《平衡计分卡：化战略为行动》，该书的出版标志着这一理论的成熟，并将平衡计分卡由一个绩效衡量工具转变为战略实施工具。2001 年，Neely、Adams 和 Kennerley 在平衡计分卡的基础上提出了绩效棱柱的概念。绩效棱柱的内容包括 5 方面，即利益相关者的满意度、战略、流程、能力及利益相关者的贡献。企业可以根据这 5 个方面的排列顺序来选择评估指标。

平衡绩效管理阶段的最大突破便是引入了非财务指标。非财务指标的计算数据来源广泛，且多为行为指标，因而较财务指标更具及时性，且有利于实现对日常经营活动的控制。此外，非财务指标能够更为清晰地解释企业的战略规划及对战略实施进行过程控制。同时，非财务指标也是最容易被操作者理解的评价指标。因此，由财务指标与非财务指标组成的评价指标体系就犹如企业的"神经系统"，能够适时地"感触"企业的"健康"状况、精确地"定位"企业的"症结"和正确地"预示"企业的发展趋势。而平衡模式对利益相关者利益要求的充分考虑，使得企业能够拥有良好的内外部经营环境。

从上述企业绩效管理方法的演进可看出，每种管理方法的产生和应用都有着深刻的时代、文化和经济背景，都是在特定社会经济环境下适应企业生存与发展要求的产物。因此，企业物流绩效管理方法选择也必然要考虑企业所处的竞争环境及其发展的客观要求。

在企业物流绩效管理方面，世界级的企业目前已经脱离了那种局限于物流部门内部，通过对简单指标进行分析来衡量物流绩效方法，它们已经站在企业整体及供应链的角度，制定和部署物流战略，通过企业对渠道联盟的业绩来衡量和控制物流绩效，监督物流资源的配置情况。

8.3.2 标杆管理

1. 标杆管理的定义

标杆管理又称基准管理，这个理念来源于 20 世纪 70 年代末 80 年代初美国学习日本的运动中，施乐公司所提出的提高企业绩效计划。标杆管理就是将本企业各项活动绩效与从事该项活动最佳者的绩效进行比较，从而提出行动方法，以弥补自身的不足。标杆管理与企业再造、战略联盟一起并称为 20 世纪 90 年代三大管理方法。标杆管理的核心内容在于将所在企业的业绩与其他杰出企业的业绩相比较，从中找出新的方法和理论，改进本企业的经营业绩。标杆管理具有以下特点。

（1）标杆管理强调基准

这里的基准即最佳实践，具体地说，标杆管理就是要求突破企业的职能分工界限和企业性质与行业局限，在全行业甚至更广阔的全球视野上寻找、研究和借鉴业绩最佳的实践，把自己的产品、服务和经营管理运作方面的业绩与这些最佳实践进行比较，找出自身差距，创造性地改进和优化本企业或部门的实践，达到提高企业管理水平和增强竞争力的目的。

（2）标杆管理的实质是模仿和创新

标杆管理是有目的、有目标地学习的过程，通过学习，企业重新思考和设计改进经营实践，在目前的基础上有所突破，创造自己的全新最佳模式，这实际上是模仿和创新的过程。

（3）标杆管理要求整体或片断式、渐进的业绩比较

在业绩比较过程中，将企业的业务、流程、环节进行分解和细化，寻找在这些方面的整体最佳实践，也可以发掘优秀"片断"进行基准比较，因为现实中各方面都卓越的企业很少。同时这种方法又具有渐进性，企业可从初级到高级分阶段确立业绩基准，循序渐进达到不断改善本企业的目的。

2．标杆管理的作用

风靡全球的标杆管理自然有很多优越性，它会让企业形成一种持续学习的文化，让企业认识到赶、学、超的重要性，企业业绩永远是动态变化的，只有不断追求最好，才能获得持续的竞争力，才能始终立于不败之地。标杆管理还为企业提供了优秀的管理方法和管理工具。主要表现在以下几方面：

一是通过标杆管理，企业可以选择标杆，确定企业中长期发展战略，并与竞争对手对比分析，制定战略实施计划，选择相应的策略与措施。

二是标杆管理可以作为企业业绩提升与业绩评估的工具。标杆管理通过设定可达目标来改进和提高企业的经营业绩。目标有明确含义，有达到的途径，使企业可以坚信绩效完全有办法提高到最佳。而且，标杆管理是一种辨识世界上最好的企业实践并进行学习的过程。通过辨识行业内外最佳企业业绩及其实践途径，企业可以制定业绩评估标准，然后对其业绩进行评估，同时制定相应的改善措施。企业可以明确本企业所处的地位、管理运作及需要改进的地方，从而制定适合本企业的有效的发展战略。

三是标杆管理有助于企业建立学习型组织。学习型组织实质是一个能熟练地创造、获取和传递知识的组织，同时也要善于修正自身的行为，以适应新的知识和见解。实施标杆管理后，企业可以发现在产品、服务、生产流程及管理模式方面的不足，并学习"标杆企业"的成功之处，再结合实际，将其充分运用到自己的企业当中。

3．标杆管理实施的基本步骤

标杆管理的规划实施有一整套逻辑严密的实施步骤，大体可分为以下 4 个步骤。

第一步：明确标杆管理的目标，统一思想，成立相关组织机构，制定工作计划是标杆管理工作的逻辑起点。任何企业中的活动和流程是非常多的，不可能同时对它们确立标杆，必须确定哪些活动和流程（如成本减少、库存投资、订货流程等）能产生最大收益，然后再确定学习、比较和改善的优先顺序。

第二步：选择标杆学习对象。学习对象是企业定点学习和超越的标杆，是能够为企业提供值得借鉴信息的企业或个人，可能学习对象的规模不一定与本企业相似，但它应该是在标杆比较方面世界一流的领袖企业，即最佳者。标杆管理（学习）伙伴可以在企业内部，也可以在外部。在不同行业领域、不同国家有分支的大型跨国企业里，宜采用内部标杆管理。

第三步：企业应对选定的标杆对象进行科学、认真的分析。分析为什么被定位标杆的企业更好一些，它在哪些方面真正是优秀的，本企业在物流管理方面的差距到底有多大，怎样把标杆对象物流运作及管理的成功经验用到本企业的改进中。分析最佳实践和寻找标杆是一项比较烦琐和细致的工作。标杆小组必须有明确的资讯收集方法，而负责收集资讯的人必须对这些方法很熟悉。标杆小组在联络标杆伙伴之后，依据既定的规范收集资讯，然后再将资讯摘要分析。接下来是依据最初的顾客需求，分析标杆学习资讯，从而提出行动建议。

第四步：评价与提高，这一阶段是通过对比分析绩效差距，对现有流程进行评价，制定目标实施改进。影响这个阶段的因素，是顾客的需求及标杆学习资讯的用途。团队可能采取的行动有很多种，从制作一份报告或发表成果，到提出一套建议，甚至根据调查收集到的资讯具体落实一些变革。在这个阶段也要确认接下来是否有必要采取哪些步骤或适当的后续活动，如有必要，可以建议标杆学习活动继续下去。实施标杆管理不能一蹴而就，而是一个长期、渐进的过程。每次学完后，都有一项重要的后续工作，这就是重新检查和审视标杆研究的假设、标杆管理的目标和实际效果，分析差距，为下一轮改进打下基础。

管理的精髓在于创造一种环境，使企业中的人员能够按组织愿景目标工作，并自觉进行学习和变革，以实现组织的目标。标杆管理往往涉及业务流程的重组，会改变一些人的行为方式，碰到员工思想上的阻力，企业要创造适合自己的业务流程和管理制度，赶上甚至超过标杆对象。

8.3.3　平衡计分卡的应用

1. 平衡计分卡的基本思想

平衡计分卡是绩效管理中的一种新思路，适用于对部门的团队考核。平衡计分卡的基本思想是：存在着一些关键的绩效指标（KPI），其中大多数指标是非财务的，与传统的财务导向的指标相比，它们为管理者提供了实现战略目标的更好方法。如果能够识别与企业战略目标的实现相关的关键绩效指标，以这些指标为基础，就可以建立相应的绩效衡量的平衡计分卡系统。最突出的特点是将企业的愿景、使命和发展战略与企业的业绩评价系统联系起来，它把企业的使命和战略转变为具体的目标和测评指标，以实现战略和绩效的有机结合。

自平衡计分卡方法提出之后，其对企业全方位的考核及关注企业长远发展的观念受到学术界与企业界的充分重视，许多企业尝试引入平衡计分卡作为企业管理的工具。平衡计分卡不仅是一种管理手段，也体现了一种管理思想，即只有量化的指标才是可以考核的，必须将考核指标进行量化；组织愿景的达成要考核多方面的指标，不仅是财务要素，还应包括客户、业务流程、学习与成长。有数据表明，全球前 500 强企业有 80%以上都在使用平衡计分卡，在中国也有越来越多的企业开始使用它。

平衡计分卡应用于企业管理的突出贡献和特色在于：首先把企业战略置于评价与考核的中心位置，然后再将其转化为兼顾了长期目标与短期内财务与非财务指标、滞后与先行指标、外部与内部指标的考核指标体系，既强调了目标与结果，又能通过对有关指标变化的对比分析得出结果的动因及其形成过程。该方法具有如下主要优势：

- 评价指标体系全面而具体，即平衡计分卡的评价指标体系包含了财务指标及非财务指标，能够对企业的经营业绩和竞争能力进行系统的评价。
- 强调动态管理，可通过定期反馈及时发现企业运作中存在的问题。
- 所涉及的 4 项内容都是企业未来发展成功的关键要素，它提供的管理报告将貌似不相关的要素有机地结合在一起，使企业决策者能够快速、全面地掌握企业现状。
- 通过对企业各要素的组合，使得决策者能综合考虑企业各职能部门在运营中的不同作用与功能。
- 突出战略目标和激励动因的结合，鼓励企业员工创造性地（而非被动）实现目标，可有效形成企业的激励机制。

尽管平衡计分卡有诸多优点，但同样有一定的缺陷和局限性：考核指标体系覆盖面较大，指标计算及评价较烦琐，工作量大，实施成本高；若考核指标之间不呈正相关关系，可能会使企业发展误入歧途。

2．平衡计分卡的基本流程

平衡计分卡是一套从 4 方面对企业战略管理的绩效进行财务与非财务综合评价的评分卡片，不仅能有效克服传统的财务评估方法的滞后性，偏重短期利益和内部利益，以及忽视无形资产收益等诸多缺陷，而且是一个科学的集企业战略管理控制与战略管理的绩效评估于一体的管理系统，其基本原理和流程简述如下。

第一，以企业的共同愿景与战略为内核，运用综合与平衡的哲学思想，依据组织结构，将企业的愿景与战略转化为下属各责任部门（如各事业部）在财务、顾客、内部流程、创新与学习 4 个方面的系列具体目标（成功的因素），并设置相应的 4 张计分卡，其基本框架如图 8-3 所示。

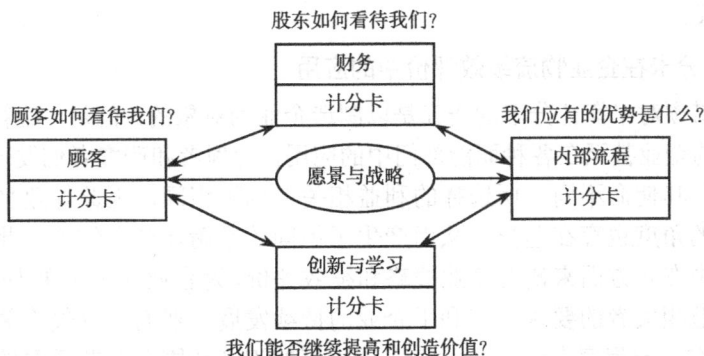

图 8-3　平衡计分卡基本框架

第二，依据各责任部门分别在财务、顾客、内部流程、创新与学习4方面设置计量可具体操作的目标，设置一一对应的绩效评价指标体系，这些指标不仅与企业战略目标高度相关，而且是以先行与滞后两种形式同时兼顾和平衡企业长期和短期目标、内部与外部利益，综合反映战略管理绩效的财务与非财务信息。

第三，由各主管部门与责任部门共同商定各项指标的具体评分规则。一般是将各项指标的预算值与实际值进行比较，对应不同范围的差异率，设定不同的评分值。以综合评分的形式，定期（通常是一个季度）考核各责任部门在财务、顾客、内部流程、创新与学习4方面的目标执行情况，及时反馈，适时调整战略偏差，或修正原定目标和评价指标，确保公司战略得以顺利与正确地实行。

3．运用平衡计分卡的前提

要运用平衡计分卡，一般应具备以下前提条件。

① 企业的战略目标能够层层分解，并能够与企业内部的部门、工作组、个人的目标达成一致，其中个人利益能够服从组织的整体利益，这是平衡计分卡运用的一个重要前提。

② 平衡计分卡揭示4个方面的指标：财务、顾客、内部流程、创新与学习之间存在明确的因果驱动关系。但是这种严密的因果关系链在一个战略业务单位内部针对不同类别的职位系列却不易找到，或者说针对不同职位类别的个人，平衡计分卡所涵盖的4方面指标并不是必需的。

③ 企业内部与实施平衡计分卡相配套的其他制度是健全的，包括财务核算体系的运作、内部信息平台的建设、岗位权责划分、业务流程管理及与绩效考核相配套的人力资源管理的其他环节。

④ 企业内部每个岗位的员工都是胜任各自工作的，在此基础上研究一个企业的管理绩效才有意义。

4．平衡计分卡在企业物流绩效评价中的应用

卡普兰和诺顿对平衡计分卡的研究是以制造企业为对象的。但是，随着平衡计分卡法在各种类型的企业甚至在各种职能部门中的应用，管理者和研究者们发现，不同的企业或者部门由于其使命不同，所选择的利益相关者也不相同，因此导致平衡记分法对战略进行分解的角度也存在差异，从而产生了不同的平衡计分卡结构。此外，平衡计分卡将焦点集中在4方面来研究企业战略和绩效评价，为企业提供了更为平衡的视点，兼顾了各方利益相关者的要求，有利于企业的持续发展。然而，仅仅将关注焦点集中于4个维度，在一定程度上限定了关键成功因素的识别范围，某些重要的关键成功因素有可能超出这4个维度。实际上，平衡计分卡的4方面应被看做一个模型而不是一

种约束，在实践中，企业对它的使用很少低于 4 方面，根据产业环境和企业经营策略，有可能需要增加一个或多个方面。因此，在构建平衡计分卡、识别关键成功因素时，可以根据企业、经营单位或部门的特征和具体情况，在平衡计分卡结构中酌情增加一个或多个必要的维度。

基于企业物流系统的特点，有学者提出，除了财务、内部流程、顾客、创新与成长4 个维度外，还应在企业物流绩效评价的平衡计分卡模型中加入一个维度，即"社会责任维度"，并以企业物流战略为起点，构建基于平衡计分卡的五维结构，如图 8-4 所示。

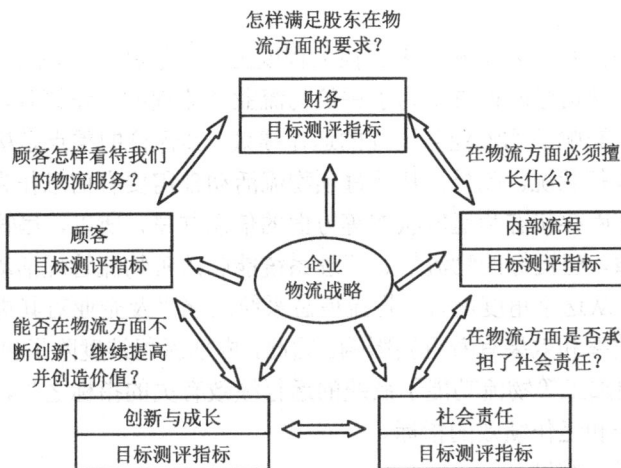

图 8-4　企业物流绩效评价的平衡计分卡基本结构

（1）财务维度

经济效益是经营效果的深化，是企业投资者追求的目标，也是债权人及社会所期望的结果。物流活动对企业竞争优势和核心能力的影响最终将体现为财务绩效的增长，也就是说，物流绩效的提高最终会通过企业的财务绩效反映出来。财务维度指标设置的一个重要目的正是为了监控物流活动对财务方面的绩效贡献。同时，物流设施、设备、存货等是企业资产的重要部分，投资人在物流资产方面的投入必然期望获得一定的回报，因此，评价存货等流动资产如何能够快速周转，以及固定资产如何能够产生投资报酬的指标应该包括在财务维度中。在企业销售收入一定的情况下，物流成本的节约实际上变相增加了企业的利润。因此，有关成本控制方面的指标也应包括在财务维度内。具体而言，财务维度包括与物流资产利用、赢利或收益、成本控制等方面有关的指标。

（2）顾客维度

顾客是企业生存和发展的基础。企业物流是连接产品供应与消费需求之间的桥梁，只有了解顾客，并不断满足其不同层次的需求，产品价值才能得以实现，企业才能获得持续增长的经济源泉。而物流本身实为一个服务过程，无论是存储、装卸、搬运，还是包装、流通加工、配送，都是通过物流服务为顾客提供价值增值的。在买方市场条件下，令顾客满意的物流服务水平已经成为其采取购买行为的重要考虑因素。因此，企业是否能够为顾客提供全面、高效、个性化的物流服务，以获得较高的顾客满意度和忠诚度，是物流绩效的重要方面。顾客维度评价指标的设置正是为了监控企业物流系统对外界顾客需求变化的反应能力。因此，平衡计分卡的顾客维度包括与物流服务质量和顾客满意度有关的评价指标。

（3）内部流程维度

企业物流业务流程的效率和效果在很大程度上决定了其在物流方面的核心竞争力。因此，内部流程维度指标的设置是为了评价物流业务流程的运作绩效，尤其是那些对客户满意度具有较大影响的物流业务过程的运作绩效。其评价的重点是构成物流系统的各个功能子系统的运行状况。此外，几乎每项物流活动都需要有信息作为支撑。物流活动涉及大量的销售、库存状态和运输状态等方面的信息共享，所以，尽管信息系统本身并不能增进物流绩效，但良好的物流信息管理系统能够改善物流管理活动，从而降低物流成本、增加价值。从这个角度而言，物流信息系统的水平及企业对其进行运用的能力对物流流程的运作效率和效果有着重要影响。因此，内部流程维度除了包括与包装、装卸、运输、保管、流通加工等物流功能子系统的运行绩效有关的指标之外，还包括评价企业物流信息系统水平和运作绩效的指标。

（4）创新与成长维度

尽管顾客维度和内部流程维度已经着眼于企业发展的物流战略层次，但都是将评价重点置于企业物流的现有竞争能力上。企业短期竞争的成功固然重要，但要想在激烈的竞争中立于不败，就必须在客户满意和内部业务过程方面进行持续的改善，并提高开发和完善新的物流服务、新的物流流程整合思路和方法的能力，这种改善、创新和学习的能力直接关系到企业的长期价值。创新与成长维度指标的设置正是为了评价企业在物流方面不断创新、不断发展以增强企业在物流方面的长期竞争优势。但是，企业在物流创新与成长方面的能力有赖于从事物流活动的员工，即物流员工的能力和素质。这就要求企业关注能够提高物流员工学习能力、创新能力和实践能力的投入，注重团队建设，增强团队合作与团队学习能力，培育学习型组织，为企业的不断成长做好物流人才储备。因此，创新与成长维度具体包括与物流员工的能力素质、内部学习环境、物流创新能力等方面相关的评价指标。

（5）社会责任维度

企业在赚取利润的同时必须主动承担各种社会责任，以保持与社区及政府等利益相关者的良好关系。其中，改善生态环境和减少污染是企业从事物流活动时不可忽视的问题。要做到这一点，就要求企业在物流运作过程中，尽可能地避免和减少废弃物的排放，提高能源和资源的利用效率，尽可能地提高物流活动的绿色程度，以争取得到社区、环保组织、政府等机构对企业在环保方面所做努力的认同，为企业的长远发展创造良好的外部环境。社会责任维度指标的设置就是为了评价企业与社区及政府等利益相关者之间的关系，主要包括评价诸如环境保护、资源利用和能源消耗等物流绿色程度的指标。

在评价物流绩效的平衡计分卡基本结构中，以上5个维度并非简单的指标体系集合。各个维度之间存在着内在因果关系链，体现了物流绩效驱动因素和最终结果之间的关系。对于整个企业而言，其战略的最终目标是追求企业价值的最大化，即长期利润最大化。而作为企业子系统的物流系统，其管理和运营最终也要服务于这一目标。因此，物流战略的落脚点仍然是长期财务绩效的提高，也就是说，财务维度代表了企业物流战略的长期目标，即从投资于物流系统的资本获得回报。顾客维度则将企业的物流战略转化为以顾客和市场为基础的具体目标，顾客满意度和忠诚度提高可能导致的重复购买或消费行为所带来的收益，将会最终体现为财务绩效。内部流程维度关注的是为了满足股东与顾客的目标和需求所必需的"表现卓越的关键物流流程"，高效的物流运作流程除了通过降低物流成本、提高物流投资回报直接提高财务绩效之外，还可以通过为顾客提供更多的价值而提高其满意度，进而间接地贡献于财务绩效。创新与成长维度、社会责任维度则是保证财务、顾客和内部业务流程的目标得以实现的基础框架。

将平衡计分卡应用于企业物流的绩效衡量，其重点是根据企业物流本身的特点和物流客户需求的特点，设定恰当的评价指标，从而提出一个全面衡量企业绩效的方法体系。采用这种全方位的绩效管理方法，就在企业物流的经营绩效与其竞争优势的识别之间搭建了一个桥梁，必将有利于企业的战略成长。

案例分析 >> 美国施乐公司的标杆管理

1. 基本背景

总部在美国的施乐公司是一家世界领先的文件处理设备制造商，在全球150多个国家从事设计、开发、生产及销售推广文件处理产品及系统的服务。施乐公司及其业务伙伴日本富士施乐株式会社，提供了全行业最齐全的文件处理产品和服务：黑白及彩色复印机、打印机、传真机、光学扫描仪、桌面软件、电子出版系统、消耗材料，以及从现场文件生产到系统集成的一系列文件管理服务。在北美，标杆管理（Benchmarking）这个术语是和施乐公司同义的，在过去的几十年里，有100多家企业去施乐学习它在这个领域的专门知识。早在1979年，施乐最先提出了标杆管理的概念，最初只在公司内的几个部门进行，到1980年扩展到整个公司范围。当时，日本的竞争对手在复印行业中取胜，它们以高质量、低价格的产品，使施乐的市场占有率在几年时间里从 49%降到 22%。为了迎接挑战，施乐高级经理们引进了若干质量和生产率计划的创意，其中标杆管理就是最有代表性的一项。

2. 实施标杆管理的阶段和步骤

施乐公司的具体做法是，首先，广泛调查客户公司对公司的满意度，并比较客户对产品的反应，将本公司的产品质量、售后服务等与本行业领先企业做对比。公司派雇员到日本的合作伙伴——富士施乐及其他日本公司考察，详细了解竞争对手的情况，并对竞争对手的产品做反求工程。接着，公司便要确定竞争对手是否领先，为什么领先，存在的差距怎样才能消除。对比分析的结果使公司确信从产品设计到销售、服务和雇员参与等一系列方面都需要加以改变。最后，公司为这些环节确定改进目标并制定详细计划。在施乐公司，标杆管理由 4 个阶段共 10 个步骤组成。

第一阶段（3 个步骤）：识别什么可成为标杆，识别可作为对照或对比的企业，数据的收集。

第二阶段（2 个步骤）：确定当今的绩效水平，制定未来绩效水平计划。

第三阶段（2 个步骤）：交流标杆管理的成果，建立改进目标。

第四阶段（3 个步骤）：制定行动计划，实施和监控行动计划，修正绩效标杆。

3. 物流绩效标杆的类型

一个绩效标杆作业往往需要 6～9 个月的实践，才能达到目标。需要这么长时间，是因为绩效标杆既需要战略的，也包括战术或运作的因素。从战略上讲，绩效标杆涉及企业的经营战略和核心竞争力问题；从战术上讲，一个企业必须对其内部运作有充分的了解和洞察，才能将之与外部诸因素相对比。施乐公司物流绩效标杆的实践运作主要包括以下 3 种类型。

第一种类型是工作任务标杆。如搬运装车、成组发运、排货出车的时间表等单个物流活动。

第二种类型是广泛的功能标杆。就是要同时评估物流功能中的所有任务，如改进仓储绩效的标杆（从储存、堆放、订货、挑选到运送的每个作业）。

第三种类型是管理过程的标杆。把物流的各个功能综合起来，共同关注诸如物流的服务质量、配送中心的运作、库存管理系统、物流信息系统及物流操作人员的培训与薪酬制度等，这种类型的标杆更为复杂，因为它跨越了物流的各项功能。

运用绩效标杆法实际上可打破根深蒂固的不愿改进的传统思考模式，而将企业的经营目标与外部市场有机地联系起来，从而使企业的经营目标得到市场的确认而更趋合理化。例如，它建立了物流顾客服务标准，鼓励员工进行创造性和竞争性的思维，并时常提高员工物流运作成本和物流服务绩效的意识。

施乐公司物流绩效标杆已取得了显著的成效。以前公司花费了 80%的时间关注市场的竞争，现在施乐公司却花费 80%的精力集中研究竞争对手的革新与创造性活动。施乐公司更多地致力于产品质量和服务质量的竞争而不是价格的竞争。结果，公司降低了 50%的成本，缩短了 25%的交货周期，并使员工增加了 20%的收入，供应商的无缺陷率从 92%提高到 95%，采购成本也下降了 45%，最可喜的是，施乐公司的市场占有率有了大幅度的增长。

4. 成功经验

一些企业实施标杆管理失败的最大原因是缺乏基本准备，而并非标杆管理不适用。对标杆企业做现场视察，首先要求物流经理能完全理解本企业内部的物流运行程序，这种理解有助于识别哪些是他们要去完成的，哪些是要从绩效标杆中寻求的信息。施乐公司深信对竞争对手的标杆管理是赢得质量竞争的关键之一，坚定地把标杆管理作为产品改进、企业发展、赢得竞争对手和保持竞争优势的重要工具。同时，施乐公司的管理层都把标杆管理看做全公司的一项经常性活动，并指导其所属机构和成本中心具体实施标杆管理，这是施乐公司在绩效管理理念方面最值得借鉴和学习的方面。

5. 案例延伸思考

（1）施乐公司在哪些物流环节采取了标杆管理？取得了什么成效？

（2）结合本案例，讨论企业如何选定标杆学习伙伴及如何收集分析信息，如何评价和提高企业绩效管理水平。

练习与思考

1. 简述企业物流绩效管理与企业物流绩效评价之间的关系。
2. 如何合理构建企业物流绩效评价体系？
3. 什么是企业物流绩效评价标准？
4. 企业物流绩效评价指标的设计原则是什么？
5. 简述企业绩效管理方法的发展历史。
6. 如何利用标杆来改进企业物流管理绩效？
7. 企业建立一个平衡计分卡系统需要哪些基本步骤？
8. 标杆管理和平衡计分卡两者在哪些地方可以进行有效结合？

第9章

企业物流现代化与管理创新

理解企业物流现代化的概念和意义，以及企业物流管理现代化的标志和内容；掌握企业物流现代化管理技术的总体内容，掌握物流技术的概念、特征和基本种类，了解企业物流技术和管理的发展趋势及企业物流发展模式，了解管理创新的有关理论，掌握企业物流管理创新的内容和步骤，培养学生的创新思维能力。

企业物流现代化的意义，企业物流技术的发展趋势，企业物流管理发展趋势和发展模式，企业物流管理创新的内容和步骤。

9.1 企业物流现代化

随着全球经济一体化进程日益加快，资源在全球范围内的流动和配置的趋势大大加强，企业物流现代化成为许多企业自身发展的必然要求，同时也使得企业物流呈现出一系列新的变化。企业物流现代化是一个动态的发展过程，它以系统性、动态性、经济性、综合性为特征，以规模化、制度化、组织化、专业化和劳动手段先进、劳动者素质高为标志，包含了企业物流装备设施技术的现代化、物流组织管理方法的现代化等方面的内容。

9.1.1 企业物流现代化的内涵

1. 企业物流现代化的概念

企业物流现代化是指企业物流在顾客先导和顾客满意的思想指导下，不断地以先进、适用的物流技术和管理方法取代或改造企业原有的物流系统，提高企业物流运作的可靠性及物流效益的过程。换而言之，也就是企业物流要达到现代化的标准，就必须不断地以先进适用的物流管理思想、技术和方法进行物流系统的设计、改造和创新，对企业物流人员进行不间断的培训，实现物流资源的优化组合与配置，提高企业物流服务水平及其顾客满意度，并不断降低物流总成本。企业物流现代化不是静止的状态，而是一个随着社会环境和科技发展不断变化的动态过程，其目标是实现和维持物流服务的高水平和物流服务的低成本之间的均衡和统一。

2．企业物流现代化的意义

我国国民经济的快速发展，社会多样化需求的增加，国内外市场的培育发展给企业带来了很大的发展机遇和发展空间。随着现代物流的理念被广泛认同和接受，它的巨大功能和作用必定会促使企业的决策者下决心来改善和整合自己企业的物流系统，同时，飞速发展的信息与网络技术、各种先进的物流技术与装备都使企业物流的现代化成为可能。

企业物流现代化的意义主要表现在以下方面。

（1）物流现代化是扩大企业利润源的客观要求

作为企业第一、第二利润源，物耗成本及人工成本的降低空间已经越来越小，物流与企业经营的关系开始越来越受重视，被视为最后一块未被开发的处女地和"第三利润源"。以我国工业制造企业为例，企业的整个经营成本构成中，直接劳动成本占总成本的比例为10%左右，物流过程的费用成本却占到总成本的40%，甚至更高。也就是说，物流过程降低成本的空间还相当大。物流不仅为供应和销售提供支持，也是企业生产得以正常运转的保证，还是企业竞争的重要手段。因为，当今企业的产品在质量和价格上已经非常接近，企业要想在产品质量和价格上获取优势的难度越来越大，因此物流服务成为决定企业竞争胜负的关键因素之一。物流现代化可以帮助企业改变物流运作方式，实现交货及时、准确和可靠，提高物流服务水平，提高顾客满意度，从而抢占商机，获取更满意的利润回报。

（2）物流现代化是建立企业核心竞争力的客观要求

物流的竞争焦点在物流服务水平上，提高物流服务水平的重要途径和方法就是不断地采用先进、适用的物流技术和方法开展物流作业活动；以顾客先导和顾客满意的思想指导物流系统的设计和运作，指导物流人力资源的开发和利用，保证物流服务水平的提高。建立高水平的物流服务有利于培养物流的核心竞争力。以物流在供应链中的地位和作用，物流核心竞争力的形成又有利于培养企业的核心竞争力。因此，不论是自营物流还是物流外包，企业追求物流现代化都能带来企业竞争力的提高。

（3）物流现代化是企业参与商品流通社会化、合理化、国际化的要求

为适应社会化大生产和市场经济的客观要求，建设大市场、发展大贸易、搞活大流通，商品流通必须实现现代化、合理化和国际化。为了适应这一变化，必然要求重新理解商品流通的意义，并且以商品流通的现代化连接企业与社会需求。以现代化的理论、思想、组织、手段和方法，实现物流的合理化，解决物流中物流成本与物流服务水平之间的"二律背反"问题。通过现代化手段和设施提高物流效率、降低物流成本。物流的现代化还是物流国际化的基础。物流国际化是各国开展对外贸易的必要条件，企业经营国际化、经济全球化客观上要求物流现代化的配合与支持。

（4）企业物流现代化是适应企业生产方式改进的必然要求。

由于生产和消费之间的空间越来越分离，上下游企业之间的分工越来越深化，企业生产和销售要努力克服空间和时间带来的挑战和束缚，形成产品的成本领先或差异化。许多行业（如汽车、电子、服装等）的生产方式都不同程度地出现一些新的变化，即从福特制（以大批量、标准化生产和垂直一体化的大企业为特征）向后福特制转变，采用了一些极具挑战性和竞争性的新生产方式，如柔性生产、敏捷生产、精益生产、即时生产、大规模定制等，目的是为了能够对日益变化和细分的市场做出最迅速、最精确的反应。为满足这些新的生产方式的需求，企业的物流支持系统必须与之配合，为之服务。最典型的是看板管理和准时制物料供应方式与推进式（push）和拉引式（pull）物流管理模式。

（5）物流现代化是企业适应市场变化的客观要求

由于科学技术不断发展，全球化信息网络和全球市场的形成及技术变革的加速，围绕产品的竞争也日趋激烈。需求的多样化日益明显，产品的生命周期不断缩短，企业缩短交货期、提高产品质量、降低成本、改进服务的压力越来越大。贸易的自由化和产品的地理分工推动着物流、资金流、信息流的迅速增长，市场范围的扩大及区域市场的一体化大大扩展了物流活动的范围。面对日益加剧的市场竞争局势，企业只有不断地向市场推出满足用户需求的、定制独特的"个性化产品"，提高物流服务范围和服务水平，去占领市场以赢得竞争。而要做到这一点，采用现代化的物流技术、物流方式和物流管理组织，再造企业业务流程是必要的条件和基础。物流现代化是企业自身发展的必然要求。只有企业的物流服务方式和服务手段适应企业生产发展的需要，物流的功能作用才能更好地发挥出来，企业的发展才可能有更大的市场空间。

综上所述，物流现代化既是物流适应社会经济和生产力发展的要求，也是企业自身发展的要求。只有物流现代化，才能真正实现企业生产经营现代化，才能支持企业在新经济条件下取得战略性发展。

9.1.2　企业物流管理现代化的标志和内容

物流管理现代化与物流技术现代化结合，构成物流现代化相互促进的两个方面。缺少其中任何一个方面，物流现代化的实现都将是困难的。

1. 企业物流管理现代化的标志

物流管理现代化是指物流管理思想、管理方法和手段、管理人员素质和物流技术设备的现代化，即以现代的经营思想指导物流系统设计和规划、指导物流战略的制定和实施，以现代先进的管理方法和手段使用先进的物流技术设备开展物流业务管理和流程管理、信息管理，以具有较高素质的人员从事物流服务活动，实现一流物流服务水平和物流经济效益。我国物流管理现代化的意义在于根据我国物流生产的特点和实际，进行物流发展战略规划，采用和引进新技术的同时不断优化物流系统方案，不断进行物流方案的调整和优化，以实现用户满意的物流服务水平和物流经济效益。

因此，企业物流管理现代化的主要标志是准确、及时、高效率地完成企业物流系统的全套业务活动及相关的信息活动。具体包括：企业物流管理组织设置与物流生产力发展的适应程度，物流技术管理的科学性，物流信息处理的及时性、准确性及综合应用程度，物流服务思想意识和水平的顾客满意度，物流人员的综合素质水平等。

2. 企业物流管理现代化的主要内容

物流管理的目的是要运用系统的观点，对物流活动进行综合管理，使各项物流活动实现最佳的配合与协调，物流技术和物流管理是企业在推进物流现代化进程中相互促进的两个方面。如果只重视先进物流技术的引进和发展，而忽略了提高物流管理水平，那么再先进的技术与装备也不可能充分发挥作用，反而会造成经济损失。企业物流管理的主要对象包括物流过程中的物流技术设备、仪器、材料、能源等物化的资源，以及从事物流的生产人员、物流信息、物流生产的投入产出等，因此企业物流管理现代化内容主要包括管理组织、管理方法、管理手段、管理人员等方面的现代化。具体体现为：企业供应链一体化的科学分析及物流可行性的确定，企业物流系统的科学设计和运作管理，企业物流业务的科学管理，企业物流经济指标的确定和控制，企业物流人员的培训和人力资源开发等。

9.1.3　企业物流现代化管理技术

物流现代化管理技术是现代物流技术与先进管理方法的综合利用，主要包括以下方面。

1．物流系统管理技术

物流系统是一个具有多层次、多要素、多功能的大系统。从供应链一体化来看，它与供应链的上游或下游环节发生着密切的联系，因此物流管理现代化要从系统的思想出发进行系统管理。系统管理技术的重点是系统分析。物流系统分析是指从物流的整体出发，根据企业物流在供应链一体化中的地位，以及企业物流自身的目标和特点的要求，运用科学的分析方法，对企业物流的目标、功能、环境、费用和效益等进行充分的调查研究，制定若干可行物流方案，并对方案进行分析、比较评价、确定和再完善，制定物流方针、政策、法规及物流的有关服务标准、技术标准，指导企业物流活动的顺利实施，并获取在价值链中的最佳效益。

2．物流质量管理技术

现代物流主要是提供物流服务，因此，其检验标准就是物流服务提供给顾客的满意程度。由于物流是一个大系统，物流质量管理也应具备系统的思想，即从物流质量形成的各环节出发，对企业物流服务标准进行设计、实施和监督控制，使每个环节都达到质量标准的要求，从而带来企业物流总体质量的实现。

因此，企业物流质量管理也要采取全面质量管理的方法和手段，强调"三全"管理：一是物流全过程的管理，即对物品包装、装卸、运转、保管、搬运、配送、流通加工等进行全过程的管理；二是全面性的管理，即不仅对物流业务及其技术实行质量管理，对其中的计划、组织、协调和控制也实行质量管理，包括物流产品质量及服务质量；三是全员性的管理，即物流全过程的所有参与成员都进入物流质量管理的运作中，通过岗位责任制和工作质量体系实现和落实企业物流全面质量管理制度。

3．物流标准化管理技术

标准化技术是现代物流技术的一个显著特征和发展趋势，同时也是现代物流技术实现的根本保证。货物的运输配送、存储保管、装卸搬运、分类包装、流通加工等各个环节中信息技术的应用，都要求必须有一套科学的作业标准。例如，物流设施、设备及商品包装的标准化，只有实现了物流系统各个环节的标准化，才能真正实现物流技术的信息化、自动化、网络化、智能化。物流标准化管理技术是以整个物流系统中每项具体的、重复性的事务或概念为对象，通过制定标准，组织实施标准和对标准的实施情况进行监督，达到整个系统的协调统一，以获得物流理想的秩序和最佳经济效益的技术。企业物流标准化是实现企业物流管理现代化的重要手段，又是与社会物流和国际物流对接的重要条件。我国已经颁布了多项国家物流技术标准，逐步形成了国内物流标准的体系化，同时也采用国际有关物流的技术标准，如集装箱尺寸、包装储运指示标志、运输包装件各部位标示方法，都采用国际标准，这些物流标准对规范我国企业物流现代化发展起到了很好的促进作用。因此，企业在推进物流现代化的进程中必须对自身物流作业流程进行标准化管理，建立物流标准化管理体系。

4. 物流决策管理技术

物流决策是从多个物流可行性方案中选取相对最佳方案的分析判断过程，而物流管理工作实际上就是物流决策及实施的过程，将决策放在首位，是现代管理的特点。决策是物流管理的核心，是物流管理的基础。因此，企业物流方案的设计、选择和实施离不开对物流环境的分析、预测和判断。企业物流决策管理技术已经发展到定性分析与定量分析相结合的阶段，各种图表分析、表上作业、数学模型、网络图在电子计算机手段的辅助下得到了很大的发展和应用，推动了企业物流合理化的实现。

5. 物流信息管理技术

物流信息管理是现代物流管理的核心环节，是企业物流管理现代化的基础和依据。物流信息化表现在：物流信息的商品化、物流信息收集的代码化和数据库化、物流信息处理的电子化和计算机化、物流信息传递的标准化和实时化，物流信息存储的数字化和物流业务数据的共享化。物流信息管理技术主要在于计算机技术、网络技术和通信技术的联合应用。它的核心不是计算机，也不是软件，甚至不是网络，其核心是在网络中流动的信息。随着信息收集、整理、分析、发布、交流和使用方式发生的变化，大大改变了企业的工作方式和企业之间的联络沟通方式，企业物流信息管理技术水平的提高必然为企业实现物流现代化提供强大的支撑。

9.2　企业物流发展趋势

企业物流是物流业发展的原动力。根据国内外物流发展的新情况，21 世纪物流的发展可以概括为信息化、网络化、自动化、协同化、集成化、智能化、柔性化、标准化、社会化、专业化和全球化。

9.2.1　企业物流技术发展趋势

1. 物流技术的概念

物流技术是指物流活动中所采用的自然科学与社会科学方面的理论、方法、设施、设备、装置与工艺的总和。它包括在采购、仓储、运输、装卸、流通加工和信息处理等物流活动中所使用的各种工具和其他物资设备，以及由科学理论知识和实践经验发展而成的各种方法、技能和作业程序。

严格地说，物流技术不是一项独立的新技术。它同其他技术一样是技术创新和技术不断发展的综合结果。科学技术的进步促使各个领域的技术思想以综合形式获得创造性成果，由此各种技术体系自身也朝综合化方向发展，这正是当代技术发展的主要特点。物流技术的形成正是这种趋势的具体表现。物流技术不是其他技术的简单相加或直接应用，而是综合运用的结果。因而，物流技术有其新的特质：一方面通过自身技术体系的作业和革新，提高物流作业效率；另一方面也通过其他技术的不断进步，促进物流技术水平的不断提高。随着物流国际化发展及信息网络技术的普遍应用，物流技术综合了现代科学技术各种创新与发明，形成了一系列信息化、效率化现代物流技术手段和方法。例如，在货物采购、仓储、运输、装卸、流通加工和信息处理等物流活动中的各种工具和技术设备，以及各种工艺方法和管理技能等。

2．物流技术的构成

物流技术和生产技术不同，生产技术是为生产某种产品、为社会提供有形产品的技术，而物流技术是为提供物流服务这种无形产品的技术。物流技术由物流硬技术和物流软技术组成。

物流硬技术是指组织实物运动所涉及的各种机械设备、运输工具、仓库建筑、站场设施及服务于物流的电子计算机、通信网络设备等各种物流硬件及相应的操作技术和方法。

各国普遍采用的一些物流硬件包括：物资装卸和搬运时使用的各种器具、托盘、集装箱和运输专用线；远距离运输中使用的各种专用轮船、散装货轮、集装箱列车、油罐车、大型喷气式飞机；各种包装器具；机械化和自动化立体仓库、自动化堆垛机和自动分类的高位货架；电子秤、电子地磅、液体测量仪器等各种现代计量工具；在物流管理和信息处理中使用的电子计算机和各种通信设备；物流中心、配送中心，以及货运码头、货运车站和机场等各种物流设施。这些物流硬件在物流过程中的广泛应用，及其在此基础上发展起来的机械化装运、托盘和集装箱保管与运输、集成联运、散货散装、电子计量和自动化仓储等物流技术，对于节省劳动占用、提高劳动效率、缩短物流时间、加快资金周转，都起到十分重要的作用。

企业物流现代化发展的第一阶段，主要是通过增加投资、配置各种机械，从而提高劳动生产率。随着物流综合管理的发展，人们进一步突破了物流技术在单项环节上研究与应用的局限性，开始运用系统理论将物流技术的研究扩大到包括物流多项环节在内的物流作业研究，这就是物流软技术。物流软技术是指组成高效率的物流系统而使用的物流系统管理技术、物流质量管理技术、物流标准化管理技术、物流决策管理技术和物流信息管理技术。具体包括各种物流设施设备的优化组合、搭配与衔接；物流中心与配送中心作业、物流运输终端的合理配置；物流途径的最佳选择；物流信息处理。例如，在生产和流通领域按照 JIT 组织物资供应使整个过程库存最小化的"零库存技术"就是一种物流软技术。也就是说，物流软技术是充分发挥物流硬技术的潜力，实现其最合理运用和获得最佳效果的技术。具体地说，不仅要用硬件技术改善物流作业条件，而且要用软技术提高物流作业效率。因为单纯依靠增加现代化的物流设施的投资，以硬设备为主来提高物流效率和能力，虽然能起到较为明显的效果，但要实现真正效率化的要求，还必须以软技术来改善物流体系，对物流实行系统化管理。

在企业物流活动中选择和运用合适的硬技术和软技术很重要，物流技术必须与企业物流多样化需求相适应。企业物流技术水平的高低直接关系到物流活动各项功能的完善和实现，其发展的方向是趋向于全面系统化和一体化。

3．物流技术的特征

① 形态的多元性。物流技术有物质的、信息的和精神的多种形态。

② 功能的中介性。物流技术可以作为联系物流活动科学与实践的中间环节，把两者结合起来，成为企业物流实践的直接生产力。

4．物流技术的主要类别及发展趋势

物流技术水平的高低直接关系到物流活动各项功能的完善和有效的实现，未来物流技术发展的动力和方向应是企业在追求满足消费者需求和资源配置效率双重目标下进行的驱动创新和选择。

（1）运输技术

运输技术主要指运载工具及其运用技术。

现代运载工具的发展呈现两大趋势：一是多样化、高速化、大型化和专用化，符合节能、环保要求，如日本的新干线、悬浮式火车；二是运输方式和运载工具的运用朝着分工协作、协调配合的方向发展。

运输工具朝着多样化、高速化、大型化和专用化方向发展，对节能环保要求严格。铁路运输发展重载、高速、大密度运输组织技术；一些和企业生产关系密切的载重汽车其发展方向是大型化、专用化，重载卡车、重载列车、集装箱拖车、道路交通信息通信系统（VICS）、不停车的自动付费系统（ETC）、电子车牌等新技术越来越广泛应用；海上运输领域将开发高速船、新一代的内航船（超级生态船），建立有效利用 IT 的新一代的海上交通系统； 航空运输领域将出现超大型超高速飞机、新一代的航空保安系统等。

（2）储存技术

现代仓库已经成为促进物流各环节平衡运转的货物集散中心。仓库结构的代表性变化是高度自动化的保管与搬运结合，构成高层货架系统，应用计算机进行集中控制、自动存取作业。自动化仓库集电子、自动化、机械、建筑、信息、管理等技术为一体，体现了科技与物流的紧密结合。

现代储存技术的发展趋势是以自动化仓库为代表的储存技术，仓储技术将朝着更加节约土地、节约空间，更加高效的方向发展。如自动化立体仓库、驶入式激光导引高密度储存系统。

（3）装卸搬运技术

物流的各环节和同一环节不同活动之间，都必须进行装卸搬运作业。从作业对象来看，装卸搬运技术主要包括件杂货装卸搬运技术、集装箱装卸搬运技术、干散货装卸搬运技术、液体货装卸搬运技术、特种货装卸搬运技术。

装卸连结保管与运输，具有劳动密集型、作业发生次数多的特点。因此，推行机械化以减轻繁重的体力劳动非常必要。装卸搬运机械化是提高装卸搬运效率的重要环节，装卸搬运机械化程度一般分为3个级别：第一级是用简单的装卸器具；第二级是使用专用的高效率机具；第三级是依靠电脑控制实行自动化、无人化操作。

由于装卸作业的复杂性和装卸搬运机械化水平的不断提高，装卸技术和相应的设备也呈现出多样化的特点，使用最为普遍的是各式各样的叉车、吊车和散料装卸机械等。现代物流装卸搬运操作正朝着机械化、自动化、集成化和智能化方向发展，既减轻作业人员的劳动强度，又极大地提高工作效率。例如，自动引导小车（AGV）、激光导引自动车（LGV）、搬运机器人技术，以及更具人性化的叉车技术、更具标准化的托盘等。

（4）包装技术

包装技术是为在流通过程中保护产品、方便储运、促进销售，按一定技术方法而采用的容器、材料和辅助物的总称。

包装技术按主要功能不同分为销售包装技术和运输包装技术。运输包装技术主要目的是减少运输过程中产品的破损，降低流通费用，包括外装的容器设计技术、印记技术和内装的防震包装技术、防潮（水）技术、防锈技术、防虫（鼠）技术。销售包装技术的主要目的是保护产品、利于销售和提高售价，包括热封技术、塑料封技术、外壳包装技术、收缩包装技术、真空减压及充填包装技术、灭菌包装技术、防酶包装技术、印刷技术等。

对包装技术的研究主要包括包装设备、包装方法和包装材料3部分。

包装材料常常是包装改革的新内容，新材料往往导致新的包装形式与包装方法的出现。对于包装材料的要求是：比重轻，机械适应性好；质量稳定，不易腐蚀和生锈，本身清洁；能大量生产便于加工；价格低廉。目前常用的包装材料有纸与纸制品、纤维制品、塑料制品、金属制品及防震材料。包装还涉及防震、防潮、防水、防锈、防虫和防鼠等技术。

近年来国际包装界十分重视提高包装机械及整个包装系统的通用能力和多功能集成能力，同时基于合理简化包装和优势包装工艺方法的实际需要，不断探索，明显地加快了包装技术革新的步伐，新的合金材料、高分子材料、复合材料、无机非金属材料等新材料也广泛用于包装材料，在包装方法上大量采用充气包装取代真空包装，将所充气体成分、包装材料与充气包装机 3 方面的研究紧密结合起来，在一些产品上的应用已经比较成熟（如气调包装已经广泛应用于果蔬保鲜和冷鲜肉及水产品的包装上）。

（5）集装单元化技术

集装单元化是指采用各种不同的方法和器具，把经过包装或未经包装的物流对象整齐地汇集成一个便于装卸搬运的作业单元，这个作业单元在整个物流过程中保持一定的形状，以集装单元来组织物流的装卸搬运、库存、运输等物流活动的作业方式。

集装单元化器具主要有托盘、集装箱及其他集装器具。

采用集装单元化技术使物流的储运单元与机械等装卸搬运手段的标准能互相一致，从而把装卸搬运劳动强度减少到最低限度，便于实现机械化作业，提高作业效率，降低物流费用，实现物料搬运机械化和标准化。同时，采用集装化技术有利于仓库作业机械化，提高库容利用率，便于清点，减少破损和污染，提高保管质量，提高搬运灵活性，加速物流周转，降低物流费用。

集装单元化技术的发展趋势主要体现在：

① 集装器具的通用化。集装器具要与物流过程中的设备与工艺相适应，不同类型的集装器具之间、同类型不同规格的集装器具之间、集装器具与运载工具之间要协调配套，以便在"门到门"的运输过程中畅通无阻。

② 集装器具的标准化。由于集装器具在全社会甚至国际间流通和交换，所以集装器具的外形、重量、刚度、强度和耐久性测试方法，以及装卸搬运规则和编号标志，都必须标准化，即必须按国家标准、国际标准化组织的标准执行。

③ 集装单元化作业的系统化。集装单元化的概念是集装单元化技术、集装器具及成套的物流设备、设施、工艺和管理的总和，是一个连接生产与生产、生产与消费的动态系统。因此，应从系统整体出发组织集装单元化作业、推广集装单元化技术。

（6）物流信息技术

物流信息技术是由物流信息系统、管理技术、计算机和网络技术、通信技术构成的整体。物流信息技术是物流现代化的核心要素，也是物流现代化的重要标志。物流信息技术的发展又产生了条码技术、射频技术、地理信息技术、全球卫星定位技术、可视化和计算机仿真技术等新的物流信息技术。可以说，物流信息技术是物流技术中发展最快、应用最广泛的一项综合性技术。从数据采集的条形码系统，到办公自动化系统中的计算机、各种终端设备等硬件及软件的发展升级，信息技术不断为现代物流的发展拓展新的空间和领域。

信息技术在物流技术中的地位无疑变得越来越重要。人们对信息的重视程度日益提高，要求物流与信息流实现在线或离线的高度集成，使信息技术逐渐成为物流技术的核心。物流装备与信息技术紧密结合、实现高度自动化是未来发展的趋势。运用无线数据终端，可以将货物接收、储存、提取、补货等信息及时传递给控制系统，实现对库存的准确掌控，借由联网计算机指挥物流装备准确操作，几乎完全可能消灭差错率，大大缩短系统反应时间，使物流装备得到了有效利用，整体控制提升到更高效的新水平。而将无线数据传输系统与客户计算机系统连接，实现共同运作，则可为客户提供实时信息管理，从而极大地改善客户整体运作效率，全面提高客户服务水平。

未来将在物流信息领域中更加广泛地采用无线因特网技术、全球定位系统、地理信息系统和射频标识技术、条形码技术，而通过射频识别、红外感应器、全球定位系统和激光扫描器等信息传感设备，包括企业在内的参与各方按约定的协议把任何物品与因特网连接起来，进行信息交换和通信以实现智能化识别、定位、跟踪、监控和管理的物联网技术的应用是物流信息化发展的一个重要方向。

物流新技术的选择对企业发展和参与市场竞争至关重要，新技术的应用往往能为企业创造新的竞争优势。一些研究表明，物流技术与装备的发展将有可能呈现以下趋势：先进性、信息化、多样性与专业性、标准化与模块化、系统性与可扩展性、智能化与人性化、绿色化与节能化。

9.2.2 企业物流管理发展趋势

对于物流管理的演变过程，国际上权威的物流学者鲍尔索克斯教授曾做了如下精辟总结：

- 20 世纪 50 年代以前，强调运输效率。
- 20 世纪 50 年代强调物流成本、客户服务。
- 20 世纪 60 年代强调综合外包。
- 20 世纪 70 年代强调运作整合、质量。
- 20 世纪 80 年代强调财务表现和运作优化。
- 20 世纪 90 年代强调客户关系和企业延伸。
- 21 世纪后开始强调供应链管理。

进入 21 世纪后之所以强调供应链管理，是因为随着经济的发展和企业在激烈的市场竞争中的群体优势化，物流的作用已经日益显得单一和不足。物流必须与生产、采购、销售及信息相结合，形成整体优势，才能适应新的竞争环境，企业只有在发挥核心竞争力的同时，与自己的上游企业和下游企业结成联盟，才能维持生存和发展。由于逐渐由单个企业与单个企业之间的竞争，转向了企业群体与企业群体之间的竞争，物流渐渐地被涵盖在供应链管理之中，与商流、资金流、信息流捆绑在一起，纳入生产、流通与消费整个经济领域。

在供应链管理的环境下，企业物流管理的发展有以下趋势。

1．企业物流一体化管理

（1）企业物流一体化的概念和范围

企业物流一体化就是将供应物流、生产物流和销售物流等有机地结合起来，以较低的营运成本满足多功能、全过程的物流服务需求。

企业物流一体化的范围可以分解为企业内一体化、企业前向一体化、企业后向一体化、企业前后向（纵向）一体化、企业外横向一体化。

20 世纪 80 年代初，物流管理面临一系列的变革。市场国际化把采购物流和销售物流延伸到了更长距离和更大范围；市场竞争要素由成本逐渐变为时间、质量和成本；信息技术的发展使得企业几乎可以实时获取库存和销售数据，信息成为物流管理的关键要素，并促进了企业物流活动的进一步集成；顾客服务变得更加重要，企业对顾客服务的认识也逐渐变为以最低的成本实现供应链增值，这种增值由包括顾客在内的所有供应链成员共同分享。这时人们试图将分销管理与物料管理集成起来，从原材料采购到产成品的交付，对企业物流的全过程进行统一管理，即站在企业全局的角度而非部门的角度上，运用系统化的方法，寻找物流的合理化状态。这种物流管理模式被称为物流一体化管理。一个企业所有物流环节的集成消除了物料在各环节之间的流动障碍，普遍加快了货物周转速度，缩短了储存期，减少了库存量，使企业的整体物流成本降到最低。同时，从战略高度促成物流部门与生产部门、销售部门的协调，提高了企业的整体管理水平，增强了企业的竞争能力和赢利能力。20 世纪 90 年代后，物流一体化突破企业界限扩展到了供应链上，供应链成员企业之间建立合作伙伴关系，树立共赢的思想，共享物流信息，在物流运作上密切合作，共同努力提高物流效率，降低物流成本，为顾客提供全方位、高水平的优质服务，达到提高整个供应链的竞争力和增加共同利益的目的。

（2）实施企业物流一体化管理的前提条件

由于物流一体化并不是对企业现有条件的小改造，它的实施必然要求企业从战略到战术的改变，因此，有效实施物流一体化管理必须具备一定的条件和运作基础。

① 业务流程再造。从分段式管理转变为一体化管理，物流被提升到了企业战略的高度，要求在企业战略的指导下，制定物流战略，而物流战略驱动了企业物流业务流程的重构，企业必须对企业间和企业内的物流业务流程进行再设计，以支持企业战略。实施物流一体化管理，要求企业从顾客的价值需求出发，对现行流程的合理性给予彻底怀

疑、重新审视并进行改造；运用取消、合并、简化、重排等方法，最大限度地减少不必要的活动，消除间断、延迟和浪费，最大限度地增强增值服务，应用电子化的手段和信息技术实现信息的快速获取、处理和传递，并能在物流各环节之间交流和共享，使物流能够得到及时准确的信息，优化为顾客创造价值的流程；通过改变流程的结构或构造、改变流程上传递的信息流、改变流程上的知识流 3 种途径，设计出一套能够快速、准确地察觉到顾客的需求并做出快速响应的最佳物流服务流程，显著改善企业物流在速度、质量、成本、顾客服务等主要运营指标方面的绩效。

② 组织结构整合。业务流程的变化会引起组织结构的变化，因此，实施物流一体化管理，企业必须对现有的组织结构进行整合，建立与新流程相适应的组织机构，以便新流程能在一个得力的组织架构上有效运转。传统的多层级职能型组织结构使得企业的物流流程被割裂为几段，性能优化仅局限在职能部门内部的各自分段优化，结果造成了整体的高成本和低效率。一体化管理要求变职能为流程，建立面向流程的扁平化网络型组织结构，以顾客价值创造为导向，实现对全过程的有效管理，达到整体最优。在企业内部，把与物流有关的订单处理、客户服务、库存控制、采购、运输、仓储、配送等部门重新整合，建立一体化的物流运作系统；对外与上下游企业的物流运作系统密切合作，构筑供应链物流体系，使供应链物流同步运作，实现供需协调。

③ 信息共享。一体化管理需要建立紧密的合作关系，需要掌握各环节的运营状况信息，以利于全局决策，因此，要实施物流一体化管理，物流各节点之间必须建立信息共享机制，实现充分即时的信息交流与共享。信息技术可以改变企业运行的有关时间、空间和边界规则，为企业创造效益。企业有必要建立一个物流信息平台，使相互独立的信息系统得以连通，互相交换和共享数据。一体化物流信息系统成为物流一体化运作的真正意义上的中枢神经系统。物流信息系统可以很好地实现企业内部及企业之间的信息的组织与集成，使合作伙伴之间可以随时随地共享商业信息，有效地计划和运作一体化物流系统，从而快速响应市场需求变化，提高物流管理效益。

（3）企业物流一体化管理的 3 个层面

在实施物流一体化时，不同的企业可能会选择不同的运作模式，如海尔的"一流三网同步模式"。根据企业物流活动的特点，物流一体化可以从战略层、运作层和作业层 3 个层面上展开：战略层基于企业长远发展的需要，对企业物流的发展目标、战略定位及物流服务水平做出全局的规划；运作层通过建立强有力的一体化运作系统和信息系统，对物流全过程做出一致的管理；作业层根据运作层的要求，对具体的物流作业活动进行有效的管理。每个层次均由"计划—实施—控制—评价"循环构成，但它们的循环周期不同。

2．企业物流国际化管理

随着贸易自由化、全球资本市场的成长，信息和通信技术的进步，创造出一个正在增长的全球市场，即由原来分割型的国家或区域市场逐渐演变成一个统一的全球一体化市场。与市场全球化相对应，企业间的竞争也在全球范围内展开，许多企业也走出了国门，参与国际化竞争，如国内的海尔集团、康佳集团，通过开拓国际市场，企业的实力得到空前提高。

（1）企业物流国际化的功能特征

企业物流国际化是贸易自由化、全球资本市场成长、信息和通信技术进步、全球统一市场形成的必然结果。企业物流国际化不论在空间上还是在责任上都与国内物流有很大的不同，要求企业克服时间和空间上的阻隔，承担起更大的物流服务责任。国际化的物流活动，除了包含与国内物流相同的运输、保管、包装、装卸搬运、流通加工及信息处理等功能外，还有克服国际阻隔的国际物流特有的功能，如报关及相关的文书单据制度、集成化运输体系等。国际物流中涉及大量的贸易合同及文书，在这些合同与文书中充分地体现了货物运输、报关、保险结算等业务。这些业务中任何一环未能完成，物流都将因此中断，由此带来的损失将牵涉国内外各方的利益。

（2）企业物流国际化的组织

当企业将它们的供应链向国际化延伸时，这些企业会面临一个如何设计管理全球物流组织的问题。企业物流国际化要求企业物流组织结构，由具有综合计划协调功能的物流管理总部、事业部或由生产工厂所属的物流部门和海外分厂物流部门所组成。

3．企业物流社会化管理

任何企业的资源都是有限的，不可能在生产、流通各个环节都面面俱到，因此，企业将资源集中到主营的核心业务，将辅助性的物流功能部分或全部外包不失为一种战略性的选择。在企业产成品中，除了涉及核心技术的零部件是自己生产的之外，其他大多数零件、原材料、中间产品都是由供应商提供的，企业这种少库存或零库存的实现需要一个强大的物流系统。例如，戴尔（Dell）每天要求美国联合包裹服务公司（UPS）从它在奥斯汀的工厂运走 1 万台电脑，并从索尼在墨西哥的工厂运走同样数量的显示器，再由 UPS 将电脑和显示器配套送交顾客，Dell 则通过网络对全程的物流服务实行即时的管理和监控。物流的社会化使企业可利用的物流资源成级数倍增长，经过整合的虚拟物流资源减少了企业自身的基建成本，提高了物流设施的利用率，优化了资源配置，节约了物流费用。

4．企业物流的协同化管理

在日益激烈的竞争中，中小企业为了求得生存，除了要提高产品质量、增加产品品种、增加供货频度、适应消费者的需求外，还要求降低营业成本，特别是流通成本。但是对于中小企业来说，建立自己的物流配送中心，不仅不能降低其物流成本，反而有可能增加成本负担。在这种情况下，产生了物流协同化。企业物流协同化是指通过建立企业间的结合，共组物流体系，来处理企业营运中有关物品流动的相关作业，解决单一企业对物流系统投资的不经济或低效率等问题。协同化物流系统对企业的好处是可以最大限度地利用有限资源，降低风险和运营成本，维持一定的物流服务水准，共同进货以获取规模效益，并尽快实现物流管理现代化。因此，物流的协同化也是企业物流管理发展的一个新趋势。

5. 企业物流的信息化管理

在企业的经营管理中，市场的瞬息万变要求企业提高快速反应能力，以信息和网络技术为支撑实现企业的快速反应，使得企业物流实行信息化管理成为其参与市场竞争一个必不可少的条件。例如，海尔集团应用客户关系管理和采购平台加强了与全球用户、供应链资源网的沟通，实现了与用户的零距离。目前，海尔 100%的采购订单由网上下载，采购周期由原来的平均 10 天降到 3 天，网上支付已达到总支付的 20%以上。

企业物流信息化建设有三个层次：一是以内部整合资源和流程为目的的信息采集和交换，其主要的目标是通畅、低成本、标准化；二是通过与客户的信息系统对接，形成以供应链为基础的，高效、快捷、便利的信息平台，使信息化成为提高整个供应链效率和竞争能力的关键工具；三是以优化决策为目的的信息加工、挖掘，把信息变为知识，提供决策依据。当前我国企业已建系统的功能主要集中在仓储管理、财务管理、运输管理和订单管理，说明大多数还属于第一层次状态，企业物流信息化建设还有很大的提升和发展空间。

9.2.3 企业物流发展模式

企业物流的发展模式应根据现代物流的发展趋势来确定，由于地域、行业及市场需求环境的不同，企业在生产模式、经营战略、管理体制、技术装备水平及企业文化背景等方面的差异较大，企业物流的发展模式各有差别。必须认真分析企业在生产经营中物流系统的现状，并根据企业长期发展战略规划，选择改良式发展模式、循序渐进模式或者跨越式发展的模式，以实现企业物流的合理化和现代化。

1. 改良式发展模式

改良式发展模式很适合那些暂时没有条件进行企业再造和流程再造，无力进行物流技术革新的传统老企业，企业可以根据具体情况对企业物流不合理的状况进行局部的改变，例如，调整职能部门结构以加强物流活动的协调统一性，改善物品存放管理方式以降低管理费用，适当增加物流技术装备以提高物流作业效率，加强库存管理控制以降低资金占用，同时应加强物流意识，关注物流人才的培养和引进，蓄势待发，待条件成熟时进行企业物流系统的根本性革新。

　　企业物流改良式发展可以采用物流系统诊断的方式，聘请有关专家并组成有各部门领导参加的诊断小组，通过深入调查，明确物流系统在企业生产经营中的地位、作用和必须实现的功能；了解企业内外部环境，摸清企业系统目前存在的问题，是属于物流布局、基础设施、技术水平、管理水平、人员素质的问题，还是属于生产物流、供应物流、销售物流等系统结构方面的问题，或是属于物流作业方面的功能问题，是主观问题还是客观问题，根据具体问题提出相应措施或解决方案。

2. 渐进式发展模式

　　在基础条件较好，但企业在财力、技术基础、人员素质、企业内外部环境等方面尚有欠缺时，企业物流现代化的进程可以分阶段进行，即采用渐进式发展模式。例如，物流系统再造可伴随企业重组或流程再造而进行；应用先进的物流管理技术过程中，先上MPR，待取得实效及经验而条件又成熟时再上更高层次的 ERP，再走向集成供应链的管理模式，逐步发展完善而达到现代物流管理的最高境界；其他，如引入条码识别技术。又如，在物流作业方面，先进行合理化改善，实现机械化，再考虑过程自动化进行物流信息系统的建设，之后实现信息系统自动化；在仓储方面，可先搞立体化，即立体仓库，再搞机械化、自动化、无人化及信息自动化，之后再进一步完善，实现自动拆分、分拣、包装、配货等功能。

　　渐进式发展模式中最关键的是要根据企业的实际情况进行决策，打好基础，逐步升级，盲目上马不但浪费资财，还会贻误时机，延缓企业物流现代化进程，在实践中，做成夹生饭导致半途而废的例子并不少见。

3. 跨越式发展模式

　　目前我国已进入了经济的快速发展时期，但由于地域辽阔，经济发展很不平衡，东部和西部、沿海和内地、南方和北方、城市和农村都有很大的差别，企业物流现代化的发展，也应因地制宜，不可千篇一律。同时，各个企业的情况也不尽相同，也应根据自己企业所处的环境、技术基础状况、所能承担的财力及企业近期和长期的发展目标，决定是否采用跨越式的发展模式。

　　企业物流跨越式发展大体可以从物流系统结构体系的跨越式发展、管理模式的跨越式发展、技术装备的跨越式发展、信息交互处理及销售方式的跨越式发展 5 方面考虑。例如，直接由职能型结构到现代事业部结构体系的跨越，直接由传统管理模式到供应链管理的跨越，由一般的技术装备到机械化、自动化或无人化的跨越发展，由传统的信息处理方式到网络化信息系统的跨越发展，由传统的销售方式到电子商务的跨越发展等。

采用跨越式发展模式应该根据企业的具体情况来决定，例如，企业借进行再造、重组、并购或进行流程再造之机，进行物流系统结构体系的调整和管理模式的变革，可能阻力会小些，效果更好些；在企业有充足的财力物力，又有一定的技术基础时，可进行物流技术装备或企业信息系统的跨越式发展。无论企业在哪方面进行跨越式发展，都不应忽略企业物流是一个整体系统，都应考虑物流一体化的问题、企业物流的合理布局问题、微观物流系统的改造问题、企业物流系统总成本控制问题、物流作业的合理层次问题、库存调节负荷与能力平衡问题、企业内外物流的无缝衔接问题。如果企业具有相当的基础和实力，可以进行多方面企业物流的跨越式发展。当然，成功的多方面的跨越式发展，必然会加速企业实现物流现代化的进程。

9.3 企业物流管理创新

创新是企业发展的动力。企业物流现代化是一个动态发展的过程，企业的物流现代化和竞争优势可以通过管理创新和技术创新多种方式和途径获得。由于每个企业都有着自身不同的情况，且同一企业所处的发展阶段也不相同，因而所采用的创新模式也各有差别，但无论怎样，管理是企业永恒的主题，管理创新是企业发展的关键所在，而物流管理创新以其不可替代的作用越来越受到企业的重视。

9.3.1 企业管理创新概述

1. 管理创新的概念

"管理创新"源于美国经济学家约瑟夫·熊彼特于 1912 年首次提出的"创新"概念，他指出：创新是指以独特的方式综合各种思想或在各种思想之间建立起独特的联系的能力；创新能激发组织的创造力，不断开发出做事的新方式和解决问题的新办法，即一个富有创造力的组织能够不断地将创造性思想转变为某种有用的结果；能够成功创新的人便能够摆脱利润递减的困境而生存下来，那些不能够成功地重新组合生产要素之人会最先被市场淘汰。在熊彼特看来，创新包括以下内容：引入一个新产品或提供更好的质量水平；引进新技术，即新的生产方法；开辟新的市场；开拓并利用原材料新的供应来源；实行一种新的企业组织形式。由此可见，熊彼特的创新概念包含的范围很广，涉及技术性的创新（如产品创新与工艺创新）和非技术性的管理创新（如服务创新、组织创新或制度创新）两大方面。这一概念至今已经形成了比较完整和系统的创新理论体系，并在引领世界各国经济增长中发挥了重要的作用。

　　然而，目前对于创新的理解，无论是在产业界还是政府部门，甚至学术界，人们首先的反应往往就是原始创新、根本性创新。因此，创新的难以预测性以及大投入、高风险性，导致我国大量的中小企业都视创新为可望不可及的事情。而实际上，创新并不意味着一切都要从零开始，这就好比做麻婆豆腐不必从种豆子开始一样。企业的创新能力不仅在于直接开发技术成果，更重要的是集成运用成果和成果产业化应用及市场开拓。因此，必须要突破对于创新的狭隘理念与误区，拓宽视野，从一个更加广泛的维度来思考企业创新发展。诚然，对于许多企业（特别是广大中小企业）来说，在技术创新的战略定位上，总体而言无疑应当倡导、鼓励和支持其在核心技术领域里实施创新，开发并争取拥有自主知识产权。在此基础上，更应充分认识企业所谓的独特竞争优势，它的产生往往具有形成的累积性、环境的匹配性和整体的组合性，离开了企业特定的历史因素和环境条件，往往就产生不出其特有的效果，即别的企业"偷不去、买不来、拆不开、带不走"的核心竞争力。因此，在强化企业技术创新的同时，还要特别注意加强管理创新，诸如经营观念、营销手段、服务质量和管理模式许多方面的创新。国内外许多知名企业之所以成功，很多并不完全是因其技术方面如何世界领先，而是在经营管理方面不断创新发展，有其独到之处。

2．企业管理创新的途径

　　企业，只有企图才有事业；企而创新，图而突破。一个企业若要在日趋激烈的市场竞争中站稳脚跟，就必须在"市场、管理和产品"3 方面的创新上下工夫：只有市场创新，才能开创新的工作局面；只有管理创新，才能提高经济效率；只有产品创新，才能实现跨越式发展。

　　企业管理创新的实现途径主要有：管理理念的创新，调整组织结构，加强资本经营意识和金融改革意识的创新，加快制度创新，重视战略管理，强化知识管理，构造企业文化，完善人力资源管理的机制。

3．企业管理创新的发展趋势

（1）利润最大化向企业可持续发展转变

　　把利润最大化作为管理的唯一主题是企业夭折的重要根源之一。在产品、技术和知识等创新速度日益加快的今天，成长的可持续性已成为现代企业所面临的比管理效率更重要的课题。

（2）传统的要素竞争转向企业运营能力的竞争

　　提升企业的运营能力，就要使企业成为一个全新的"敏捷性"经营实体。在生产方面，它能依照顾客订单，任意批量制造产品和提高服务；在营销方面，它能以顾客价值为中心，提升顾客价值，生产个性化产品和服务组合；在组织方面，它能整合企业内部和外部与生产经营过程相关的资源，创造和发挥资源杠杆的竞争优势；在管理方面，它能将管理思想转换到执行、激励、支持和信任上来。

（3）由传统合作模式转向其他形式

企业合作由传统合作模式转向供应链协作、网络组织、虚拟企业、国际战略联盟等形式。现代企业不能只提供各种产品和服务，还必须懂得如何把自身的核心能力与技术专长恰当地同其他各种有利的竞争资源结合起来，弥补自身的不足和局限性。

（4）员工的知识和技能成为重要资源

知识是和人力、资金并列的资源，并逐渐成为企业最重要的资源。企业需要更多地通过组织学习培训和加强协作能力来应对知识经济的挑战，将现有组织、知识、人员和流程与知识管理及协作紧密结合起来。

（5）单一绩效考核转向全面绩效管理

传统的绩效考核是通过对员工工作结果的评估来确定奖惩，但过程缺乏控制，没有绩效改善的组织手段作为保证，在推行绩效考核时会遇到员工的反对。因而，把绩效管理与企业战略联系起来，变静态考核为动态管理，是近年来绩效管理的显著特点。

（6）信息技术改变企业的运作方式

信息技术的发展和应用使业务活动和业务信息得以分离，原本许多无法调和的"集中"与"分散"之间的矛盾也得以解决。企业通过整合，能够实现内部资源的集中、统一和有效配置。借助信息技术手段，企业能够跨越内部资源界限，实现对整个供应链资源的有效组织和管理。

（7）顾客导向观念受到重视并被超越

近十几年来，以微软、英特尔为首的部分高科技企业放弃了"顾客导向"，采用以产品为中心的经营战略，并取得了巨大成功，由此产生了超越"顾客导向"的竞争新思维。这主要是因为随着知识经济时代的到来，企业面对的已不仅仅是现有的份额，更重要的是开发潜在市场和面对未来市场的挑战。

（8）片面追求自身利益转变为履行社会责任

企业由片面追求自身利益转变为注重履行社会责任，实现经济、环境、社会协调发展。良好的企业社会责任策略和实践可以获取商业利益，社会责任表现良好的企业不仅可以获得社会利益，还可以改善风险管理，提高企业的声誉。

（9）企业管理创新成为管理现代化的主流趋势

企业在深化改革和管理创新方面，不断倡导创新精神，激发创新意识、引导创新方向、鼓励创新行为和提升创新能力，企业管理现代化也步入管理创新的新阶段，即管理创新与制度创新并举，管理创新与技术创新协调，形成了生产关系逐渐适应生产力发展的趋势。

9.3.2　企业物流管理创新的内容与步骤

物流管理作为企业管理的重要内容，在企业管理创新体系中占有重要地位。企业物流管理创新是企业物流组织形成一种创造性思想并将其转换为有用的产品、服务或作业方法的过程，也就是企业把新的管理要素（新的管理方法、新的管理手段、新的管理模式等）或要素组合引入企业物流管理系统以更有效地实现物流目标的活动。

企业物流管理创新往往意味着企业内部作业与组织的整合，物流管理创新至少要达到这样一些目标：管理从物的处理提升到物的附加值方案设计、解决和管理上；从经验积累转向策略变迁；在企业整个系统方面要实现绝对价值和相对价值、功能整合和程序整合、管理会计和价值管理的转换；在企业信息系统和长远利益来看则要做到垂直整合转向虚拟整合；信息保留转向信息分享；训练转向知识学习。

1．企业物流管理创新的内容

企业物流管理创新主要包括 3 方面的内容：一是物流管理理念创新；二是物流管理方式和体制创新；三是物流管理技术创新。

（1）物流管理理念创新

任何企业的物流活动都是在特定的物流理念指导下进行的，物流理念是企业物流活动的指南，物流管理创新的灵魂是物流理念的创新。从哲学角度看，物流管理创新是一种需要，新的物流管理理念也是物流管理实践的需要。亚里士多德曾指出："真正的创造者是需要。"物流管理理念的不断涌现，都是某种需要的结果。21 世纪的物流环境与过去相比发生了根本的变化，企业要搞好物流管理，就必须根据消费者的需要，不断地进行物流管理理念的创新，不仅要注重自身经营观念的转变，还要不断接受各行业的创新思想观念、管理观念和服务营销观念，以新的物流管理理念营造新的企业物流管理模式，才能在市场竞争中得以长足发展。例如，生产经营企业选择物流外包，是经营观念转变的一大方面。企业将物流运作纳入专业化竞争市场，一方面从节约主要物流功能成本出发，让物流环节成本显性化，从而加强控制，拓展赢利空间；另一方面拟通过专业设施及现代物流网络增强物流时效性，从而强化时间成本控制、争取商机、把握市场。从这两点出发企业首先面临的就是管理和服务新观念的建立。

（2）物流管理方式和体制创新

物流管理方式和体制创新是企业物流管理创新的载体和外在体现。物流管理创新必须建立健全新型物流管理体制并辅之以合理的运行机制，从企业组织上保证物流管理职能始终贯穿于物流服务的计划、组织、控制和协调各方面。物流管理方式的创新发展也是在实践中摸索出来的，例如，新兴的网络一体化物流管理方式就是企业利用网络信息技术和社会物流资源将传统的垂直一体化物流管理方式与水平一体化物流管理方式进行集成的综合体。在国际上，日本企业极端重视物流管理方式的创新，在企业中广泛引入精益物流管理方式，以消除物流服务和供应过程中的非增值的浪费，减少备货时间，提高客户满意度。例如，日通公司的东京崎玉支社仅仅为伊藤洋华堂每年配送的服装就达 400 多万件，由于管理精细，差错率极低，一年的差错不会超过 10 件，物品在运输途中的坏损率就更低。精细化物流管理方式的最大特点是管理的动态性，通过动态管理，全面观察及控制整个物流系统的运行情况，使各项信息流处于最佳状态。

（3）物流管理技术创新

物流现代化管理最重要的是通过信息管理来实现，应用现代信息技术改变传统企业物流管理，实现物流管理信息化。物流中的管理技术是指为组成高效率的物流系统而使用的应用技术，以便各物流设备达到最合理的调配和使用。物流管理技术目前集中体现在运用先进信息技术、系统工程等先进的科学技术来设计最理想的物流方案上。物流管理技术能够在不改变物流装备设施技术的条件下，充分发挥现有的能力，获取理想的物流目标和经济效益。通过先进的电子商务技术，完成整个流通流程，这样可以大大缩短运转的周期，减小运作的成本，提高产品的综合竞争力。从物流管理技术创新来看，其管理创新应以网络及电子商务为依托，通过集约化、现代化管理实现厂商的零库存和少库存，减少产品运转周期，以适应企业物流管理的需要。物流管理技术创新途径主要表现在以下几方面：积极采用适用的高科技物流设施设备；利用信息网络技术优化供应链管理，以物流管理信息化带动物流管理现代化。

2. 企业物流管理创新的步骤

一般来说，企业物流管理创新过程包括 4 个步骤。

（1）对企业物流现状的不满

创新的动机归根究底是不满现状。只有对现状不满，才会有改变现状的想法或创意。在几乎所有的物流变革案例中，企业物流管理创新的动机都源于对企业物流现状的不满：企业遇到危机，商业环境变化及新竞争者出现而形成战略型威胁，某些人对操作性问题产生抱怨。不论出于哪种原因，物流管理创新都在挑战企业组织的某种既有形式，一般更容易产生在企业发展的紧要关头或者物流的关键环节。

（2）从其他来源寻找灵感

物流管理创新者的灵感可能来自其他社会体系的成功经验，也可能来自那些未经证实却非常有吸引力的新观念。管理创新的有些灵感源自管理思想家和管理大师，也可能来自无关的组织和社会体系，还可能来自那些拥有丰富工作经验的管理创新者，但管理创新的灵感却很难从一个企业的内部产生。很多企业的盲目行为，导致整个产业的竞争高度趋同和白热化。只有通过从其他来源获得灵感，另辟蹊径，物流管理创新者才能够开创出真正全新的成果。

（3）提出物流创新方案

企业物流管理创新人员将对企业物流运作中各种不满的要素、灵感及解决方案组合在一起，组合方式通常并非一蹴而就，而是重复、渐进的，但多数管理创新者都能找到一个清楚的推动事件作为提出物流创新方案的主要理由。

（4）争取内部和外部的认可

与其他创新一样，物流管理创新也有风险巨大，回报不确定的问题。很多人无法理解创新的潜在收益，或者担心创新失败会对企业产生负面影响，因而会竭力抵制创新。而且，在实施物流创新方案之前，通常很难准确判断和预测创新所获得的收益是否高于所要支付的成本。因此对于物流管理创新人员来说，一个关键阶段就是争取他人对新创意的认可。

在物流管理创新的最初阶段，获得企业组织内部的接受比获得外部人士的支持更为关键。这个过程需要明确的拥护者。如果有一个威望高的企业高管参与物流创新的发起，就会大有裨益。另外，只有尽快取得成果才能证明创新的有效性，然而，许多管理创新往往需要经过一段时间甚至较长时间后才有结果。因此，创建一个支持同盟并将创新推广到企业中就非常重要。物流管理创新的另一个特征是需要获得"外部认可"，以说明这项创新获得了独立观察者的印证。在尚且无法通过数据证明物流管理创新的有效性时，企业高层管理人员通常会寻求外部（如咨询公司、学术机构、物流协会、媒体机构等）的认可来促使内部变革。外部认可具有双重性：一方面，它增加了其他企业复制创新成果的可能性；另一方面，它也增加了企业坚持创新的可能性。

3．物流管理创新的 3 类有利因素

要实现物流管理创新，就必须营造有利于企业管理创新的条件和氛围。有 3 类因素有利于企业管理创新，它们分别为：企业组织结构、企业文化和企业人力资源实践。

从组织结构因素看，有机式结构对创新有正面影响，拥有富足的资源能为创新提供重要保证，单位间密切的沟通有利于克服创新的潜在障碍。

从文化因素看，充满创新精神的企业文化通常有如下特征：接受模棱两可，容忍不切实际，外部控制少，接受风险，容忍冲突，注重结果甚于手段，强调开放系统。

在人力资源这类因素中，有创造力的企业积极地对员工开展培训和发展，以使其保持知识的更新；它们还给员工提供高工作保障，以减少他们担心因犯错误而被解雇的顾虑；企业也鼓励员工成为创新能手，一旦产生新思想，革新能手们会主动而热情地将思想予以深化、提供支持并克服阻力。

9.3.3　物流管理创新对企业物流现代化的作用

物流管理是许多企业提高市场竞争力的重要领域，物流管理创新也成为有效推进企业现代化建设的手段，通过物流管理创新可达到为企业赢得竞争优势、提高生产效率和使顾客价值增值的效果和作用。

1．对企业竞争优势的贡献

竞争优势是指一个企业相对于其他企业能够为顾客创造出更多价值，这种价值可以通过成本或者价值上的差异来体现。成本优势则是以低成本经营而获得与竞争对手不同的顾客价值，价值优势是足以形成与竞争对手的价值差异化的能力。物流管理创新可以通过影响一个企业的生产效率来使得企业获得竞争优势，物流管理创新能降低库存量，提高资金有效利用率，从而提高生产效率，降低总成本。沿着价值优势的轴线，物流管理创新能够缩短提前期，增加可靠性，提高迅速反应的能力，提供更加个性化的服务。

管理方面的重大进步往往导致竞争力的转移，给那些领先企业带来了持续的竞争优势。通用电气、丰田、联想、海尔这些成功企业的经营管理占据全球领先水平，表面来看是它们拥有伟大的产品、强有力的执行力和具有远见卓识的领袖，深层次的原因却是勇于管理创新的结果，其中物流管理创新功不可没（如海尔物流）。在当今竞争日益激烈的市场环境下，如果一个企业没有竞争优势就很容易被其他企业的产品所取代，而物流管理创新能够在不同程度上同时提高和突出企业的成本优势和价值优势。

2．提高企业生产效率

物流管理创新可以通过对现有企业的业务流程的创新来提高生产率。企业的基本活动是由企业的业务流程来决定的，而企业的业务流程对组织系统、管理结构和企业文化各方面都有不同程度的影响。自从生产社会化以来，企业的核心业务流程被不同的职能部门和人员分割成一个个独立的步骤。一些社会化大生产时期适合的控制步骤在今天环境里已经变成了沉重的负担。这些分割了的业务流程，步骤多、差错率高、周期长、反应速度慢，成为企业竞争力低下的主要原因。对这些业务流程的创新能减少步骤、缩短周期、减少差错、提高反应速度。随着步骤的减少，在每个流程环节的积压和库存也就能尽可能减少，从而获得生产效率提高的优势。

可以举个例子来说明物流管理创新是如何提高企业的生产效率的。某生产电视机的企业最初的业务分销流程是这样的：零售商向本地区的分销商订货，分销商向省一级的分公司订货，最后，省分公司向总公司的销售部订货，产品沿这个分销渠道一级一级地流向零售商。在4个步骤的分销过程中产生了4个必需的库存：总公司仓库、省分公司仓库、分销商仓库和零售商仓库。这些库存的产生是为了保证商品不断货，以及生产的批量进行而产生的。如果我们假设：生产线上每生产一台电视机有 100 元的净利润，企业有 5 000 个零售商，4 个地方的仓库每年有 5 亿元的库存，公司每年的销售额只有 6 亿元，因此公司的资金利用率只有 1.2，总的结果是公司每出售一台计算机反倒亏损。但如果该公司将其分销流程进行转变，新的流程取消了省级分公司和分销商两级对应的步骤，零售商直接向总公司订货，总公司直接向零售商配送。此外，总公司还要求零售商每周送回预测的订货量，利用 5 000 多个零售商的预测，总公司能够通过风险共担进行更加有效的生产计划，减小牛鞭效应，保持较小的库存。新的两级分销结构大大地降低了库存量，如果库存量下降为 7 000 万元，资金利用率将会由 1.2 上升为 8.6，公司则由亏损转为赢利，从而大大地提高了公司的整体经营竞争力。

3. 使顾客价值增值

物流管理创新在提高企业生产效率的同时，还可以通过客户订货提前期、小批量订货、可靠性、快速市场反应和个性化服务等其他方式来增强其对顾客的其他价值。这些方式对于企业来说都有着特殊的价值，业务流程步骤减少，从运作过程上减少了订货提前期，提高了可靠性，同时也降低了生产成本。物流管理创新从根本上改变企业做事的方式，减少不必要的、烦琐的环节，缩短整个物流运转周期，优化整个系统的成本结构，提高企业的反应速度，支持个性化产品和服务，使顾客价值增值。

案例分析 >> 沃尔玛——零售业物流现代化的领跑者

1. 基本背景

沃尔玛公司是美国一家世界性商业连锁企业，主要涉足零售业，以营业额计算为全球最大的公司，总部位于美国阿肯色州。沃尔玛在全球 15 个国家开设了 8 000 多家商场，员工总数达 210 多万人，每周光临沃尔玛的顾客在 2 亿人次以上。沃尔玛超市经营项目包括食品、玩具、服装、化妆用品、家用电器、日用百货和肉类果菜等，消费者在沃尔玛可以体验"一站式"购物概念。沃尔玛的业务之所以能够迅速增长，重要原因是沃尔玛在节省成本和物流配送系统、供应链管理方面取得了巨大的成就。沃尔玛一直崇尚采用最现代化、最先进的物流系统，通过所拥有的 Unix 物流配送系统、自动补货系统、激光识别系统，在一个非常大的开放式平台进行合理的物流安排，其先进的物流与供应链管理技术和低成本战略使成本始终能够保持低位。英国经济学家斯通博士在对美国零售企业的研究中发现，在美国的三大零售企业中，商品物流成本占销售额的比例沃尔玛是 1.3%，凯马特是 8.75%，希尔斯则为 5%。

2. 沃尔玛物流与供应链管理的特点

20世纪50年代末，当第一颗人造卫星上天的时候，全世界商业对现代通信技术还不曾涉足，而仅十多年后沃尔玛就率先使用了卫星通信系统。凭借其先发优势和科技实力，沃尔玛的店铺冲出阿肯色州，遍及美国并走向世界。沃尔玛拥有一整套先进、高效的物流与供应链管理系统，使其在全球各地的配送中心、连锁店、仓储库房和货物运输车辆，以及合作伙伴（如供应商等）都被这一系统集中、有效地管理和优化，形成了一个灵活高效的产品生产、配送和销售网络。与其说沃尔玛是零售企业，不如说它是一个大型物流企业。

（1）强大的信息技术和后勤保障体系是沃尔玛成功的基石

沃尔玛领先于竞争对手，先行对零售信息系统进行了非常积极的投资：最早使用计算机跟踪存货（1969年），全面实现SKU单品级库存控制（1974年），最早使用条形码（1980年），最早采用EDI（1985年），最早使用无线扫描枪（1988年），最早与宝洁公司等大供应商实现产销合作（1989年）。2004年，沃尔玛公司要求其前100家供应商在2005年1月之前向其配送中心发送货盘和包装箱时使用无线射频识别（RFID）技术，2006年1月前在单件商品中投入使用。在物流信息技术的支持下，沃尔玛能够以最低的成本、最优质的服务、最快速的管理反应进行全球运作。尽管信息技术并不是沃尔玛取得成功的充分条件，它却是沃尔玛成功的必要条件。这些投资都使得沃尔玛可以显著降低成本，大幅提高资本生产率和劳动生产率。

沃尔玛的全球采购战略、配送系统、商品管理、人力资源管理、天天平价战略在业界都是可圈可点的经典案例。可以说，所有的成功都建立在沃尔玛利用信息技术整合优势资源，信息技术战略与传统物流整合的基础之上。可以说，强大的信息技术和后勤保障体系使它不仅经营商品，还"生产"商店、经营物流。

20世纪90年代沃尔玛提出了新的零售业配送理论，开创了零售业的工业化运作新阶段：集中管理的配送中心向各商店提供货源，而不是直接将货品运送到商店。其独特的配送体系，大大降低了成本，加速了存货周转，形成了沃尔玛的核心竞争力。沃尔玛在公司总部建立了庞大的数据中心，全集团的所有店铺、配送中心和经营的所有商品，每天发生的一切与经营有关的购销调存详细信息，都通过主干网和通信卫星传送到数据中心。任何一家沃尔玛商店都具有自己的终端，并通过卫星与总部相连，在商场设有专门负责排货的部门。沃尔玛每销售一件商品，都会即时通过与收款机相连的电脑记录下来，每天都能清楚地知道实际销售情况，管理人员根据数据中心的信息对日常运营与企业战略做出分析和决策。沃尔玛的数据中心已与上万家供应商建立了协同工作，从而实现了快速反应的供应链管理库存VMI。厂商通过这套系统可以进入沃尔玛的电脑配销系统和数据中心，直接从 POS 得到其供应的商品流通动态状况，如不同店铺及不同商品的销售统计数据、沃尔玛各仓库的存货和调配状况、销售预测、电子邮件与付款通知等，以此作为安排生产、供货和送货的依据。这套信息系统为生产商和沃尔玛都带来了巨大的利益。

（2）通过信息流实现对物流的整合、优化和及时处理

沃尔玛在美国本土已建立 62 个配送中心，整个公司销售商品的 85% 由这些配送中心供应，而其竞争对手只有 50%～65% 的商品集中配送。沃尔玛完整的物流系统号称"第二方物流"，相对独立运作。不仅包括配送中心，还有更为复杂的资料输入采购系统、自动补货系统等。其配送中心的平均面积约 10 万平方米，相当于 23 个足球场，全部自动化作业，现场作业场面就像大型工厂一样壮观。

其配送中心的基本流程是：供应商将商品送到配送中心后，经过核对采购计划、商品检验等程序，分别送到货架的不同位置存放。提出要货计划后，电脑系统将所需商品的存放位置查出，并打印有商店代号的标签。整包装的商品直接由货架送往传送带，零散的商品由工作台人员取出后也送到传送带上。一般情况下，商店要货的当天就可以将商品送出。沃尔玛要求它所购买的商品必须带有 UPC/EAN 条形码，从工厂运货回来，卡车将停在配送中心收货处的数十个门口，把货箱放在高速运转的传送带上，在传送过程中经过一系列的激光扫描，读取货箱上的条形码信息。而门店需求的商品被传送到配送中心的另一端，那里有几十辆货车在等着送货。其十多公里长的传送带作业就这样完成了复杂的商品组合。其高效的电脑控制系统，使整个配送中心用人极少。数据的收集、存储和处理系统成为沃尔玛控制商品和物流的强大武器。

为了满足美国 3 400 多个连锁店的配送需要，沃尔玛公司在美国共有近 3 万个大型集装箱挂车，5 500 辆大型货运卡车，24 小时昼夜不停地工作。合理调度如此规模的商品采购、库存、物流和销售管理，离不开高科技的手段。为此，沃尔玛公司建立了专门的电脑管理系统、卫星定位系统和电视系统，拥有世界一流的先进技术。沃尔玛正是通过信息流对物流和资金流的整合、优化、及时处理，实现了有效的物流成本控制。

（3）通过物流现代化管理进而实现供应链管理

传统的 ERP 在强化企业的财务控制、规范管理和生产计划之余，只能在企业局部解决企业商品销售及其物流管理控制的难题；后 ERP 时代的信息系统面向电子商务环境和多数据源的信息收集、交换和处理，必将走向建立集中式数据管理的中央处理平台。沃尔玛利用信息技术有效地整合物流和资金流资源，是基于合作计划、预测与补给（Collaborative Planning Forecasting and Replenishment, CPFR）供应链计划管理模式的理论和实践。1995 年，沃尔玛和其供应商 Warner Lambert，以及它的管理软件开发商一起联合成立了零售供应和需求链工作组，进行 CPFR 研究和应用获得很大成功。在供应链

运作的整个过程中，CPFR 应用一系列技术模型，对供应链不同客户、不同节点的执行效率进行信息交互式管理和监控，对商品资源、物流资源进行集中的管理和控制。通过共同管理业务过程和共享信息来改善零售商和供应商的伙伴关系，提高采购订单的计划性、提高市场预测的准确度，提高全供应链运作的效率，控制存货周转率，并最终控制物流成本。

3. 案例启示

优秀的商业管理思想和高技术结合使商业从分散、弱小的传统形象转换为庞大的零售产业、物流产业，甚至信息技术产业的自身形象。沃尔玛的成功既可以说是优秀的商业模式与先进的信息技术应用的有机结合，也可以说是沃尔玛对自身的"零售企业"身份的超越。现代物流区别于传统物流的一大特征就在于现代物流把信息技术应用到了极致，即所谓的"用信息取代库存""以订单驱动物流"等，这也是国内企业运营现代化发展的重要方向。目前国内许多企业正在加紧信息化建设，其中有部分企业也在实施和应用供应链管理系统，但收效却很难与沃尔玛相比。最重要的原因恐怕是：先进设备可以引进，高新技术可以开发，而其代表世界先进水平的管理思想和精髓理念却很难被真正接受与学习模仿。

4. 案例延伸思考

（1）简述沃尔玛配送中心的工作流程。沃尔玛是如何通过物流现代化管理进而实现供应链管理的？

（2）沃尔玛在西方国家风行无阻并令其他零售商黯然失色，然而在中国它却似乎遭遇了滑铁卢，其症结特别是物流方面的问题何在？

练习与思考

1. 什么是企业物流现代化？企业物流现代化有何意义？
2. 什么是企业物流管理现代化？它有哪些主要标志？
3. 简述企业物流现代化管理技术的主要内容。
4. 什么是物流技术？它由哪些内容构成？它们之间有什么关系？
5. 企业物流管理发展的趋势有哪些？
6. 实行企业物流一体化的前提条件有哪些？

7. 企业物流发展模式有哪几种？

8. 什么是管理创新？企业物流管理创新包括哪几个阶段？

9. 通过查阅文献，详细地论述某种物流技术的发展趋势。

10. 通过网络收集一个在物流管理创新方面取得成功的企业案例，并整理总结其成功做法。

参 考 文 献

[1] 陈海权. 现代物流概论. 广州：广东经济出版社，2008.

[2] 陈文. 物流成本管理. 北京：理工大学出版社，2009.

[3] 崔介何. 企业物流（第二版）. 北京：北京大学出版社，2008.

[4] 龚英. 供应链逆向物流. 北京：中国物资出版社，2008.

[5] 黄由衡. 物流成本管理理论及其应用. 北京：中国物资出版社，2009.

[6] 黄福华. 物流绩效管理. 北京：中国物资出版社，2009.

[7] 何海军. 企业物流管理. 北京：北京理工大学出版社，2009.

[8] 霍佳震. 物流绩效管理. 北京：清华大学出版社，2009.

[9] 蒋长兵，王珊珊. 企业物流战略规划与运营. 北京：中国物资出版社，2009.

[10] 克里斯托弗. 物流与供应链管理（第3版）. 何明珂，崔连广，郑媛，译. 北京：电子工业出版社，2006.

[11] 李承霖. 企业物流管理实务. 北京：北京理工大学出版社，2008.

[12] 李慧兰. 企业物流管理. 上海：立信会计出版社，2009.

[13] 李严锋. 物流管理概论. 北京：科学出版社，2008.

[14] 刘莉. 仓储管理实务. 北京：中国物资出版社，2006.

[15] 刘小卉. 物流管理信息系统. 上海：复旦大学出版社，2006.

[16] 马士华，林勇. 企业生产与物流管理. 北京：清华大学出版社，2009.

[17] 马士华. 企业物流管理. 北京：中国人民大学出版社，2011.

[18] 马士华. 基于供应链的企业物流管理——战略与方法. 北京：科学出版社，2005.

[19] 南开大学现代物流研究中心. 中国现代物流发展报告（2011）. 北京：中国物资出版社，2011.

[20] 彭建良. 企业物流管理. 杭州：浙江大学出版社，2009.

[21] 乔志强，任淑霞. 企业物流管理. 北京：科学出版社，2009.

[22] Ronald H. Ballou. 企业物流管理——供应链的规划、组织和控制（第2版）. 王晓东、胡瑞娟，译. 北京：机械工业出版社，2009.

[23] 孙朝苑. 企业物流规划与管理. 成都：西南交通大学出版社，2008.

[24] 唐纳德·沃尔特斯. 库存控制与管理. 李习文，李斌，译. 北京：机械工业出版社，2008.

[25] 王世文. 物流管理信息系统. 北京：电子工业出版社，2007.

[26] 夏春玉，李健生. 绿色物流. 北京：中国物资出版社，2005.

[27] 张理. 现代企业物流管理. 北京：中国水利水电出版社，2006.

[28] 张新颖，郑明. 回收物流. 北京：中国物资出版社，2003.

[29] 赵启兰. 企业物流管理. 北京：机械工业出版社，2006.

[30] 中国物流与采购联合会，中国物流学会. 中国物流管理优秀案例集. 北京：中国物资出版社，2011.

[31] 周竹梅，代坤. 物流绩效评价与管理. 北京：中国物资出版社，2009.

[32] 曹坤. 物流企业的绩效评价体系和评价方法. 上海海事大学学报，2006（4）：106-111.

[33] 陈斌，王晓. 对企业进行逆向物流管理的探讨. 物流科技，2006，29（130）：100-101.

[34] 陈荣，吴金南. 建立内部一体化的钢铁企业物流组织模式. 经济管理，2005（9）：50-52.

[35] 陈靓. 制造企业JIT采购探析. 经营管理者，2010（5）：24-244.

[36] 代坤. 供应链管理要素对物流绩效的影响分析. 财会通讯，2007（3）：68-70.

[37] 范兴美. 现代制造企业生产物流成本管理研究. 改革与战略，2007（3）：104-106.

[38] 付梅成. 精益生产在企业厂内物流改进中的应用研究. 中国新技术新产品，2008（11）：72.

[39] 傅祖林，牛奔. 基于平衡记分卡构建物流公司绩效管理系统的应用研究. 中国市场，2008（6）：33-34.

[40] 龚国华. 中外企业物流管理组织结构比较研究. 物流科技，2005（11）：81-84.

[41] 黄由衡，韩霜. SWOT与平衡计分卡在企业管理中的集成方法. 工业工程，2007（4）：37-40.

[42] 黄玲波. 企业内部物流绩效评价指标体系的建立. 物流工程与管理，2009（9）：54-56.

[43] 黄森慰，苏时鹏，张春霞. 电子商务环境下的物流集约化研究. 物流技术：2007（2）：165-168.

[44] 贺盛瑜，庞宇. 物流联盟协作机制应用实证研究. 中国流通经济，2006（3）：16-19.

[45] 胡斌. 西方企业物流组织的演变与启示. 北京商业，2000（2）：59-60.

[46] 胡桂绵. 华联印刷生产物流管理初探. 印刷技术，2005（4）：32-33.

[47] 吉鸿荣. 铸造企业逆向物流体系研究. 物流技术，2011，30（10）：135-137.

[48] 李京文. 中国在21世纪全新环境下的管理创新. 中国城市经济，2002（9）：9-10.

[49] 李桂芳. 试论现代企业管理创新的必要和途径. 环球人文地理，2011（12）：63-64.

[50] 李苏剑. 企业生产物流计划原理与方法. 印刷技术，2005（2）：4-7.

[51] 刘磊. 汽车零部件循环取货模式的物流成本优化分析. 民营科技，2011（7）：137.

[52] 刘鹏飞. 供应商管理库存的理论基础研究. 长沙理工大学学报（社会科学版），2011（7）：64-69.

[53] 林鲁生. 电子商务企业组织结构模式及发展趋势. 中国管理信息化，2009（8）：100-102.

[54] 陆玲. 企业物流外包方式的选择研究. 物流科技，2011（9）：94-96.

[55] 吕明哲，佟巍. 企业物流发展的现状分析. 东北财经大学学报，2004（5）：23-25.

[56] 潘文荣. 企业物流绩效评价指标体系的构建. 统计与决策，2005（11）：162-163.

[57] 钱颖. 试论我国企业管理创新的发展趋势及其途径. 价格月刊，2008（9）：81-83.

[58] 屈冠林，王美丽. 浅谈现代物流与电子商务的关系. 北京市计划劳动管理干部学院学报，2003（3）：52-53.

[59] 孙相文. 物流绩效评价方法比较. 物流经济，2008（3）：62-63.

[60] 苏菊宁，李文顺. 企业物流一体化管理运作基础. 物流技术与应用，2004（2）：72-75.

[61] 王超. 销售物流合理化问题探讨. 中外物流，2006（3）：38-39.

[62] 王桂朵. 论零售企业逆向物流. 商场现代化，2007（8）：126-127.

[63] 王国华. 工业企业物流现代化的发展战略与模式. 中国物流与采购，2002（13）：14-16.

[64] 王照莹. 供应链环境下JIT采购模式的发展策略. 经济师，2011（9）：232-233.

[65] 王霄宁. 面向应用的物流绩效评价方法比较研究. 探索，2007（4）：93-95.

[66] 王勇，杨文慧. 关于企业物流管理绩效评价体系的探讨. 商业研究，2003（4）：163-165.

[67] 汪征洋. 逆向物流反击战——飞利浦减少退货的策略解读. 物流时代，2004（14）：30-33.

[68] 吴继承. 企业物流外包的模式选择与实施. 中国储运，2008（4）109-110.

[69] 吴迪. 对第三方物流的决策因素及决策形式的探讨. 价值工程，2010（12）：16.

[70] 邬文兵，詹荷生，毛荐其. 基于物流管理创新的企业发展模式分析. 中国流通经济，2000（6）：11-12.

[71] 吴义生. 一种集成的企业物流绩效评模型的构建与应用研究. 价值工程，2008（2）：79-82.

[72] 谢福斌. 浅议销售物流及其合理化. 当代经理人，2006（11）：88.

[73] 徐婷. 企业物流模式决策选择问题研究. 商业时代，2010（10）：16-17.

[74] 薛捷，杨玲. 图书销售物流网络规划与流程再造. 人口与经济，2010（1）：298-300.

[75] 杨德权，裴金英. 基于DEA-AHP的物流系统绩效评价研究. 运筹与管理，2009，18（5）：81-86.

[76] 杨毓玲，范波峰. 生产物流计划与控制策略研究. 科技经济市场，2008（06）：91-93.

[77] 杨宇春. 企业逆向物流渠道模式及评价. 商场现代化，2007（7）：131.

[78] 姚建明，刘丽文. 企业物流服务组织模式与决策动因的对应分析. 当代经济管理，2011（1）：29-33.

[79] 叶海燕. 企业物流组织结构的演变与启示. 物流科技，2006（1）：92-94.

[80] 宇宙锋. 企业物流管理模式的研究. 中小企业管理与科技，2009（33）：62-63.

[81] 余军生. 东风日产：改善现场物流，实现和谐生产. 物流技术与应用，2010（6）：78-80.

[82] 余秋华. 循环取货方式在上海通用汽车的实践与应用. 上海企业，2002（11）：35-37.

[83] 袁兢业. 我国中小企业创新发展的策略研究. 当代经济，2006（9）：46-47.

[84] 张洪满. 平衡记分卡在物流配送绩效评价中的应用. 管理观察，2008（8）：124-126.

[85] 张光明，邓倩. 物流绩效评价的问题与对策. 物流科技，2005（6）：31-33.

反侵权盗版声明

电子工业出版社依法对本作品享有专有出版权。任何未经权利人书面许可，复制、销售或通过信息网络传播本作品的行为；歪曲、篡改、剽窃本作品的行为，均违反《中华人民共和国著作权法》，其行为人应承担相应的民事责任和行政责任，构成犯罪的，将被依法追究刑事责任。

为了维护市场秩序，保护权利人的合法权益，我社将依法查处和打击侵权盗版的单位和个人。欢迎社会各界人士积极举报侵权盗版行为，本社将奖励举报有功人员，并保证举报人的信息不被泄露。

举报电话：（010）88254396；（010）88258888

传　　真：（010）88254397

E-mail:　　dbqq@phei.com.cn

通信地址：北京市万寿路 173 信箱

　　　　　电子工业出版社总编办公室

邮　　编：100036